품격있는 보수를 꿈꾸다

품격있는 보수를 꿈꾸다

고 김일영 교수 칼럼집

이담 Books

이 책은 2010년 초 결성된 「김일영유고집간행위원회」의 세 번째 성과물이자 유고집의 제 4권이다. 이 위원회는 고 김일영 교수의 학자적 역량과 인품을 존경했던 동료, 선후배 학자들이 그의 업적과 뜻을 기리고자 만든 모임이다.

그는 생전 많은 업적을 냈었고 또한 더 많은 업적을 낼 것이 확실시되는 촉망받는 학자이자 사회비평가였다. 그의 요절로 이런 작업이 중단된 것에 비통함을 금할 수 없다. 또한 아쉬운 것은 현대 한국사와 관련된 고 김일영 교수의 탁월한 성과의 주제가 일단 1970년대 말로 중단되었다는 점이다. 그 이후의 시기인 80년대 사회변혁기와 지금까지 진행되고 있는 민주주의 공고화 시기에 대한 학술과 칼럼 작업이 이어졌다면 하는 바램이 너무나 크다.   이에 간행위원회는 『건국과 부국』의 부분 수정본 복간(기파랑), 그의 주옥과 같은 논문들을 모은 논문집 2권과 칼럼집 1권, 『헌법논쟁』(논형), 『정당과 정당체계』(오름)와 같은 번역서들, 그리고 추모 논문집 등을 순차적으로 출간할 계획이다.

앞으로 「김일영유고간행위원회」는 고인이 남긴 업적의 완결성을 높이는데 노력할 계획이다. 그리고 그것이 바로 고 김일영 교수의 업적을 기리고자 모인 우리 모임이 보여줄 수 있는 최소한의 역할이라고 하겠다. 고인이 이미 우리 곁에 없는 현실 속에서 그 후속작업은 동료학자들과 후학들의 몫으로 남아있다.

고 김일영은 또한 사회와 담을 쌓고 연구실에서만 틀어박혀 사는 백면서생만은 아니었다. 사회활동도 적극적이었고 사회적 발언도 활발했기에 참여하는 지식인의 풍모도 갖고 있었다. 고인이 추구하는 사회는 한마디로 품격있는 사회였다. 그동안 그가 남긴 죽비와 같은 엄정하고 명쾌한 칼럼들은 오늘날 우리 사회가 되새겨봐야 할 명문이다. 이에 간행위원회는 그가 남긴 방대한 칼럼 중 선별을 해서 『품격있는 보수를 꿈꾸다 : 고 김일영 교수 칼럼집』을 출간하는 바이다. 이 책의 출간을 위해 칼럼 선별과 정리작업을 도맡아준 김일영교수의 제자 심양섭 박사와 최광승 석사에게 깊은 감사의 마음을 전하고 싶다. 이 책의 기획과 편집에 수고해 주신 한국학술정보(주) 양은정, 이주은, 김소영 님에게도 감사드린다.

김일영유고간행위원회
(위원장: 김도종, 명지대학교 사회과학대 학장)

김일영(金一榮) 교수를 떠나보내며
그대들, 그 사람을 가졌는가?

성균관대 정외과의 김일영 선생님께서 2009년 11월 23일 영면하셨습니다. 향년 만 49세. 1960년 1월 강원도 동해에서 태어나, 초등학교 5학년의 어린 나이에 서울에 유학 와 성균관대학교에서 윤근식 교수님과 장을병 교수님의 지도로 학사, 석사, 박사(1991년)를 받으시고, 모교에서 1992년 9월부터 교수생활을 하셨습니다. 교수생활 중에 성균관대 사회과학연구소 소장, 미국 하버드대 옌칭연구소 초빙교수(visiting scholar), 일본 큐슈(九州)대학 법학부 객원교수를 역임하셨습니다. 재직 중 여러 번 최우수 연구교수, 우수 강의교수로 선정됐고, 2007년에는 성균관대 총동창회와 성균경영인포럼에서 공동 수상하는 '성균학술상'을 수상했습니다. '한국정치학회', '한국국제정치학회', '한국국제정치사학회'의 임원으로 활발한 학회활동을 했고, 여러 정부, 사회기관의 자문, '바른사회를 위한 시민회의', '교과서포럼', 계간 '시대정신' 등의 사회참여 그리고 여러 언론매체에서의 활발한 기고활동 등 다방면에서 활동하셨습니다. 학생들에게는 자상하고 성실한 스승이었습니다. 많은 훌륭한 후학을 키워 내기도 하셨습니다. 교수의 3대 책무를 교육, 연구, (사회)봉사라고 했을 때, 이 세 분야에서 모두 빼어난 활동을 한 분이었습니다.

 올 초에 간암확진을 받고 투병 중이시긴 했지만 젊으시고, 워낙 회복의지가 강해서 이렇게 빨리 가실 줄 몰랐습니다. 돌아가시기 며칠 전 병원을 찾아뵀을 때도 비교적 건강하셨고, 즐겁게 대화를 나누면서 같이 웃고 했는데, 일요일 위독하다는 전문을 듣고 달려가 보니 의식이 없으시고, 그날을 못 넘기신단 말씀에 큰 고통을 느꼈습니다. 돌아가시기 3일 전 병문안 오신 연세대 김세중 교수님에게 "선생님, 염려 마세요. 저 일어납니다."라고 말씀하셨는데 어찌 이리 빨리 가시나요? 이철우 교수님과 제가 "선생님 저 알아보시겠어요?"라고 물으니 눈을 번쩍 뜨시고 뭔가를 얘기하려 안간힘을 쓰시기에 뵙기에 안쓰러워 "선생님 말씀 안 하셔도 괜찮아요."라고 얘기했지요. 그때 무슨 말씀을 그렇게 해 주시려고 노력하셨는지요.

 일요일 자정 무렵에 사랑하는 가족(조인진 총신대학교 교수님과 일남 일녀)들과 평소에 좋아하시던 조전혁 의원의 손을 잡고 돌아가셨습니다. 빈소에 있는 선생님의 영정은 평소의 온화한 미소를 머금고 계셔서, 금방이라도 예전처럼 "강 교수, 오늘 나랑 얘기 좀 나눠요."라고 얘기하며 밖으로 나오실 것처럼 보였습니다. 빈소에는 평소 선생님을 좋아하고 존경하던 분들의 조문행렬로 발 디딜 틈이 없었습니다. 학자로서 훌륭했을 뿐만 아니라 인간적으로도 따듯했던 분이기에 조문객들의 슬픔 또한 컸습니다. 병환 중에 선생님을 지극정성으로 병문안한 연세대 법대 이철우 교수님의 우정을 보면서 감동을 받기도 했습니다.

영결식을 마치고 당신께서 거의 일평생을 보낸 성균관대학교의 연구실에 가족들이 모셔 온 선생님 영정과 함께 들어갔었습니다. 이전 쓰던 연구실이 좁았었는데, 요번에 나온 연구실이 넓고 깨끗해서 좋다고 하시며 꼭 놀러오라고 하신 게 불과 몇 달 전인데 그리고 많은 책을 소장할 수 있게 이중으로 된 책장을 마련했다고 좋아하시더니 이렇게 허무하게 가시다니요. 선생님이 자랑하시던 이중 책장을 어루만지며 마음이 아팠습니다.

선생님을 처음 뵈었던 날이 생생히 떠오릅니다. 국제정치학회 외교사분들과의 모임이었는데, 평소 선생님의 학문적 명성을 알고는 있었지만 뵌 건 그때가 처음이었지요. 하얀 얼굴에 초롱초롱한 눈빛, 해맑은 성품, 젠틀한 몸가짐 그리고 유려한 언변으로 저에게 깊은 인상을 남기셨습니다. 그 이후 선생님과는 학연, 혈연, 지연 등 어느 부분에서도 겹치는 곳이 없었지만 저희는 너무나 자연스럽게 가까워졌습니다. 서로를 믿지 못하고 서로에게 상처받지 않으려 노력하는 이 각박한 세상에서 마음을 터놓고 얘기를 나눌 수 있는 인생선배이자 선배학자를 만날 수 있다는 것은 저에게 행운이었습니다. 서로의 고민도 스스럼없이 털어놓고, 학문적인 대화를 나누고, 선생님의 군더더기 없는 성격과 외모를 꼭 닮은 선생님의 명쾌한 글을 읽으며 행복했고 많은 것을 배웠습니다. 또한 저에게 아드님과 따님의 진로에 대해 고민하시면서 자문을 구하는 모습은 한국의 전형적인 자상한 아버지상이었습니다.

선생님과 대화를 나누면 언제나 배우는 것이 있어서 좋았지요.

진지한 대화를 나누면서도 무거운 분위기가 아니고 유쾌했던 것은 선생님의 온화한 인품 덕이었습니다. 저에겐 진지함과 열정, 냉철한 논리와 뜨거운 가슴을 적절한 비율로 가진, 그래서 닮고 싶은 완벽한 롤 모델(role model)이었습니다. 많은 학업과 일을 하시면서도 언제나 평상심을 잃지 않은 것에 대해선 경이의 마음으로 바라봤습니다. 저 같으면 그 스트레스를 이기지 못해 짜증이 났을 법한데도 언제나 한결같은 표정과 말투로 세상을 사셨습니다. 저보다 불과 몇 살 많으시지만 선생님은 저에게 마음의 스승이었고, 선비의 상징이었고, 인생의 벗이었습니다.

선생께서는 현대한국정치사, 한국외교사, 동아시아 정치경제발전 모델, 국제관계론의 젊은 석학이었고, 법정치학에도 관심을 기울이셨습니다. 젊은 나이에 이미 많은 업적을 내고 대가로서의 자리에 한 발짝 한 발짝 다가서고 계셨고, 한국정치학계와 한국현대사학계를 이끌 차세대 리더였습니다. 명지대 김도종 교수님 말씀처럼 "우리 사회가 김일영 같은 학자를 키워 내려면 얼마나 많은 시간과 노력이 필요할지를 생각하면" 너무나 안타깝습니다. 실로 한국 인문사회과학계의 큰 손실이라 아니할 수 없고, 한국 사회 자체의 불운이라 할 수밖에 없습니다.

선생의 학문적 성향은 언제나 합리적이고 학구적이었습니다. 우리 세대 대부분의 학자들이 그렇듯이 학창시절 진보좌파의 길을 모색하다가, 학문이 무르익으면서 이성적인 보수의 길을 가며 한국 사회의 갈 길을 제시해 주셨습니다. 그러나 선생은 파당적인 이데

올로그가 아닌 균형 잡힌 이론가이자 역사가였습니다. 학자가 성실함과 총명함을 공히 갖기란 매우 어렵습니다. 그러나 선생은 두 가지를 겸비한 드문 예였습니다. 2008년에만 무려 10여 편의 논문을 발표하신 것만 봐도 선생님의 성실성과 생산성을 능히 짐작할 수 있습니다. 국내에서만 공부하신 분들이 자칫 가질 수 있는 식견의 협소함도 선생에게서는 전혀 발견할 수 없었습니다. 오히려 어떤 유학파보다 더 넓은 통찰력을 갖고 있고, 최신 이론에 해박했음은 선생님 특유의 성실함과 총명함에 기인한 것이라 생각됩니다. 그리고 정치학자들이 일차사료에 대해 등한시하는 것에 대해 비판의식을 가지고 성실히 일차사료를 섭렵하시기도 했습니다.

그 결과는 이론과 사실(史實)의 조화 속에서 탄생하는 독창적인 논리였습니다. 그래서 무작정적인 찬미가 아닌 학구적 분석을 통해 이승만 시기와 박정희 시기에 대한 재평가를 시도하셨고, 특히 이승만 농지개혁에 대한 분석은 그 이후 학설사의 주류를 이뤘습니다. 『해방전후사의 재인식』 편집출간을 통해 한국 사회에 대한 인식을 한 단계 더 높이시기도 했습니다. 그 외에도 수많은 연구와 저술을 통해 한국현대사를 편향되지 않게 바라보는 시각을 제공했고, 앞으로 한국사회가 나아가야 할 방향을 끊임없이 제시했습니다. 설사 선생님의 주장에 동의하지 않은 학자라도 선생님의 논리를 무시할 수는 없었습니다. 진실성 있는 학자라면 선생님의 논리를 반박하기 위해서라도 더 공부를 해야 했습니다. 그만큼 선생님의 글은 진지했고, 치밀했고, 명쾌했기 때문이지요. 그런 점에서 선생님이 한국 학계 발전을 위해 하신 일은 매우 큽니다.

또한 선생님은 수준 낮은 좌파들이 날뛸 때도 준엄한 비판을 했고, 저질스런 우파가 잘못된 길을 갈 때도 통렬한 꾸짖음을 주셨습니다. 자유주의와 책임에 기반을 둔 성숙한 시민사회를 갈구했기에, 생전에 좌든 우든 정치권력화를 추구하는 또는 정치권력과 밀착하려는 시민단체를 신랄하게 비판하기도 하셨죠.

제가 알기에 선생님은 기존 저서인 『건국과 부국』을 수정 보완해서 학술적으로 더 탄탄한 책으로도 만들고, 그 책을 대중이 읽기 쉽게 대중용으로도 출간하는 작업을 하고 계시는 등 한국현대사의 재평가 작업에 매진 중이셨고, 그 외에도 국제정치경제학 이론, 만주국에 대한 연구, 냉전사에 대한 연구/번역 등을 심화해 나가고 계셨습니다. 서울대 전상인 교수님이 영결식 조사에서 "반백 년을 채 못 살았어도, 업적으로는 일백 년 이상을 산 사람"이라 하셨듯이 지금까지 하신 일도 많지만, 앞으로 이루어 낼 일들이 훨씬 더 많은 분이기에 아쉬움은 더 큽니다. 저희 같은 몽매한 후학들에게 우리 사회가 나아갈 옳은 방향에 대해 지적 영감(inspiration)을 주는 존재로 남아계실 것입니다.

영결식에서 전상인 교수님이 "왜 하느님이 김 선생을 일찍 데려갔는지 조금은 알 것도 같다. 김 선생이 너무 능력 있고, 점잖고, 똑똑해서 우리 사회가 김 선생을 한시도 내버려 두지 못하고 일을 시켰기 때문에, 이제 좀 쉬라고 데려가신 것 같다."는 말씀이 맞는 것도 같습니다.

이제 이생에서 너무 과로하고 사셨으니 부디 저세상에서는 편히
쉬시면서 좋아하시는 책 읽으시면서 안식을 누리십시오.

선생님의 애송시는 함석헌 선생의 <그 사람을 가졌는가>였습니다.

<그 사람을 가졌는가>

－ 함석헌 －

만리길 나서는 길
처자를 내맡기며
맘놓고 갈만한 사람
그 사람을 그대는 가졌는가/

온 세상 다 나를 버려
마음이 외로울 때에도
'저 마음이야' 하고 믿어지는
그 사람을 그대는 가졌는가/

탔던 배 꺼지는 시간
구명대 서로 사양하며
'너만은 제발 살아다오' 할
그 사람을 그대는 가졌는가/

불의(不義)의 사형장에서
'다 죽여도 너희 세상 빛을 위해

저만은 살려두거라' 일러줄

그 사람을 그대는 가졌는가/

잊지 못할 이 세상을 놓고 떠나려 할 때

'저 하나 있으니' 하며

빙긋이 웃고 눈을 감을

그 사람을 그대는 가졌는가/

온 세상의 찬성보다도

'아니' 하며 가만히 머리 흔들 그 한 얼굴 생각에

알뜰한 유혹 물리치게 되는

그 사람을 그대는 가졌는가/

    책상에 앉아 선생님에 대한 추모 글을 쓰니 오래된 내상처럼 뒤늦게 서러움이 밀려듭니다. 선생님의 애송시를 읽다 보니 선생님이 바로 그런 존재였더군요.

불초소생 후학 강규형

(명지대학교 교수, 김일영유고집간행위원회 총무) 올림

chapter 05 정치문화의 개혁을 바라며

chapter 06 여야 정당에 주는 고언(苦言)

chapter 07 '정치혐오증' 낳는 선거풍토

chapter 08 노무현·김대중 시대의 명암

“한국은 미국과의 신뢰를 손상하지 않으면서 연루의 위험을
최소화시킬 수 있는 제도적 장치를 서둘러 마련해야 한다.”

chapter 01

한미관계와 남북한관계를 보는 눈

오바마 당선 의미 '아전인수' 말아야

미국은 변화를 택했다. 한국도 변화를 택했었다. 버락 오바마 당선인이 현재 미국에서 변화의 상징이라면 이명박 당선인은 1년 전 한국에서 변화의 상징이었다. 다만 시간이 흐르고 악재가 겹치면서 이명박 대통령이 지녔던 변화의 이미지와 상징성이 잊히거나 퇴색했을 뿐이다.

물론 오바마와 이 대통령이 추구하는 변화의 방향은 같지 않다. 그 점에서 한미 간에 불협화음이 생겨날 가능성에 대해 우려하는 목소리도 있다. 이런 부조화는 두 사람의 등장 배경이 판이해서 생겨났다. 오바마는 30여 년간 지속된 보수시대의 반작용으로 등장했고, 이 대통령은 10년간의 진보시대에 대한 반작용으로 출현했다. 어쨌든 두 사람은 각자가 처한 조건에서 '변화'를 내걸고 집권에 성공했다.

오바마는 프랭클린 루스벨트와 리처드 닉슨 그리고 에이브러햄 링컨이 처했던 어려움을 한꺼번에 맞으면서 업무를 시작해야 하는 흔치 않은 대통령이다. 루스벨트가 직면했던 대공황에 버금가는 전 세계적 금융위기가 그의 앞에 놓여 있다. 닉슨이 맞닥뜨렸던 베트남전의 수렁에 못지않은 이라크전의 수렁이 그의 해결을 기다리고 있다. 링컨이 고심했던 흑백갈등에 비견되는 사회통합의 위기가 그의 치유를 기대하고 있다.

이런 문제에 대한 오바마의 답은 '21세기형 뉴딜체제'로의 변화이다. 국가 개입을 통해 고삐 풀린 시장(특히 금융시스템)에 대한 적절한 규제의 회복, 95%의 중·하류층에 대한 감세와 5%의 부유층에 대한 증세, 과감한 정부 지출 확대, 힘을 앞세운 미국 일방주의 대신 연성권력(soft power)에 기반을 둔 협력적 외교로의 복귀, 사회적 소수자에 대한 적극적 포용 등이 오바마로 상징되는 미국의 진보가 내세우는 정책이다.

한편 이명박 정부는 진보정권 10년 동안의 성장잠재력 약화, 무원칙하고 방만한 대북지원, 사회적 양극화의 심화라는 조건 위에서 출범했다. 따라서 '작은 정부 큰 시장'의 구호 아래 감세와 재정긴축, 한미동맹 강화와 원칙 있는 대북정책, 중산층 복구를 주요 내용으로 하는 보수로의 변화를 추구했다.

하지만 금융위기는 감세는 하되 정부 지출을 늘려 경기를 부양하는 쪽으로 변화의 방향을 선회하게 만들었다. 거기에 오바마가 당선되면서 이명박 정부를 필두로 하는 한국의 보수와 미국의 진보 사이에 갈등의 소지가 생겨났다. 오바마의 대북 대화정책이나 대북 수교정책이 현실화될 경우 그것은 한국의 '안보 보수'가 내세우는 원칙 있는 대북정책과 충돌할 수 있다. 오바마가 한미 자유무역협정(FTA)을 재고할 경우 그것은 한국의 '시장 보수'와 부닥칠 수 있다.

민주당을 비롯한 한국의 진보는 오바마의 당선을 자기 일처럼 기뻐하고 있다. 그의 당선이 그들이 주장하던 대북 포용정책과 신자유주의 반대의 정당성을 입증해 주었다고 여기는 것 같다. 하지만 한국 진보의 정당성이 외부로부터 오지는 않는다.

미국의 민주당은 오바마콘(오바마를 지지하는 공화당원)을 만들어 냈지만 한국의 민주당은 10%대 지지율을 벗어나지 못하고 있다. 미국의 진보는 동반성장과 빈곤퇴치를 내용으로 하는 '해밀턴 프로젝트' 같은 정책대안을 준비했지만 한국의 진보는 국민에게 믿음직한 대안세력으로 여겨질 만한 정책을 내놓은 적이 없다. 더구나 한국의 진보에는 북한 핵과 인권에 눈을 감는 세력이 적지 않게 숨어 있다. 이 점에서 오바마 정부가 북한 인권문제를 들고 나올 경우 미국과 한국의 진보 사이에 갈등이 벌어질 수 있다. 오바마 정부가 한미 FTA를 수용할 경우 이런 갈등의 여지는 더 커진다.

오바마 정부와의 충돌 가능성은 한국의 보수, 진보 양 진영에 다 있다. 따라서 각 진영은 오바마의 당선을 아전인수 격으로 해석하느라 시간을 허비할 틈이 없다. 갈등의 소지를 알고 그에 대한 대비책을 세우는 게 더 중요하다.

(동아일보, 2008. 11. 12.)

작전통제권 환수하면 자주군대인가

노무현 대통령이 전시 작전통제권 환수 의지를 또 한 번 밝혔다. 2005년 10월 1일 국군의 날 기념사에서 대통령은 성공적인 국방 개혁과 함께 전시 작전통제권 환수를 '자주'군대의 핵심으로 지적했다. 당위적으로는 맞는 말이지만 두 가지는 짚어 볼 필요가 있다. 하나는 작전통제권 환수가 과연 '자주'군대의 기준인가이고, 다른 하나는 환수 이후의 대안은 무엇인가다.

어떤 나라가 자국 군대에 대한 작전통제권을 지니지 못하면 그 군대는 자주군대가 아닌가? 그렇지는 않다. 북대서양조약기구, 즉 '나토'에 속한 나라들도 미군 장성이 동맹군 총사령관을 맡고 있다. 이들 나라의 군대는 평시에는 자국의 작전지휘체계에 속한다. 하지만 전시나 그에 준하는 상황이 발생하면 사전 합의된 절차에 따라 미군 장성이 총사령관을 맡고 있는 나토군사령부(유럽동맹군사령부와 대서양동맹군사령부)의 작전 통제를 받도록 돼 있다. 규모로 볼 때 나토군 전체에서 미군이 차지하는 비중은 그다지 크지 않지만 동맹국들은 지휘체계 면에서 미군의 주도적 역할을 인정하고 있다.

2003년 이후 나토는 지휘 구조를 변화시켜 기존의 편제를 동맹작전사령부와 동맹변혁사령부 그리고 나토기동군으로 바꾸었다. 하지만 미군의 주도적 역할은 여전히 이어지고 있다.

이들 국가가 자주의식이 모자라서 미국의 전시 작전통제권을 수용하는 것일까? 그렇지 않다. 그것은 장기적 국익과 군사적 효율성을 따진 전략적 선택의 결과일 것이다. 이 점을 알기에 나토 회원국들에 전시 작전통제권을 보유하지 않았다는 이유로 자주국가가 아니라고 비난하는 나라는 거의 없다. 같은 이유로 한국의 자주성을 의심하는 나라도 북한을 빼면 찾아보기 어렵다. 사정이 이러할진대 대통령이 굳이 '자주'군대의 요체로 전시 작전통제권 환수를 계속해 언급하는 이유가 무엇인지 궁금해진다.

전시 작전통제권이 환수되면 현재와 같은 한미연합사령부는 불필요하거나 존속되기 어렵게 될 것이다. 그 경우 한국군과 주한미군 사이의 지휘체계로 일본식의 병립형 구조를 대안으로 생각하는 사람들이 많다. 주일미군과 자위대는 평시나 전시에 모두 자국 군대에 대한 지휘권을 독자적으로 보유하고 있다. 대신 군사적으로 공동 작전을 원활히 수행하기 위해 양국 간에 '공동계획검토위원회'나 '공동조정소' 같은 연락 및 조정기구를 운영하고 있다.

그러나 미·일 양국의 지휘구조가 병립형이 된 것은 일본의 특수성 때문이다. 주지하듯이 일본은 평화헌법에 따라 공수(攻守)를 겸하는 군대가 아니라 방어만을 목적으로 하는 자위대를 보유하게 되었다. 이런 자위대가 정식 군대인 주일미군과 통합된 지휘체계 속에서 활동할 수는 없었기에 마련된 것이 각자가 독자적 지휘체계를 갖는 병립형 구조였다. 그렇기 때문에 유사시에 작전을 할 때에도 미군이 주도하고 자위대는 지원 역할을 하도록 돼 있다.

한국과 미국은 미·일과 다른 조건에 처해 있다. 따라서 한·미 양국이 일본식의 병립형 구조를 참조할 수는 있겠지만 그대로 답습해야 할 이유는 없다. 한국은 고려해야 할 변수가 일본보다 많다. 우선 북한 변수가 있다. 설사 평화협정을 통해 북·미 및 남북 간에 긴장관계가 해소되더라도 통일까지는 먼 여정이 남아 있다. 따라서 그 경우에도 우리는 전혀 다른 시스템을 지닌 주권국가로서의 북한을 여전히 주요 변수로 고려할 수밖에 없다. 더구나 한반도에 대한 영향력을 잃지 않으려는 주변 강국들, 특히 중국이 북한의 후원자로 나서는 일도 충분히 예견 가능하다.

'자주'군대도 좋고 자주국방도 좋다. 그러나 그 자주도 현재는 물론이고 평화체제 수립과 통일에 이르는 과정 그리고 통일 이후까지의 우리의 생존을 생각하는 가운데 모색돼야 한다. 냉전 종결 이후 소련의 위협이 사라졌음에도 어째서 나토 회원국들은 미국의 역할을 강화하는 데 동의하고 있는 것일까? 곱씹어 볼 일이다. 미·일 동맹이 지속 강화되는 가운데 일본이 평화헌법을 개정해 군대를 보유한 뒤에도 양국 간에 현재와 같은 병립형 지휘구조가 지속될까? '예'라고 자신 있게 답할 자신이 없다.

(중앙일보, 2005. 10. 6.)

평택, 부안 짝 안 나려면

평택에서 동맹과 평화가 충돌하고 있다. 이 충돌을 방치할 경우 재배치를 위해 의정부나 동두천을 떠난 주한미군이 한국 내에서 기착할 곳을 찾지 못해 이 땅을 떠나는 일이 생길지도 모른다는 생각이 든다. 최근 일부 해외언론이 주한미군사령부의 해외 이전 가능성을 보도하는 것도 이런 우려를 부채질하고 있다.

한·미 양국은 2년간의 논의를 거쳐 전국에 산재된 미군기지를 오산·평택과 부산·대구 두 곳의 허브(hub)로 재배치하기로 합의했다. 특히 용산기지에 있던 한미연합사령부와 유엔군사령부 등은 2008년까지, 정부와 동두천 주변의 미2사단 기지는 2008년 이후 각각 평택으로 옮기기로 의견을 모았다. 본래 평택에는 151만 평 규모의 미군기지가 있었는데, 이전될 부대를 위해 총 349만여 평의 부지가 새로 조성될 예정이다. 이에 토지가 수용될 지역의 일부 주민과 외지의 135개 시민단체는 '평택 미군기지 확장 저지'에 나섰고, 그들이 경찰과 충돌한 것이 지난 주말 평택 사태의 전말이다.

평택 사태에는 여러 차원의 문제가 뒤섞여 있다. 주민들은 생존권과 경제권 사이에서 갈등을 겪고 있다. 일부 주민은 미군기지 확장으로 삶의 터전을 내주어야 한다는 점에서 반발하고 있지만 그로 인한 경제적 이익을 기대하는 주민들도 적지 않다.

외부의 시민단체들은 보다 거시적으로 평택 문제에 다가서고 있다. 그들 주장의 핵심은 미군은 한반도 평화의 장애물이므로 더 이상 있을 이유가 없다는 것이다. 미국은 '전략적 유연성' 개념에 따라 주한미군을 평택기지로 재배치하려 하고 있다. 그러나 전략적 유연성 자체가 이미 한반도의 전쟁 억지라는 주둔의 본래 목적을 벗어나는 것이므로 미군이 이 땅에 계속 머물 명분이 없다는 것이다. 따라서 시민단체들은 평화를 명분으로 평택 문제를 전국화 내지는 정치화하려 하고 있다.

시민단체의 평화 논리는 정부나 보수진영의 동맹 논리와 충돌하고 있다. 한반도 전쟁 억지와 동북아시아의 세력균형을 위해서는 한·미동맹이 여전히 유효하며 앞으로도 그럴 것이라는 게 동맹의 논리다. 이들은 전략적 유연성에 대해서도 주한미군이 한반도 바깥으로 전개되는 측면만 보지 말고 유사시 외부로부터 한반도로 신속하게 투입될 수 있다는 측면도 볼 것을 주문하고 있다. 이들은 동맹을 위해 평택 문제가 비정치적인 국지적 문제로 남기를 바라고 있다. 이들은 이 문제가 미군 철수라는 근본적 차원의 요구가 아니라 한·미동맹의 불평등성 개선 같은 절차적 차원의 노력을 통해 해소될 수 있다고 여기고 있다.

평택 문제는 여러 가지 점에서 부안 사태와 흡사해질 소지가 있다. 부안 사태에서도 주민들은 생존권 논리와 경제적 이해의 논리 사이에서 갈등했다. 그러나 외부 세력이 개입해 환경과 개발의 논리가 충돌하면서 문제는 전국화, 정치화됐고 해결은 점점 어려워졌다.

평택이 부안 사태처럼 가도록 방치해서는 안 된다. 그러기 위해서는 일차적으로 정부와 지방자치단체가 생존권과 경제권을 둘러싼 주민들 사이의 갈등을 중재하려고 적극 나서야 한다. 주민들 사이의 갈등이 클수록 외곽 단체의 개입 여지도 그만큼 커진다. 따라서 내부 갈등의 소지를 최소화하는 것이 문제의 전국화를 막는 지름길이다.

다음으로 정부는 평택 문제를 바라보는 동맹의 시각과 평화의 시각 사이의 접점을 찾는 노력을 기울여야 한다. 사실 이것은 단순히 평택에만 국한되지 않고 한국의 외교, 안보 전체와 관련되는 중요한 문제다. 지난 몇 년 사이 우리는 대미관계와 대북정책을 둘러싸고 '자주파'와 '동맹파'로 나뉘어 남남 갈등을 겪었고, 평택 사태도 그것의 연장선상에 있다. 평화와 동맹은 반드시 배타적인 것만은 아니다. 평화는 반드시 평화로운 방법으로만 지켜지는 것은 아니다. 동맹은 평화를 확보하는 좋은 방안일 수 있다. 정부는 평택 문제를 잘 해결해 동맹을 통한 평화가 가능하다는 것을 보여 주기 바란다.

(중앙일보, 2005. 7. 14.)

동맹과 '위협인식'의 공유

동맹은 두 나라가 위협에 대한 인식을 공유할 때 생겨난다. 다시 말해 두 국가가 위협을 느끼는 공동의 적을 지닐 때 동맹이 형성된다. 9·11 테러 이후 한국과 미국은 위협 인식의 공유 면에서 상당한 문제점을 드러내고 있다. 현재 한·미동맹이 표류하는 원인은 바로 여기에 있다.

냉전하에서 한국과 미국은 북한으로부터의 위협이라는 공통분모를 가지고 동맹을 유지해 왔으며, 그 중심에 인계철선 역할을 자임한 주한미군이 있었다.

1990년대 들어 전 세계적 차원에서는 탈냉전이 도래했다. 그러나 한반도 차원에서는 북한의 핵 모험 때문에 주한미군이 냉전시대의 역할을 계속할 수밖에 없다는 점에 대해 한·미 양국은 합의할 수 있었다.

하지만 9·11 테러 이후 세상, 특히 미국은 너무 변했다. 미국은 테러 공격, 대량살상무기(WMD) 확산, 중국의 패권화를 주된 위협으로 보고 있다.

이제 북한은 대량살상무기를 개발하고 확산하는 국가로서만 미국에 의미가 있지, 과거처럼 한국에 대해 위협을 가하는 국가로서의 의미는 상당 부분 퇴색했다.

또 한 가지 잊어서는 안 되는 것이, 미국은 지금 전쟁 중인 국가라는 사실이다. 보이지 않는 테러 세력과 전쟁을 벌이고 있는 국가인 미국에 여타 문제는 중요성 면에서 뒤로 밀릴 수밖에 없다. 미국이 주한미군을 재배치하는 것은 이런 세 가지 위협에 효율적으로 대처하기 위함이다.

이런 상태에서 한국은 과연 미국과 어떤 위협을 얼마나 공유하고 있는가? 테러 위협에 대해 한국이 느끼는 불안은 미국이 느끼는 그것과 비교할 때 온도 차이가 크다. 최근 테러가 러시아 등 이라크 전쟁에 반대한 국가들에까지 확산되는 조짐을 보이고 있다.

이런 추세가 지속된다면 테러와의 전쟁은 미국만의 일이 아니라 전 세계적인 문제가 될 수도 있다. 더구나 한국은 이라크에 추가 파병함으로써 이미 반(反)테러전에 발을 들여놓고 있다. 그런데도 테러 위협에 대한 한국 국민의 체감도는 아주 낮다.

중국에 대해 호의적인 사람들이 늘어가는 추세에서 중국 견제에 대해 한·미 간에 느끼는 공감의 정도도 차이가 있다.

최근 중국의 고구려사 '강탈' 움직임 때문에 중국에 대한 한국인의 생각에 변화의 기미가 보이고는 있다. 하지만 아직까지는 미국에 대한 반감이 중국에 대한 섭섭함을 누르고 있는 것이 현실이다.

김대중 정부 이후 북한을 위협보다는 포용과 공조의 대상으로 생각하는 사람들이 늘고 있다. 심지어 북한이 핵무기를 개발하는 것은 미국과의 협상용이며 그것을 동족인 우리에게는 사용하지 않을 것이라고 생각하는 사람도 적지 않다.

이런 세태에서 대량살상무기 확산 방지를 위해 미국이 북한에 대해 취하는 제재, 예컨대 대량살상무기 확산 방지 구상(PSI)에 한국이 참여해야 한다고 생각하는 사람이 그렇게 많지 않은 것 같다.

무엇보다도 어려운 점은 미국이 직면한 세 가지 위협에 대해 별로 공감하지 않는 사람들이 현재 한국의 파워 블록을 장악하고 있다는 사실이다. 분명 한·미동맹은 표류하고 있다. 위협 인식 면에서 공감보다 차이가 더 큰 동맹은 유지되기 쉽지 않다.

따라서 양국 간에 위협 인식 면에서 공감대를 높이려는 노력이 필요한 시점이다. 이미 정부 차원에서는 한국이 이라크에 추가 파병함으로써 미국과 위협 인식을 같이하려는 노력을 일부 보여 주고 있다.

　문제는 노무현 정부가 자신들이 발을 들여놓은 것에 대해 자신
감이 있는지가 불명확하다는 점이다. 스스로 확신이 없는 정부가
국민을 설득하기는 어렵다. 동맹의 어려움은 거기서 시작되고 있는
지도 모른다.

(조선일보, 2004. 9. 16.)

에너지 안보와 해상교통로 확보
그리고 동맹외교

에너지 안보의 중요성

석유 없이 살 수 있는 나라는 없다. 한국처럼 에너지의 수입의존도가 거의 절대적인 나라는 더욱 그렇다. 이 점에서 우리도 에너지 문제를 경제적 차원보다는 안보적 차원에서 생각할 필요가 있다.

에너지 문제는 현재보다 미래를 생각할 때 우리에게 더욱 안보적 문제로 다가온다. 전 세계적으로 인구는 계속 늘고 있고 산업화도 꾸준히 진척되고 있다. 이것은 곧 에너지 수요가 갈수록 증대됨을 의미한다. 특히 1990년대 이후 급속히 산업화하고 있는 중국은 전 세계의 모든 에너지 자원을 빨아들이는 블랙홀로 변하고 있다. 최근 우리는 이미 중국발(中國發) 원자재 위기를 한 차례 겪은 바 있다.

이렇게 수요는 급속히 늘고 있는데 공급은 갈수록 제한적이 될 것이라는 게 현재 에너지 위기의 핵심이다. 『자원의 지배』라는 책을 쓴 마이클 클레어(Michael Klare)에 따르면, 1990년대 말 기준으로 아직 개발되지 않은 석유의 매장량은 1조 6천억 배럴로 추정되는데 그것을 매년 266억 배럴씩 생산한다고 가정하면 약 60년 분량이 남아 있다고 한다. 그러나 현재 석유 소비량이 꾸준히 증대되고 있다는 점을 감안하면 실제로는 약 40년 정도의 분량이 남은 것으로 생각되며, 그중 절반 정도가 소모되는 2010년경부터는 이것이 심각한 국제 문제로 대두될 것이라고 보고 있다.

사활이 걸린 해상교통로 확보 문제

에너지 자원 중에서도 특히 석유나 천연가스의 특수성은 그것이 일부 한정된 지역에서 집중적으로 생산된다는 점이다. 이 점이 이들 자원의 희소성을 높이기도 하지만, 바로 이 점 때문에 발생하는 문제가 운송의 문제이다. 적어도 지금까지 이들 자원은 거의 대부분 선박이나 파이프라인을 통해 운송되고 있다. 따라서 해상교통로(Sea Lanes of Communications, SLOC)를 확보하거나 파이프라인이 지나갈 수 있는 땅을 확보하는 문제가 에너지원을 확보하는 문제 못지않게 중요함을 알 수 있다.

최근 유가가 급상승하여 정부에 비상이 걸렸다. 그러나 이럴 때마다 정부는 소비절약, 공급선 다변화, 해외유전 개발, 대체에너지 개발 등 상투적인 처방을 내놓는 데 그치고 있다. 그러나 여기에는 해상교통로 확보라는 중요한 문제가 빠져 있다. 최근 이슬람 무장단체가 중동 노선을 운항하는 한국 해운회사 선박으로까지 테러를 확대하겠다고 위협하면서 이 문제의 중요성은 다시 부각되고 있다.

한국은 수출을 통해 발전한 나라이며, 무역의존도가 66% (2002년)에 달할 정도로 높다. 우리의 에너지 대외(특히 중동) 의존도는 거의 절대적이다. 한국은 에너지의 96.9%를 해외에서 들여오고 있으며, 그중 47.6%를 차지하는 석유의 경우 79.5%를 중동에서 수입하고 있다. 이러한 무역 물동량(物動量)과 에너지 자원의 운송은 거의 대부분 해상교통에 의존하고 있다. 그런데도 한국 정부와 국민은 생명선과도 같은 해상교통로 확보의 중요성을 별로 인식하지 않은 채 살고 있다.

세계 석유운송로 중 미국이 사활을 걸고 지키는 곳이 여섯 곳 있다. 페르시아 만 입구의 호르무즈 해협, 말레이시아와 인도네시아 사이의 말라카 해협, 홍해의 바브엘만데브 해협과 수에즈 운하, 터키의 보스포루스 해협 그리고 태평양과 대서양을 잇는 파나마 운하가 그것이다.

이 중 가장 중요한 곳은 호르무즈 해협이다. 이곳은 하루 1천5백만 배럴의 석유가 운송되는 요충으로 여기가 막히면 이란, 이라크, 쿠웨이트, 사우디아라비아 등 중동의 주요 산유국에서 생산된 원유가 전 세계 어디로도 전달될 수 없다. 여기를 통과한 석유가 유럽 쪽으로 가기 위해 통과해야 하는 요충이 홍해의 바브엘만데브 해협과 수에즈 운하이며, 동아시아와 태평양 쪽으로 가기 위해 지나야만 하는 길목이 말레이시아와 인도네시아 사이의 말라카 해협이다. 그리고 중동 다음으로 에너지 자원의 미래 보고인 중앙아시아에서 석유가 운송되기 위해 확보되어야 하는 곳이 터키의 보스포루스 해협이다. 태평양과 대서양을 잇는 파나마 운하의 중요성에 대해서는 더 말할 필요가 없다.

해상교통로 확보를 위해 동맹외교 강화해야

중동의 페르시아 만을 떠난 유조선은 호르무즈 해협과 말라카 해협을 지나 필리핀과 대만 사이의 바시 해협을 거쳐 한국으로 온다. 그런데 이러한 운송로 중 어느 한 곳도 한국 해군의 영향력이 미치는 곳은 없다. 전적으로 미 해군의 보호에 의존하고 있는 것이다.

이슬람 무장단체가 한국 선박에 대한 테러위협을 언급한 이후 정부는 페르시아 만 인근의 한국 선박에 테러에 대한 주의를 촉구하고 있다. 하지만 사실 그보다 취약한 곳은 말라카 해협이다. 이 곳은 세계해상무역의 3분의 1이 통과하고 연간 5만 대 이상의 선박이 지나다니는 주요 수송로이자 한국을 포함한 동아시아 국가들로 오는 원유와 액화천연가스의 대부분이 운송되는 길이다. 하지만 이곳은 전통적으로 해적이 들끓는 지역이다. 2003년 1~9월에 말라카 해협에서는 271건의 해적사건이 발생했으며, 이로 인한 피해 규모가 연간 250억 달러 정도에 달한다. 이렇게 해적이 자주 출몰하는 이유는 이곳이 해역의 폭이 좁고 선박통행량이 많아 해적이 습격대상선박을 쉽게 물색해서 공격하기에 좋은 입지조건을 가지고 있기 때문이다. 문제는 이 해협이 해적뿐 아니라 알카에다나 그들과 연계된 동남아시아의 이슬람 테러조직인 제마 이슬라미야에게도 선박에 대한 테러 공격을 가하기에 용이한 지역이라는 점이다.

이곳에 이해관계가 걸린 주요 국가들은 근자 들어 말라카 해협에서의 자국의 이익을 지키기 위해 활발한 움직임을 보여 주고 있다. 미국은 호주와 싱가포르의 호응 속에서 이 지역의 테러 진압 노력에 대한 미군의 참여를 모색하고 있다. 일본은 이 지역의 원유 수송로를 안정적으로 확보하기 위해 인도 해군과 합동해상훈련을 확대하고 있으며, 아세안 국가들과 한·중·일 3개국, 즉 '아세안+3' 차원에서의 대테러전 관련 협력을 강화하고 있다.

이에 비한다면 한국 정부의 노력은 싱가포르와 해군 교류의 확대를 모색하는 수준에 그치고 있다. 우리 해군력의 영향력이 근해 수준을 벗어나지 못한다는 점을 생각한다면 상당 기간 동안 일본처럼 이 지역 국가들과 합동해상훈련을 벌이기는 쉽지 않을 것이다. 그렇다면 우리는 결국 동맹외교의 강화를 통해 이 문제에 대처할 수밖에 없다.

우선 아세안 국가들과 이 문제에 관한 협력을 좀 더 적극적으로 모색할 필요가 있다. 최근 싱가포르의 고촉동 총리가 한국을 지칭하며 말라카 해협의 항로 안전문제에 대해 남의 일처럼 무관심한 것을 이해하기 어렵다는 불평을 토로한 적이 있다고 하는데, 적어도 말라카 해협의 주변 국가들에 이런 인식을 심어 주어서는 곤란할 것 같다.

지금까지와 마찬가지로 앞으로도 상당 기간 동안은 우리의 원유 수송로에 대한 안전 확보를 미국에 의존할 수밖에 없는 것이 현실이다. 결국 해상교통로 확보를 위해서도 한미동맹은 우리에게 필수불가결한 것이다. 그런데도 국내에서는 한미동맹의 중요성을 훼손하는 움직임이 적지 않다. 모르면 용감하다는 말이 떠오른다.

(서울대학교 행정대학원

한국정책 지식센터 공기업 포럼, 2004. 9. 6.)

버림받음과 휘말림 사이의 균형

미국은 주한미군의 일부를 이라크로 차출하면서 그것을 보충하지 않기로 결정했다. 작년부터 우려되던 주한미군 감축이 현실화된 것이다. 이를 두고 한쪽에서는 한미동맹의 와해를 우려하고, 다른 쪽에서는 '미군 없는 한국'을 준비하자는 만용을 부리고 있다.

그러나 이런 양극단은 도움이 되지 않는다. 지금 우리에게 필요한 것은 감축 이후 한·미동맹의 향방에 관해 국익 차원에서 지혜를 모으는 일이다.

결론부터 밝히자면 한국은 동맹국 미국으로부터 버림받아서도 곤란하지만 전 세계적 차원에서 전개되는 미국의 군사전략에 휘말려들지 않게 조심해야 한다. 두 선택지 사이에서 절묘한 균형을 잡음으로써 한·미 간의 신뢰에 손상이 가지 않게 하는 게 한국 외교가 나아갈 바이다.

'방기'(放棄·abandonment)와 '연루'(連累·entrapment) 사이에서 균형 잡기란, 말처럼 쉽지 않다. 조만간 한·미 양국은 감군 이후 동맹의 내용에 대한 협의를 시작할 것이다. 이때 협상 테이블에 올릴 의제들은 대부분 방기 및 연루와 관련되어 있다. 따라서 이 의제들을 어떻게 처리하느냐가 우리의 균형 잡기의 시금석이 될 것이다.

분단 상태가 지속되고 북한이 대량살상무기 개발을 포기하지 않은 상태에서 한국은 미국으로부터의 방기의 위험성에 계속해서 주의를 기울여야 한다. 우리는 미국이 주한미군이 맡던 대북 주요 임무를 예정보다 빨리 그리고 많이 한국에 이양하겠다고 제의하는 경우에 대비해야 한다. 우리의 준비 태세와 비례하지 않는 섣부른 임무 이양은 동맹의 미래를 그르칠 수 있기 때문이다. 아울러 현재의 한·미 연합작전 계획은 주한미군 3만 7,000명과 유사시 대규모 지원 병력을 전제로 한 것이다. 따라서 주한미군이 감축된다면 작전 계획을 그에 걸맞게 재조정하는 작업이 한·미 간에 조속히 이루어져 연합방위 태세에 공백이 없도록 해야 할 것이다.

미국의 국방 변환 전략에 따라 주한미군은 대북 억지용에서 동아시아 기동타격대로 그 역할이 확대되도록 예정되어 있다. 이번에 주한미군 일부의 이라크 차출은 이러한 역할 변환 작업의 시작을 알리는 것으로 볼 수 있다. 주한미군의 역할이 확대될 경우 한국은 한·미동맹으로 인한 혜택뿐 아니라 부담도 동시에 져야 한다. 기존의 연합방위 태세나 수직적인 한·미 연합지휘 체계는 모두 작전 지역을 한반도로 한 것이다. 주한미군이 기동군(機動軍)화하여 그 활동 범위가 한반도를 벗어나는 경우에 대한 대비가 아직까지는 한·미 간에 거의 없었다는 것이다.

이번처럼 주한미군 일부가 아예 한국을 떠나 이라크로 가는 경우에는 연합작전 지휘 체계의 문제가 생기지 않을 수 있다. 그러나 한국에 기지를 둔 주한미군이 대만해협의 분쟁이나 인도네시아 같은 나라에서 벌어진 테러 사태에 대처하기 위해 투입될 경우 한국군과 주한미군 사이에는 연합지휘 체계나 연합방어 태세상의 혼란이 발생할 수 있다. 이 경우 한국군의 역할이 무엇인지에 대해 한·미 간에 합의된 바가 없기 때문이다. 보다 우려되는 바는 한국이 자칫하면 전 세계적 차원에서 전개되는 미국의 군사작전에 연루될 처지에 놓이게 된다는 점이다.

한국은 미국과의 신뢰를 손상하지 않으면서 연루의 위험을 최소화시킬 수 있는 제도적 장치를 서둘러 마련해야 한다. 이 과정에서 한국은 현재의 위계적인 연합지휘 체계를 보다 수평적이고 병렬적인 것으로 바꾸는 대신 보다 많은 방위 책임을 떠맡기 위해 비용을 더 지출해야 할지 모른다. 동맹에 무임승차하던 시대는 갔기 때문이다.

(조선일보, 2004. 5. 25.)

평화협정, 끝이 아니라 시작이다

휴회 중인 6자회담이 조만간 재개될 것 같다. 회담의 주 의제는 북핵 문제지만 지난번에 이어 이번에도 한반도 평화체제 구축 문제가 다시 논의될 수도 있다. 이 문제는 지난번 회의에서 중국 측이 마련한 합의문 4차 초안에 들어 있었으며, 미국 수석대표인 크리스토퍼 힐 국무부 차관보도 이에 관해 한국, 북한 및 중국과 협의했음을 밝힌 바 있기 때문이다.

지난 50여 년간 남북한은 비정상적인 정전(停戰)상태에서 살았다. 이것을 평화체제라는 정상상태로 돌려야 한다는 점에 대해 거부감을 가질 이유는 없다. 하지만 평화협정이 체결되면 모든 문제가 해결될 것이라는 근거 없는 낙관론은 경계되어야 한다. 오히려 평화협정 체결은 많은 새로운 문제를 일으키는 요인이 될 수도 있기 때문이다. 따라서 정부는 협정 체결만을 목표로 하지 말고 그것을 어떤 방식으로 수립할 것이며, 그것의 구축 이후 달라질 안보환경에 어떻게 대비할 것인가를 함께 고민하고 준비해야 한다.

평화협정 체결의 전제는 남북 간의 긴장완화와 군비통제를 통한 신뢰구축이다. 평화정착의 조건이 구비되지 않은 상태에서 협정만 체결하는 것은 의미가 없다. 이 점에서 북한이 핵의혹을 불식하는 것은 평화협정 체결의 우선적 선결조건이다. 이러한 한국과 미국의 주장에 대해 북한은 자신들을 위협하는 유엔군사령부를 해체하고 주한미군을 철수하는 것이 한반도 평화의 선결조건이라고 주장해 왔고 앞으로도 그럴 것이다.

이러한 평행선은 북한이 핵의혹을 해소하고 미국이 북한의 체제안전을 보장하는 식으로 접점을 찾을 수도 있다. 그러면 이러한 체제안전 보장 약속 속에서 유엔사와 주한미군의 위상은 어떻게 되는 것일까?

평화협정이 체결되었다 해서 곧바로 한반도에 평화가 오는 것은 아니다. 남북을 가르는 비무장지대는 평화지대 등으로 이름이 바뀌어 통일이 될 때까지 존속할 것이며, 그것을 관리할 뿐만 아니라 남북의 평화협정 이행까지 관리할 기구가 필요할 수도 있다. 가장 바람직한 것은 남북이 협력하여 스스로 관리하는 것이다. 그러나 그렇지 못할 경우 여러 형태의 국제적 관리방안이 등장할 수 있는데, 이때 현재의 유엔사를 대체하는 유엔감시단이나 평화유지군이 올 수도 있다. 하지만 미국이 그동안 이름뿐인 유엔사를 유지한 것은 그것을 단순히 한반도 안보가 아니라 동북아지역의 안보전략 차원에서 인식했기 때문인데, 이 점을 생각한다면 평화협정을 유엔사 해체와 직결시키기도 쉽지 않다.

주한미군 문제는 좀 더 복잡하다. 북한의 공식적인 입장은 주한미군의 철수다. 하지만 북한은 비공식 석상에서는 주한미군이 한국의 흡수통일 기도를 막아 주는 효과가 있음을 인정하면서 만약 그것의 지위가 중립적인 것(동북아 평화유지군)으로 바뀔 경우 계속적인 주둔을 용인할 수 있음을 내비치기도 했다.

최근 미국은 전략적 유연성이란 개념 아래 주한미군을 대북 억지용보다는 지역안정과 대(對)테러전에 대비한 신속기동군으로 활용하려 하고 있다. 미국은 한반도 평화협정 체결과는 무관하게 이러한 성격의 미군을 한국에 유지하고 싶어 할 것이다. 만약 북한이 핵의혹을 불식하고 평화협정을 체결한다면 북한은 주한미군의 주된 사정권에서 어느 정도 벗어날지 모른다. 그러나 그것이 북한이 바라는 동북아 평화유지군과 성격이 일치할지는 의문이다.

한국 정부의 공식 입장은 통일 이후에도 주한미군이 필요하다는 것이다. 하지만 미국이 전략적 유연성 개념을 밝힌 이후 한국은 휴전 이후 처음으로 원치 않는 분쟁에 연루(連累)될 두려움을 느끼고 그에 대해 거부감을 표출하고 있다. 이러한 우려가 평화협정 체결 이후라고 불식될 것 같지는 않다. 더구나 중국이 이러한 주한미군의 성격변화를 자신들에 대한 위협요인으로 간주하고 있는 상태에서 미군이 주둔하고 있는 한국의 입장은 더욱 어려워질 수밖에 없다.

이런 복잡한 문제들이 평화협정이 체결된다고 해서 곧바로 해결되지는 않는다. 오히려 평화협정은 이런 문제를 노골화시켜 재조정이 끝날 때까지 상당 기간 불안정을 야기할지도 모른다. 이 점에서 평화협정은 문제의 끝이 아니라 시작이다.

(중앙일보, 2005. 8. 25.)

'남남(南南)대화'가 우선이다

　한반도에 양김시대가 열리고 있다. 그동안 남한 정치를 지배해 온 3김시대가 퇴조하고, 남북정상회담을 계기로 김대중 - 김정일의 새로운 양김구도가 한반도 전역에 걸쳐 펼쳐질 조짐을 보이고 있다. 이것이 'DJI공조'로 순조롭게 진행될지의 여부는 좀 더 지켜봐야 한다. 하지만 분단 이후 처음으로 두 정상이 만났다는 사실 자체만으로도 우리는 그 의의를 인정하기에 인색할 필요가 없을 것이다.

　그러나 정상회담을 전후하여 정부가 보여 준 몇 가지 절차상의 문제점과 남북공동선언 내용에 드러난 몇 가지 모호함으로 인해 사회 일각에서 우려가 등장하고 있다. 논란은 주로 선언문 1항과 2항을 둘러싸고 벌어지고 있다. '자주'라는 표현의 의미가 애매하다는 것과 남북한 통일방안의 내용과 합의절차에 문제가 있다는 것이다. 특히 우리 측의 연합제가 김 대통령 개인의 3단계 통일방안에 근거한 것이지 공식적으로 채택된 정부안이 아니라는 점에서 절차상의 문제점이 제기되고 있다. 5개 항의 공동선언문 중 3 · 4 · 5항이 당면문제에 관한 것이라면, 1·2항은 남북 간의 근본적인 문제를 다루고 있다. 이 점에서 1·2항을 둘러싸고 논란이 벌어지고 있다는 것은 문제가 녹녹하지 않음을 보여 주는 대목이라고 할 수 있다.

이러한 논란을 불식시키기 위해 정부는 하루빨리 다음 세 가지 조치를 취해야 한다.

첫째, 김 대통령은 이번 정상회담의 결과를 개인의 외교적 성과가 아닌 국가의 외교적 성과로 높이는 작업에 착수해야 한다. 이번 정상회담에서도 확인되었지만, 남북관계는 민족 간의 관계이기 이전에 엄연한 국가 간의 관계이다. 따라서 대통령은 이번 회담의 결과를 국회에 출석해 소상히 설명하고 국회의 동의를 얻는 절차를 거쳐야 한다. 그 과정에서 공동선언의 불명료한 부분이 충분히 토론됨으로써 차후 남북관계의 추진에서 내부적 걸림돌을 우선적으로 제거해야 한다. 단순히 원로나 야당 지도자와 식사를 하며 설명하는데 그친다면, 대통령 스스로가 국회를 경시하는 것이며, 자신의 외교성과를 국가가 아닌 개인의 성과로 축소시키는 것이 되고 만다.

둘째, 김 대통령은 야당 지도자 시절 만들었던 3단계 통일방안에 지나치게 집착해서는 안 된다. 통일은 도상(圖上)에서 계획하듯이 단계적으로 오지 않으며, 그러한 예도 없다. 이러한 역사적 현실을 무시하고 계획에다 현실을 맞추려는 것은 상당히 비현실적이다. 따라서 대통령은 통일방안은 없고 평화공존의 방안만 있을 때 오히려 통일이 가까워질 수 있다는 역설을 인정해야 하며, 그것을 국민들에게 이해시켜야 한다. 그리고 이번 정상회담에서의 합의가 결코 통일이 아니라 남북 간의 장기적 평화공존을 위한 합의였음을 분명히 천명해야 한다. 그래야 국민들은 쓸데없는 기대에 부풀지 않으며, 들뜬 기대 뒤에 오는 실망감에서 벗어날 수 있다.

이 점에서 김 대통령의 통일방안이 공론화 절차를 거치지 않은 개인안이므로 절차상의 문제가 있다는 주장도 일면 타당하지만, 문제의 본질을 놓치고 있다. 현대 민주주의가 절차적 민주주의임을 생각할 때, 공론화의 절차는 반드시 필요하다. 따라서 정부는 문제를 인정하고 조속히 시정해야 한다. 그러나 정당한 절차를 거쳐 공론화되어야 할 내용이 단계적 통일방안이어서는 안 된다. 그 속에 통일은 비전 정도로만 피력되어야 하고, 실질적인 장기적 평화공존 방안이 내용의 주조를 이루도록 해야 할 것이다.

셋째, 김 대통령은 이번 합의의 내용이 다음 정부에서도 이어질 수 있는 방안을 강구해야 한다. 사실 이번 공동선언의 내용 중 단기간에 완결될 수 있는 문제는 거의 없다. 이 점에서 정권이 바뀌더라도 정책의 연속성을 이어 갈 수 있는가의 여부가 향후 남북공존의 관건이라고 할 수 있다. 정책의 연속성은 남한 내부의 정치세력들 간의 충분한 대화를 통해서만 확보될 수 있다. 따라서 현 정부는 이중과제를 안고 있다. 한편으로는 남북화해와 공존을 추구하면서 다른 한편으로는 남남대화를 긴밀히 해야 한다는 점이다. 그러나 정부는 후자가 우선임을 명심해야 한다. 후자의 기반 없는 전자의 추진은 국론분열을 가져와 전자의 성과마저 무위로 돌릴 수 있기 때문이다.
(동아일보, 2000. 6. 19.)

"과거사는 한 세력이 다른 세력을 단죄한다고 청산되는 게
아니다. 과거를 제거나 청산의 대상으로만 생각해서는
선진화의 길은 요원하다."

chapter 02

한국현대사 어떻게 볼 것인가

과거사, 청산만이 능사 아니다

광복 60주년이 다가오면서 과거사 청산의 목소리가 다시 커지고 있다. 1일에는 일부 인사가 모여 "분단, 예속, 편견과 갈등으로 점철된 지난 60년의 역사를 극복하고 제2의 광복"을 선언하는 행사를 했다고 한다. 과거사 청산은 노무현 정부가 초기부터 공을 들여 온 작업 중 하나다. 그런데 우리의 과거사가 과연 그렇게 일방적 청산의 대상일 뿐인가.

지난 60년 동안 한국은 국가 건설 – 산업화 – 민주화를 거쳐 발전해 왔다. 건국·부국·민주화라는 과제는 동시에 추구될 수 있었으면 좋았겠지만 현실은 그렇지 못했다. 따라서 이승만·박정희 그리고 양김(김영삼·김대중)은 각각 하나의 과제를 맡아 성공적으로 수행했다. 이제 우리는 산업화와 민주화를 병행하면서 산업구조를 정보사회에 맞게 고도화하고 민주주의를 심화시키는 선진화의 단계에 있다. 선진화는 건국의 기초 위에서 산업화와 민주화의 성과를 변증법적으로 종합하는 것이어야 한다. 이 경우 종합은 제거·보존·고양(高揚)이란 세 가지 의미가 중첩된 '지양(止揚, Aufheben)'을 뜻한다.

그런데 근자에 진행 중인 과거사 청산 작업은 지양이란 말에 포함된 세 의미 중 제거에만 편중된 것 같아 안타깝다. 일이 이렇게 잘못된 방향으로 흐르게 만든 원인은 여러 가지가 있지만 그중 가장 중요한 것은 집권세력의 잘못된 역사의식에 있다. 그들은 민주화 세력이 무결점과 무오류라는 신화 위에서 건국과 산업화 세력을 단죄하는 것을 과거사 청산 작업의 전부로 오해하고 있다. 이런 식의 역사관은 민주화 세력이 자신들과 건국 및 산업화 세력 사이의 차이점만 보고 공통점을 전혀 인식하지 못한 데서 연유한다.

건국 및 산업화 세력과 민주화 세력 사이에 차이점이 큰 것은 사실이다. 건국 세력은 선건국 후통일을, 산업화 세력은 선성장 후통일을 주장했다. 두 세력은 모두 2단계 통일론을 내세운 것이다. 이에 반해 민주화 세력은 통일 없는 건국은 무의미하고, 통일 없는 성장은 파행적 결과를 낳을 뿐이라고 하면서 통일을 앞세웠다. 산업화 세력이 선성장 후분배를 추구한 반면 민주화 세력은 성장과 분배의 균형적 추구를 주장했다. 이러한 두 세력 사이의 차이점에 대해서는 우리가 익히 알고 있다.

그러나 둘 사이에는 차이점 못지않게 공통점도 적지 않다. 크게 두 가지로 정리될 수 있는데 하나는 국가 의존적이라는 점이고, 다른 하나는 민족 우선 내지는 집단주의적이라는 점이다.

산업화 세력이 국가 주도형 성장모델을 추구했고, 그 점에서 그들이 국가 의존적이라는 점은 익히 알려져 있다. 그러나 민주화 세력이 추구한 분배모델 역시 국가 의존적이라는 점에 대해서는 사람들이 별로 인식하지 못하고 있는 것 같다. 당시 대립한 두 세력은 성장과 분배라는 상이한 목표를 모두 국가에 의존해 달성하려 했으며, 이 점에서 국가 개입의 축소와 보다 시장 주도적인 경제의 수립을 목표로 삼는 오늘의 관점에서는 두 세력 사이의 차이점보다는 공통점이 강조될 필요가 있다.

산업화 세력 못지않게 민주화 세력도 민족이나 집단을 앞세웠다. 박정희 정부가 얼마나 국가 우선 내지 민족 우선주의를 내세웠는가는 어려서 외운 "우리는 민족중흥의 역사적 사명을 띠고 이 땅에 태어났다."로 시작하는 국민교육헌장의 내용을 상기해 보면 쉽게 알 수 있다. 그러나 박정희 정부와 싸웠던 민주화 세력 역시 내용은 좀 달랐지만 민족 우선주의를 주장하는 경우가 많았다. 당시 이 세력의 상징적 인물인 장준하는 "통일이라는 민족적 목표를 위해서라면 개인의 희생을 감내해야 한다."는 생각을 거침없이 피력하고 있다. 자유로운 개성의 발현을 새로운 발전의 원동력으로 삼아야 하는 현시점에서 보면 산업화 세력 못지않게 민주화 세력의 집단주의도 문제시될 수 있다.

과거사는 한 세력이 다른 세력을 단죄한다고 청산되는 게 아니다. 동시대를 호흡해 온 그들에게는 차이뿐 아니라 공유점도 적지 않으며, 그 모든 것은 제거, 보존, 고양의 동시적 대상이지 일면적

으로 제거의 대상은 아니다. 과거를 제거나 청산의 대상으로만 생
각해서는 선진화의 길은 요원하다.

(중앙일보, 2005. 8. 4.)

아버지 지우기와 찾기

현재 한국은 과거사 평가 문제를 놓고 '기억을 둘러싼 계급투쟁'을 벌이고 있다. 과거의 사건이나 인물을 어떤 의미 체계로 이해할 것인가를 두고 벌어지는 현재의 갈등에는 현 국면에서 경쟁·대립하고 있는 정치·사회 집단들의 이해관계와 세력관계가 반영되어 있기 때문이다.

역사란 좀 더 살갑게 정의하면 앞선 세대의 삶의 발자취이며, 현대사는 부모나 조부모의 삶의 궤적이라 할 수 있다. 평범한 소시민이야 덜하겠지만 적어도 '유명인(有名人)'을 부모로 둔 박근혜·신기남 의원에게 현대사는 곧 아버지의 개인사라고 해도 과언이 아니다. 이 점에서 역사관, 즉 역사를 어떻게 볼 것인가는 자식(후속 세대)이 부모(앞선 세대)를 어떻게 보고 받아들이는가의 문제라고 할 수 있다.

역사관을 부자간 내지는 세대 간의 갈등 문제로 환치시키면, 우리는 이것이 모든 인간이 피할 수 없는 '운명적'인 문제임을 깨닫게 된다. 애증의 운명으로 얽힌 부자 관계, 온갖 방식으로 아버지

를 부인하고 죽이고 지우려 하지만 결국에는 그 관계의 고리를 벗
어던지지 못하는 아들의 운명은, 그리스 신화의 오이디푸스 왕 이
래 문학이나 예술의 영원한 소재였다.

이문열의 소설 '시인'은 이 점을 잘 보여 주고 있다. 이것은 역
모에 연루된 할아버지 때문에 벼슬길이 막혀 평생을 방랑하는 김
삿갓(김병연)의 생애를 극화한 소설이다. 여기서 김병연은 평생 조
부를 부인하고 지우려 하지만 결국에는 그를 이해하고 받아들이는
사람으로 그려지고 있다. 하지만 이 소설이 주는 보다 중요한 메시
지는 김병연이 조부를 받아들이는 순간, 자신과 아들 사이에 닮은
꼴의 문제가 다시 시작되고 있음을 시사하고 있는 점이다.

이렇게 아들에 의한 아버지 지우기와 찾기 작업이 끊임없이 반복되
는 운명, 이것이 고대의 '오이디푸스 왕 신화'로부터 최근의 '시인'까
지 수천 년 이어지는 인류 역사의 지적(知的) 축적이 주는 교훈이다.

최근 집권층과 주변 세력은 과거사 재평가 작업을 벌이고 있다.
과거 국가 권력에 의한 부당한 인권 침해 사례가 적지 않았다는 점
에서 규명과 재평가가 필요한 부분이 분명 있다. 그러나 이 작업이
이렇게 순수한 의도에서만 이루어지고 있다고 믿는 사람은 거의
없다. 정치·경제·외교·안보 등 모든 면에서 궁지에 몰린 집권
세력이 과거사 청산 카드를 들고 나와 반대 세력을 압박하고 국면
전환을 노리고 있음을 알 만한 사람은 다 안다.

현 집권층과 그 핵심인 386은 아버지 지우기에만 익숙한 것 같다. 그러나 인류사의 지적 교훈을 너무 가볍게 보지 마라. 그들 역시 조만간 아버지 찾기에 나설 것이며, 그것이 곧 그들이 지워지기 시작하는 시점이라는 사실을 명심해야 할 것이다.

기왕에 소설 이야기를 꺼냈으니 하나 더 해 보자. 한승원의 소설 '아버지와 아들'에 '살부계(殺父契)' 이야기가 잠깐 나온다. 일제강점기 친일파를 부모로 둔 자식들이 스스로 자기 아버지를 어떻게 할 수 없으니 서로 다른 사람의 아버지를 해치워 주기 위해 계를 조직했다는 얘기다. 사실인지 알 수 없으나 끔찍한 이야기임에 틀림없다.

최근 친일파 청산 문제를 둘러싸고 각 당(各黨)이 벌이는 이전투구와 남의 집 족보 캐기를 보고 있노라면 이들이야말로 합심(?)해서 살부계를 조직한 것 아닌가 하는 생각이 들 때가 많다. 남의 아버지를 죽이겠다고 나섰다가 자기 아버지마저 죽임을 당하는 세상, 의도치 않게 서로의 아버지를 죽여 주는 세상, 누가 봐도 결코 정상은 아니다.

(조선일보, 2004. 8. 19.)

박정희, 어떻게 볼 것인가

　박정희 대통령이 세상을 떠난 지 20년이 되었다. 수혜자와 피해자가 아직 남아 있는 상황에서 그에 대한 객관적 평가는 아직 이르다는 말도 있다. 그러나 체험했다는 사실이 역사해석에서 독점적 지위를 주장할 수 있는 근거는 못 된다. 오히려 그것은 객관적 이해를 방해할 수도 있다.

　박 대통령을 평가할 때, 우리는 '맹목적 부정'과 '맹목적 향수' 그리고 '정략(政略)적 평가'라는 세 가지 함정에 빠지지 말아야 한다. 부정론과 향수론은 그 시대를 흑백논리의 관점에서 바라본다는 점에서 동일한 논리구조를 지니고 있다. 또한 이 두 입장은 주로 체험자들에 의해 주도되고 있다는 점에서도 유사하다.

　'맹목적 부정론'은 흔히 오늘날의 모든 잘못과 악의 근원을 박정희 개인 또는 그의 시대에서 찾을 수 있다는 논리로 연결되곤 한다. 이러한 '박정희 환원론' 내지 '박정희 원죄론' 식의 논법은 산업화 과정에서 불가피하게 발생하는 문제까지도 모두 그에게 뒤집어씌운다는 점에서 불합리하다.

박정희식 발전모델의 요체는 국가주도적 불균형 발전전략이었다. 이것은 산업화 초기 단계인 당시 시점에서는 효과가 있는 발전 방식이었다. 그러나 오늘날에도 이 모델에 미련을 갖는다면, 그것은 시대착오적이다. 그것의 시효가 만료되었기 때문이다. '맹목적 향수론'은 이 점을 깨닫지 못하고 있다.

'맹목적 향수론'의 더 큰 문제는 그에 편승하려는 정치세력들에게 정략적으로 이용당할 수 있다는 점이다. 오늘날 대구·경북지역의 표심을 노리는 몇몇 정치세력들이 갑자기 박 대통령을 치켜세우면서 그에 대한 이 지역민들의 향수에 영합하려 하고 있다. 그러나 이러한 '정략적 평가'는 역사해석을 현시점에서 자신들의 정치적 목적에 종속시킨다는 점에서 우려할 만한 일이다. 그것은 역사에 대한 편의주의적 이해이며, 진정한 역사이해와는 거리가 멀다.

박 대통령을 보다 객관적이고 진지하게 평가하기 위해서는 먼저 민주주의와 경제발전이 '항상' 병행 가능한 것은 아니라는 점을 인정해야 한다. 적어도 산업화 초기 단계에서는 국가주도형 성장이 보다 효과가 있었으며, 그 경우 국가는 일반적으로 민주적이기 어려웠다는 점을 인정해야 한다는 것이다.

이 점을 인정한다고 해서 그 시대에 자행된 많은 인권탄압과 노동자 착취를 도외시하자는 것은 아니다. 이에 대한 도덕적 책임은 분명히 물어야 한다. 그러나 그 경우에도 우리는 문제를 비교사적 시각에서 보다 넓고 길게 볼 필요가 있다. 농업사회에서 산업사회로 이행하는 과정은 농촌의 붕괴, 전통적 생활양식의 파괴, 노동자 착취 등 참으로 많은 희생을 요구했다. 선발산업화 국가인 영국이나 후발산업화 국가인 독일, 일본 등 거의 모든 나라가 이러한 희생을 피할 수 없었다. 후후발산업화 국가인 한국에서 산업화가 본격적으로 개시된 것은 박정희 대통령 시절이었다. 따라서 이 시기에 대해서도 우리는 산업화에 따른 어쩔 수 없는 손실과 희생이 있었다는 점을 인정해 주어야 한다. 우리가 박 대통령에게 책임을 물을 수 있는 것은 이러한 불가피한 희생에다가 그가 덧붙인 부분이다. 그는 장기집권에 대한 욕심과 지나친 압축성장의 추진 때문에 필요 이상으로 많은 희생을 국민들에게 강요했다. 바로 이러한 플러스알파(＋α) 부분에 대한 책임이 그에게 귀착되는 것이다.

이렇게 책임을 물을 경우에도 자신이 선택한 가치기준만을 절대시하면서 지나치게 높은 도덕적 잣대를 들이대지 말았으면 좋겠다. 당시 시점에서 '빵'과 '민주'는 우열을 가리기 어려운 가치선택의 문제였다. 민주의 관점에서 빵의 선택을 도덕적으로 단죄할 수는 있다. 하지만 민주가 빵보다 우월한 가치라고 주장할 근거는 없다. 그 무렵 사람들에게 빵은 민주라는 가치를 의미 있게 만드는 전제였을 수도 있다. 이 점을 무시하고 정치를 지나치게 도덕의 관점에서만 재단할 경우, 국민들은 정치 혐오증에 빠질 수 있다. 정치란 대개 차선의 선택이거나 덜 나쁜 것의 선택이라는 점을 상기할 필요가 있다.

　재차 강조하고 싶은 것은 그 시절의 박 대통령을 평가하자. 그러나 오늘에 되살리려고 하지는 말자. 맹목적 향수나 정략적 이용은 자칫하면 망령(亡靈)을 불러내는 망령(妄靈)이 될 수도 있다.

(조선일보, 1999. 10. 26.)

한국 정치와 쿠데타

대통령 탄핵안이 국회에서 통과됐다. 이를 두고 반노(反盧) 측은
의회민주주의의 승리라고 자축하고 있고 친노(親盧) 측은 '의회 쿠
데타'라고 비난하고 있다. 한국 정치에서 쿠데타는 그리 낯선 말은
아니다. 하지만 '의회 쿠데타'라는 말은 귀에 설다.

지난 50여 년간 한국에는 네 차례의 쿠데타가 있었다. 대표적인
것은 1961년 5월 16일 박정희 소장이 일으킨 군사 쿠데타다. 그는
불과 3,600명 정도의 병력을 동원해 무혈로 정권을 탈취했다. 다음
은 전두환 소장을 비롯한 신군부가 감행한 군사 쿠데타다. 이것은
1979년 12월 12일 군부 장악으로 시작돼 이듬해 5월 17일 정권을
거머쥐는 것으로 마무리되는 장거리 마라톤형 쿠데타였다.

그런데 한국에 쿠데타가 두 차례 더 있었다는 사실을 아는 사람
은 많지 않은 것 같다. 첫 번째는 이승만 전 대통령이 권력 연장을
위해 일으킨 '부산 정치파동'이다. 간선제로는 재임이 어렵다고 판
단한 이 전 대통령은 계엄령을 선포한 상태에서 국회를 위협해 직

선제 개헌을 성사시켜 재임을 보장받았다. 이것은 1952년 5월부터 7월까지 두 달 정도 소요된 단축 마라톤형 쿠데타였다. 두 번째는 1972년 10월 17일 박정희 전 대통령이 단행한 '유신 쿠데타'다. 직선제로는 연임이 쉽지 않다고 판단한 박 전 대통령은 계엄령을 선포하고 의회를 해산한 후 간선제를 골자로 한 개헌을 통해 자신의 권력을 연장시켰다.

앞의 둘은 군부가 정권 찬탈을 위해 정부를 전복시킨 반정부 쿠데타였다. 반면 뒤의 둘은 대통령 자신이 집권 연장을 위해 군을 동원해 의회를 위협한 친위 쿠데타였다. 이번 탄핵안 통과는 여소야대의 분점정부하에서 지난 1년간 충돌을 벌이던 의회와 대통령이 마침내 의회가 대통령을 탄핵하는 사태로까지 번진 것이다. 대통령과 의회의 충돌이라는 점에서 앞서 두 차례의 친위 쿠데타와 맥을 같이하지만 의회가 대통령을 공격한 경우라는 점에서 친위 쿠데타와는 성격이 판이하다. 한국은 얼마 전까지도 제왕적 대통령제의 폐해가 논의되던 나라였는데 어느덧 의회가 대통령을 탄핵하는 국가가 됐다. 이것이 의회의 승리인지 쿠데타인지 결말이 궁금하다.

(동아일보, 2004. 3. 15.)

박정희 시대와 자유주의

민주주의는 만병통치약인가?

그동안 우리에게 민주주의는 만병통치약이었다. 권위주의 통치 하에서 민주화 내지 민주주의의 실현이 지상과제로 인식되는 것은 당연했다. 그러나 1987년 민주화 이후에도 민주주의는 전환(이행), 공고화, 심화 내지는 실질화 등으로 이름을 바꾸어 가면서 여전히 현실 정치 및 담론 세계에서 헤게모니를 행사하고 있다. 현재의 모든 병폐는 실질적 민주주의가 채 실현되지 않았기 때문이라고 치부되었다. 거꾸로 말해 민주주의가 심화되기만 하면 모든 문제는 해결될 것이라는 발상이 현재의 한국 사회, 특히 노무현 정권의 지배층을 이루고 있는 사람들의 머릿속을 채우고 있다.

과연 민주주의는 만병통치약일까? '참여정부' 아래서 국민의 정치참여가 획기적으로 증대되었음에도 불구하고 국민들의 정치적 소외감과 불안감 그리고 정치적 갈등은 왜 줄지 않는 것일까? 민주주의의 진전 속에서 특정 문제—예컨대 일본과 관련된 친일파, 위안부, 식민지 근대화 문제 등—에 대해 일부 사람들이 '표현의 자유'를 제약당하고 있다고 느끼는 것은 필자만의 기우(杞憂)일까? 보수진영은 말할 것도 없고 개혁과 혁신을 외치는 진보진영의 주장과 행태에서 심심찮게 국가주의 내지 집단주의의 그림자를 발견하는 것은 필자만의 편견일까? 왜 한국의 민주주의는 북한 앞에만 서면 한없이 작아지고 마는 것일까? 어째서 한국의 민주주의는 인권이나 자유 같은 인류 보편의 가치 면에서 남한과 북한에 대해 이중의 잣대를 가지게 되었을까? 이 모든 현상의 주요한 원인 중 하나는 우리가 그동안 민주(주의)만을 문제로 인식하고 자유(주의)의 문제를 고민하지 않았기 때문은 아닐까?

미완의 기획으로서의 한국 자유주의

우리는 그동안 국가권력의 부당한 개입으로부터 표현의 자유를 지키기 위해 애썼으며, 그 과정에서 국가보안법 등을 문제 삼았다. 하지만 우리는 민주화 이후, 특히 '참여정부' 출범 이후 국가권력과 무관하게 시민사회 내에서 온-오프라인(on-off line)을 넘나들며 자행되는 자발적 (언어)폭력에 의해서도 표현의 자유가 심각하게 제약될 수 있다는 점에 대해서는 관심을 기울이지 않았다. 이러한 (언어)폭력은 때로는 정파(政派)적으로, 때로는 민족주의의 물결을 타고 광풍(狂風)처럼 몰아쳤다. 이럴 때 다름(difference)의 인정에서 나오는 관용(tolerance)을 찾아보기는 어려웠으며, 표현의 자유는 법적으로는 보장되었지만 실제로는 위축될 수밖에 없는 상황이 조성되었다. 그런데도 우리 사회에서 자유는 민족이나 민주보다

후순위를 차지하는 주제였다.

민주화된 이후에도 우리는 자신들 속에 체화된 채 남아 있는 국가주의나 민족주의 또는 집단주의의 깊은 흔적을 쉽게 발견할 수 있다. 이 점은 진보진영이라고 해서 예외가 아니다. 운동권 학생들이 스스로를 '애국애족의 전사'라는 칭하는 데에서 박노자는 한국 사회의 곳곳에 스며들어 있는 국가주의 내지 민족주의의 잔영(殘影)이 진보진영이라고 비껴가지 않음을 찾아내고 있다. 이런 관찰은 "일본 제국주의와 한국 민족주의, 북한 사회주의와 남한 자본주의, 우익 국가주의와 좌익 인민주의를 서로 대립하면서도 친밀하게 만들어주는 요소"가 바로 국가, 국민, 민족이라는 문학평론가 김철의 지적으로 이어진다. 그는 '진보적' 지식인(유홍준)이 '진보적' 신문(한겨레)에 "붉은 악마는 그들의 핏속에 여전히 민족과 국가라는 유전적 인자가 자리 잡고 있음을 보여주었다"고 자신 있게 서술하는 것에서 한국 진보진영에 내장되다(embedded)시피 한 국가주의 내지 민족주의의 그림자를 보고 있다. 역사학자 황병주는 유신 말기 YH무역 노동자들이 신민당사 점거 농성을 마치면서 부른 노래가 노총가(勞總歌)와 함께 '애국가'였으며, 전태일 열사에 대한 묵념과 함께 조국과 민족을 위한 묵념이 행해졌다는 사실을 지적하면서 "일상생활 속에서 체험된 '국민적 정체성'이 그 국가에 대한 저항 과정에서도 불쑥 튀어 나온다"는 점이 오래된 현실임을 일깨워주었다.

한때 자유와 민주의 이름으로 박정희의 '민족적 민주주의'와 '한국적 민주주의'를 비판하던 세력이 오늘날에는 박정희가 구사하던 것과 유사한 논리로 북한의 김정일 체제를 옹호하고 있다. '민족'

의 이름으로 그리고 '북한적 특수성'을 고려하여 북한을 포용하자는 것이 이들의 논리이다. '한국적 민주주의'를 용납하지 못하던 이들은 '북한적 민주주의'에 대해서는 한없는 관용을 보이고 있다. 이러한 변전(變轉) 과정에서 이들은 과거 자신들이 지녔던 중요한 가치의 하나인 자유를 잃어버리고 말았다. 그 결과 이들은 논리적 수미일관성을 잃은 채 북한에 대해 정당하게 발언하고 개입할 수 있는 기회를 스스로 봉쇄하고 말았다. 이 역시 자유를 망각하고 민족을 앞세운 결과였다.

이제 자유(주의)는 단순히 남한만이 아니라 한반도 차원에서 고민해야 할 문제이다. 우리는 남한의 민주주의를 올바른 방향으로 심화시키기 위해서도 자유(주의)의 문제를 성찰해야 하지만, 북한을 개혁과 개방으로 이끌기 위해서도 같은 문제를 숙고해야 한다. 이 점에서 한국에서는 민주주의뿐 아니라 자유(주의) 역시 '미완(未完)의 기획(project)'이라고 할 수 있다.

자유주의의 핵심: 국가로부터 개인의 기본권 보호

자유주의의 핵심은 국가권력의 자의적 행사로부터 개인의 기본권을 지켜야 한다는 것이다. 이 경우 개인의 기본권에서 가장 중요한 것은 소유권이다. 애초 자유주의는 국가(왕권)가 아무런 법적 근거 없이 개인의 재산을 약탈하는 것을 막기 위해 생겨났으며, 이 점은 오늘날까지도 자유주의의 핵심을 구성하고 있다. 하지만 시간이 지나면서 이러한 기본권에는 종교나 사상의 자유뿐 아니라 언론·출판·집회·결사 같은 표현의 자유가 추가되었다.

이렇게 개인의 기본권을 보호하고 국가권력을 제한하기 위한 제도적 절차를 마련하는 과정에서 자유주의는 헌정주의(constitutionalism)와 결합했다. 다시 말해 국가권력의 행사 범위와 한계에 관한 규정을 마련하는 과정에서 법의 지배(rule of law), 권력분립, 대의제의 원리 등을 핵심원리로 하는 헌정주의가 생겨나 헌정적 자유주의를 구성하게 되었다.

이러한 헌정적 자유주의는 보편적 참정권을 요구하는 인민의 요구에 밀려 결국 민주주의 원리와 절차를 전면적으로 도입할 수밖에 없었다. 헌정적 자유주의와 민주주의의 전면적 결합으로서의 자유민주주의는 이때에야 생겨났다. 이 경우 민주주의는 인민주권이라는 원리적 측면보다는 그 전제 위에서 정부를 선출하는 절차로서의 의미가 더 강하게 되었으며, 보통선거권(대중참여), 복수정당 간의 공정한 경쟁을 전제로 한 자유선거, 다수결의 원리 등이 내용의 핵심을 이루게 되었다.

한꺼번에 주어진 한국 자유주의

서구에서 자유주의와 헌정주의 그리고 민주주의는 이렇게 수세기에 거쳐 점진적으로 발전하면서 상호 결합되었다. 그러나 한국에서는 이 모든 것들이 건국과 더불어 일순간에 주어졌다.

이것은 제헌헌법의 내용을 보면 분명하게 드러난다. 제헌헌법은 ① 평등권(법 앞의 평등), ② 자유권(신체, 거주·이전, 통신, 신앙

과 양심, 언론·출판·집회·결사, 학문과 예술, 재산권 등), ③ 참
정권(선거 및 피선거권, 공무담임권 등), ④ 사회권(교육권, 노동권,
근로3권, 이익분배균점권, 생활무능력자에 대한 보호권, 남녀평등권
등), ⑤ 기타 각종 청원권 등 많은 기본권을 국민들에게 보장했으
며, 삼권분립을 명문화하고 있다. 제헌헌법은 헌정적 자유주의의
기본요소인 사적 소유권과 권력분립뿐 아니라 그것이 민주주의와
결합한 후에야 도입되는 보통선거권과 각종 확대된 기본권은 물론
이고 바이마르(Weimar) 헌법에서 처음 도입되었던 사회권까지도
보장하고 있다. 건국과 더불어 한국은 적어도 법규범 상으로는 어
느 나라와 비교해도 손색이 없을 정도로 자유주의와 헌정주의 그
리고 민주주의의 기본요소를 갖춘 나라가 되었다.

그러나 그것은 법규범의 문제일 뿐 법현실 차원에서는 애기가
전혀 달랐다. 법현실 차원에서 한국은 자유주의는 물론이고 헌정주
의와 민주주의 모두에서 아직도 완성을 추구해야 하는 나라였다.
결국 서구 자유주의는 현실에서의 노력과 투쟁의 성과에 비례하여
법규범적으로 정비되어 간 반면, 한국 자유주의는 법규범적으로 먼
저 주어지고 법현실이 그것을 쫓아가야 하는 거꾸로 된 형국을 보
인 것이다.

박정희 정권 하의 헌법과 한국 자유주의

이러한 법규범과 법현실의 괴리는 박정희 시대에도 그대로 나타
났다. 적어도 법규범 상으로는 박정희 정권의 전반부에 해당하는

제3공화국 시기의 헌법은 국민의 기본권을 보다 강화했고, 권력분립 원칙을 지키고 있으며, 사적 재산권과 경제활동의 자유를 보장한다는 점에서 대체로 자유(민주)주의적 헌정질서에 부합했다.

제헌헌법에서 폭넓게 보장되었던 각종 기본권은 제3공화국 헌법에서도 그대로 유지되었다. 이 헌법에는 고문금지, 변호사의 도움을 받을 권리, 구속적부심사청구권이나 인신보호영장청구권 등이 추가되었으며, "언론·출판에 대한 허가나 검열과 집회·결사에 대한 허가는 인정하지 아니한다"(제18조 2항)고 규정함으로써 적어도 헌법규범상 국민의 기본권은 한층 신장되었다.

그런데도 박정희 정권 시기를 자유(민주)주의적 헌정질서에 부합했던 때라고 생각하는 사람은 많지 않은데, 그 일차적 이유는 유신헌법 때문이다. 박정희 정권 후반부인 유신시기의 헌법은 사적 재산권과 경제활동의 자유는 보장했지만, 국민의 기본권을 일부 제약하고 권력분립의 원칙을 훼손함으로써 자유(민주)주의적 헌정질서와 상충되는 모습을 보여주었다. 신체, 거주·이전, 직업선택, 주거, 통신, 언론·출판·집회·결사 등의 자유에 관한 조항에 "법률에 의하지 아니하고는"이란 독소조항이 다시 부가되어 이들 권리의 실질적 향유를 방해했다. 구속적부심사나 인신보호영장 청구권을 보장하는 조항과 언론·출판·집회·결사에 대한 검열과 허가를 부인했던 조항이 아예 삭제되어 버렸다. 근로3권은 전면 부인되었다. 통일주체국민회의를 통한 대통령 간선제는 국민들의 실질적 참정권을 제약했다.

유신헌법의 가장 심각한 문제점은 헌정주의의 기본요소인 삼권분립의 원칙을 훼손했다는 것이다. 유신헌법은 배열순서부터 특이

했다. 대개 헌법에는 국민의 대표기관인 국회가 먼저 나오고, 이어서 정부(대통령 및 정부), 법원의 순으로 나오는데, 유신헌법은 통일주체국민회의, 대통령, 정부, 국회, 법원의 순으로 배열되었다. 다른 나라에서 유례를 찾기 어려운 통일주체국민회의를 "국민의 주권적 수임기관"이라는 이유로 가장 앞에 두었던 것이다. 아울러 대통령은 국회의원 3분의 1을 추천하여 통일주체국민회의의 동의를 얻어 임명하도록 했으며, 통일주체국민회의는 개헌에 관한 최종 의결권과 통일정책에 관하여 심의권을 지니고 있으면서 스스로의 의장인 대통령을 선출하는 권한도 가지고 있었다. 요컨대 유신헌법에서는 대통령과 정체불명의 통일주체국민회의에 의해 국회의 권한이 상당 부분 침해됨으로써 삼권분립을 통한 견제와 균형의 원리가 실현되기 어려웠다.

정치적 실천이 아닌 담론을 분석

사람들이 박정희 정권 시기를 자유(민주)주의적 헌정질서에 부합했던 때라고 생각하지 않는 보다 중요한 이유는 법규범보다는 법현실 때문이다. 다시 말해 적어도 법규범 상으로는 제3공화국 시기는 자유(민주)적 헌정질서에서 크게 벗어나지 않았음에도 불구하고 그 시기가 유신시기와 별반 다르지 않게 사람들에게 각인되어 있는 것은 당시의 현실 정치가 자유(민주)주의적 헌정질서와는 상당히 괴리된 모습을 보여주었기 때문이다. 박정희 정권이 자유(민주)주의적 헌정질서를 어긴 여러 사례 - 3선 개헌, 8 · 3 조치, 긴급조치 등－에 대해서는 잘 알려져 있다. 아울러 그것에 대항하여 재야 세력이 민주화를 위해 어떻게 노력했는지도 우리는 대강 안다. 따라서 여기서는 박정희 정권과 반대세력 사이의 대립과 갈등을 우리가 이미 알고 있는 정치적 실천(political practice)보다는 담론(談論, discourse)분석을 통해 살펴보겠다. 쉽게 말해 사건 위주보다는 두 세력이 남겨놓은 기록(글이나 연설문)의 내용을 자유주의 관점에서 분석해 보겠다는 것이다. 이 경우 흥미로운 사실은 두 세력 사이에 대립과 갈등 못지않게 공통된 요소가 발견된다는 점이다.

박정희의 담론에 나타난 국가(민족)우선주의

주지하듯이 박정희는 자유주의자는 분명 아니었다. 그가 남겨 놓은 글이나 연설에서 자유주의적 요소를 찾아내기는 쉽지 않다. 오히려 거기에는 개인보다는 국가나 민족을 우선시하는 생각이 짙게 배어 있으며, 반공과 경제발전을 위해 자유와 민주를 방법론적으로 유보하자는 주장이 지배적으로 나타나고 있다.

박정희는 등장 초기부터 기성 정치인들을 민족적 자의식을 결여한 채 서구식 자유민주주의나 추종하는 무리들로 몰아붙였으며, 바로 이들 때문에 한국이 위기에 처했다고 주장했다. 그는 1962년 자신의 책『우리 민족의 나아갈 길』에서 "우리 민족을 오늘날과 같은 위기로 몰아넣은 원인은……'살아도 같이 살고 죽어도 같이 죽는다'는 운명공동체로서의 민족적 자의식이 너무 결여되었던 것이 아닌가 한다. ……국내의 정치가와 국민들은 자파와 사적 이익의 추구에 급급한 나머지 민족 전체는 언제나 버림받았던 것"이라고 주장했다. 1963년『국가와 혁명과 나』에서는 기성 정치인들을 "민족적 이념을 망각한 가식의 자유민주주의자들" 또는 "사대주의적 근성, 식민주의적 근성, 전근대적 봉건적 잔재를 버리지 못한 자들"이라고 몰아쳤다.

이러한 박정희의 민족주의는 1960년대 말 안보적 위기(1·21 사태 등과 같은 북한의 도발과 주한미군 감축 등)를 겪으면서 점차 민족과 국가를 종교적으로 숭배하는 수준으로 변모했으며, 그 절정이 유신이었다. 이러한 변화의 조짐을 가장 상징적으로 드러낸 것은 "우리는 민족중흥의 사명을 띠고 이 땅에 태어났고, ……나라의 융성의 나의 발전의 근본"이라고 선언한 1968년의 국민교육헌장이다. 이후 "나를 확대한 것이……국가다. ……민족이라는 것은 나를 확대한 대아이다. ……국가를 위해 내가 희생하고 봉사하는 것은……내 개인을 위해 봉사하는 것이고, 우리 자신을 위해 희생하는 것이다."(1970년 1월 9일 연두기자회견)라는 언급을 거쳐 "민족과 국가라는 것은, 이것은 영생하는 것입니다. 특히 하나의 민족이라는 것은 영원한 생명체입니다. 따라서 민족의 안태와 번영을 위해서는 그 민족의 후견인으로서 국가가 반드시 있어야 하겠습니다. 국가는 민족의 후견인입니다. 국가 없는 민족의 번영과 발전이라는 것은 있을 수 없는 것입니다."(1973년 1월 12일 연두기자회견)로 이어졌다.

한편 박정희에게 자유나 민주라는 가치는 더 높은 가치인 반공이나 경제발전을 위한 수단적 의미 이상을 지니지 못했다. 1962년 그는 표현의 자유보다 민족의 이익을 앞세우면서 "아무리 언론과 사상의 자유라 하더라도 무제한한 것은 아니다.…(그것은) 민족 전체의 이익을 해치거나 그러한 권리를 보장하고 있는 법적 질서와 사회제도를 파괴하는 것이라면 도저히 용납될 수 없을 것이다.”(『우리 민족의 나아갈 길』)라고 말했다. 그는 후진국에서 경제발전이 우선이며, 그를 위해서는 강력한 지도체계가 필요함을 강조하면서 “아세아에 있어서는 국민대중의 생활조건을 개선하려는 시도와 노력이 효과를 거두기 위해서는 말할 것도 없이 대개 비민주적인 비상수단을 쓰지 않으면 안 되기 때문에 정부가 서구에서 말하는 민중의 정부가 되기에는 거의 불가능에 가깝다. ……또 한편 현재 아세아의 국민대중은 정부가 전체주의의 이름 아래서 강압적인 의무를 부여하는 것을 두려워하는 이상으로 기아와 빈곤을 더욱 두려워하고 있다는 것은 또한 부인할 수 없는 사실”(위의 책)이라고 했다. 그는 1964년 광복절 경축사에서 “민주주의의 건전한 발전도, 복지국가의 건설도, 승공통일을 위한 국력배양도, 결국 경제건설의 성패여하에 달려 있다.”고 했고, 1967년에는 “개인의 자유, 자유민주주의라고 하는 것은……정국의 안정, 강력한 지도체계의 확립, 자립경제의 재건을 달성하지 못한다면……전부 공염불에 지나지 않는 것”(『조국근대화의 지표』)이라고 썼다.

이러한 맥락에서 박정희는 서구식 자유민주주의가 아니라 “민족적” 내지는 “한국적” 등의 수식어를 앞세운 민주주의를 내세웠다고 할 수 있다.

대항세력의 담론에서도 관찰되는 민족우위론과 반공

자유주의 관점에서 박정희 시기를 볼 때 가장 흥미로운 사실은 집권세력뿐 아니라 그에 대항하는 세력에게서도 개인보다는 국가와 민족이 앞세워지거나 반공을 강조하는 논리가 적잖게 발견된다는 점이다. 이 점은 이 시기 대표적인 민주화 투사인 장준하가 남긴 글에서도 잘 드러난다(이 부분은 김대영, 「장준하의 정치평론 연구(1)」을 많이 참조했다).

장준하의 지상목표는 식민지 시대에는 독립 쟁취였고, 해방 이후에는 통일이었다. 그는 이러한 민족적 목표를 위해서라면 개인은 희생을 감내해야 한다고 생각했다. 그는 1973년 『씨알의 소리』에 기고한 「민족외교의 나아갈 길」이란 글에서 "정치 이념도 생활 조건도 심지어 사생활까지가 통일을 위해서 방해가 된다면 이에 대한 집착을 탁 털고 홀홀히 나서는 인간이 되어야만 통일을 말할 수 있고 통일운동에 가담할 수 있다."고 말했다. 더 나아가 그는 「민족주의자의 길」이란 글에서 "공산주의는 물론 민주주의, 평등, 자유, 번영, 복지 이 모든 것에 이르기까지 통일과 대립하는 개념인 동안은 진정한 실체를 획득할 수 없다."고 주장했는데, 이런 주장은 경제발전을 위해 자유와 민주를 유보할 수도 있다는 박정희의 주장과 내용이 다를 뿐 논리구조는 유사함을 알 수 있다. 다시 말해 자신이 지상가치로 내세우거나 특정한 목표를 위해서는 자유, 민주, 복지 같은 가치를 희생할 수 있다는 논리가 박정희(집권세력)와 장준하(반대세력) 둘 다에게서 나타나는데, 이것은 국가권력으로부터 개인의 기본권 보호를 우선시하는 자유주의와는 양립하기 어려운 논리이다.

장준하는 인간의 삶의 의미를 민족이라는 공동체 속에서 찾았다. 그는 "민족적인 생명과 존재와는 따로 있는 자기, 민족의 생명이 끊어진 뒤에도 살아 있는 자기, 민족이 눌리고 헐벗고 있을 때 그렇지 않은 자기는 이미 자기 아닌 자기이며, 그렇기에 자기의 생명을 실현하는 인간이 아닌 것이다."라고 썼다. 이런 논리는 박정희처럼 국가주의까지 가지는 않았지만 개인에 비해 민족을 앞세우는 민족우위론이라는 점에서는 유사성을 보인다.

장준하는 반공을 강조하면서 그것을 잘하는 가장 효과적인 방안이 민주주의의 실현이라고 주장했다. 그는 "민주주의만이 북한과 대결할 수 있는 우리의 정신적 지주"라고 하면서 박정희의 권위주의에 맞섰다. 반공의 수단으로 박정희가 경제발전을 강조하면서 민주라는 가치에 대한 일시적 유보를 주장했다면, 장준하는 민주주의야말로 반공의 최선의 수단임을 강조했던 것이다.

박정희 정권과 한국 자유주의: 이중적 관계

박정희(집권세력)와 장준하(반대세력)는 민주주의 면에서는 서로 대립하면서 민족 내지는 국가를 우선시한다든지 반공을 강조하는 면에서는 상대적으로 친화성을 보여주고 있다. 다시 말해 양자 모두 자유주의와는 다소 거리가 있는 입장을 보여주고 있는 것이다.

그 이유가 무엇일까? 혹시 분단국가이면서 후진국인 한국에서 반공과 국가주도형 발전노선이 지닌 타당성에 대한 어느 정도의 합의를 반영한 결과는 아닐까? 만약 그렇다면 반공과 국가주도형 발전노선은 단순히 집권세력만의 구호가 아니라 전체 사회에 대해 상당한 헤게모니적 영향력을 지닌 슬로건이었음을 반증하는 것은 아닐까? 이런 생각을 가설적으로 하면서 박정희 정권의 국가주도형 발전프로젝트가 한국의 자유주의 발전에 대해 지니는 이중적 효과에 대해 살펴보는 것으로 글을 마치겠다.

흔히 박정희 정권은 자유(민주)주의를 폭력적으로 억압한 시기라고 한다. 이 말은 분명 맞지만 충분하지는 않다. 박정희 정권은 한편으로는 자유를 억압하면서 다른 한편으로는 그것의 실현 조건을 만들어간 시기이다. 이 시기 자유(주의)의 실현조건을 만들어가는 거대한 프로젝트는 권위주의적 발전국가(developmental state)의 주도로 진행되었다. 이러한 국가중심성은 한국 자유주의 발전에 대해 성공과 한계부과라는 이중적 결과를 가져왔다. 그것은 성공적 경제발전을 통해 중산층을 낳음으로써 자기부정의 계기를 창출하는 성공의 역설(paradox of success)을 보여주었다. 동시에 이 성공은 충분히 분화된 개인과 그에 기반을 둔 개인주의에 근거하지 못하고 국가주도로 진행되었다는 점에서 자기제약의 조건을 지니고 있었다. 국가주도 프로젝트의 성공은 집권층과 반대세력을 가리지 않고 사회 전체에 국가주의나 민족주의 또는 집단주의의 잔영을 짙게 남겨놓았고, 바로 이 점이 한국의 자유(주의)를 여전히 미완의 기획으로 만들고 있는 것이다.

한국 정치의 위기와 이명박 정부의 과제

진보의 위기가 아니라 한국 정치 전체의 위기

10년 만에 역(逆)의 수평적 정권교체가 이루어졌다. 김대중, 노무현을 거치면서 좌측에 머물던 권력의 시계추가 마침내 우로 이동한 것이다. 자칭 '진보'세력은 지난 10년을 '잃어버린 세월'로 남긴 채 권력의 전면에서 퇴각했다.

진보세력의 위기는 5년 전 노무현이 대통령에 당선되면서 시작되었다. 당시 그들은 전국의 여기저기에 모여 '낡은' 정치(냉전·독재)세력에 대해 '새' 정치(평화·민주)세력이 승리했다고 자축했다. 하지만 아무도 노무현 정권이 5년 동안 실정(失政)을 거듭해 진보세력 전체를 구렁텅이로 몰고 가리라고는 생각지 못했다. 돌이켜보면 2002년 12월 19일은 진보 위기의 시발점이었다.

진보의 위기가 보수의 기회인가? 한국의 보수는 진보의 위기를 강 건너 불구경 하듯 즐길 만큼 여유가 있을까? 17대 대선 결과를 근거로 이렇게 낙관하는 사람이 적지 않은 것 같다. 이번 선거에서 보수진영이 유효투표수의 **63.75%**(이명박 후보 **48.67%** + 이회창 후보 15.08%)를 얻어 35.00%를 득표하는 데 그친 진보진영(정동영 26.15% + 문국현 5.83% + 권영길 3.02%)을 압도한 것은 사실이다. 이회창과 노무현의 양자구도였던 16대 대선에서 노무현 후보가 48.91%를 얻은 것에 비한다면 다자구도였던 17대 대선에서 이명박 후보가 48.67%나 득표한 것은 보수진영에게 대단히 고무적인 사실임에 틀림없다. 다자구도였던 13, 14, 15대 대선에서 노태우, 김영삼, 김대중 후보가 각각 36.64%, 41.96%, 40.27% 정도로 당선되었음을 상기한다면 17대 대선에서 이명박 후보의 득표율은 보수진영을 안심시키기에 충분한 것일 수도 있다.

하지만 보수·진보의 대결구도에 매몰되지 말고 시야를 넓혀 한국 정치 전체를 바라본다면 보수가 과연 이렇게 배부른 소리를 할 수 있을까? 우선 17대 대선에서 투표율이 60%대 초반(정확히 는 63.03%)으로 떨어졌다는 점에서 정치권 전체는 위기감을 가져야 한다. 진보에 대한 보수의 승리를 자축하기 전에 정치에 대한 국민들의 염증과 무관심이 높아져 가고 있다는 사실에 정치권 전체가 보다 주의를 기울일 필요가 있다는 것이다. 물론 민주화 이후 치러진 역대 대선의 투표율은 91.80%(13대), 84.02%(14대), 80.65%(15대), 70.83%(16대)로 지속적으로 낮아졌다. 15대 대선에 비해 16대 대선의 투표율이 10% 남짓 떨어진 것에 비한다면 17대 대선에서 투표율이 7% 가량 낮아진 것은 상대적으로 나아진 것 아니냐고 항변할 수도 있다. 그러나 투표율이 70% 선을 무너뜨리고 60%대 초반까지 주저앉았으며 50%대로 진입할 날이 멀지 않았다는 사실이 주는 상징적 의미와 심리적 충격은 적지 않다.

투표율과 당선자의 절대득표율(absolute vote share)을 연계시켜 보면 문제가 더 심각하다. 절대득표율은 전체 선거인수 중 각 후보자가 얻은 득표수의 비율이다. 17대 대선에서 이명박 후보의 절대득표율은 30.52%였는데, 이것은 13대 노태우 후보 32.96%, 14대 김영삼 후보 34.79%, 15대 김대중 후보 31.98%, 16대 노무현 후보 34.33%와 비교해 가장 낮은 수치이다.

지금 한국의 보수는 승리에 도취해 있을 여유가 없다. 그들은 전체 유권자의 30% 남짓한 지지로 승리했을 뿐이며, 그들을 포함한 정치권 전체가 국민들로부터 외면 받고 있는 게 작금의 정치현실이기 때문이다.

정치적 상상력이 고갈된 한국 정치권

위기는 위험이자 기회라고들 한다. 위기의 와중에서 기회의 국면을 포착하려면 위험에 빠진 원인을 잘 알아야 한다. 보수 · 진보를 아우르는 한국 정치 전체가 위기에 빠진 이유가 무엇일까? 정치적 상상력의 고갈과 자기 성찰의 결여 때문이라는 게 필자의 생각이다.

17대 대선은 프레임(frame) 싸움에서 진보가 진 것이라고들 한다. 이명박 캠프의 '경제 살리기' 프레임에 대해 범여권의 주자들이 독자적인 프레임을 제시하지 못하고 끌려 다녔기 때문이라는 것이다. 맞는 말이지만 표피적인 분석이다. 독자적 프레임을 갖지 못한 원인에 대한 분석이 결여되어 있고, 더 나아가 진보뿐 아니라 정치권 전체가 외면 받고 있다는 사실을 간과했기 때문이다.

지난 5년 동안 진보는 권력을 누리느라 정치적 상상력을 키우지 못했다. 민주 · 평화 · 개혁 대 독재 · 전쟁 · 수구의 대립구도 설정, 단일화를 통한 막판 뒤집기, 과거 뒤지기, 흑색선전, 분배 강조 등 그들의 정치는 모두가 '어디서 본 듯한(deja vu)' 것 일색이었다. 이 진영의 상상력의 원천이 되어야 할 진보지식인들 조차 대거 권력에 투항하면서 자기 성찰을 게을리 했다. 그 결과 그들은 19세기적 민족주의와 자주, 20세기적 분배, 그리고 1980년 광주에서 한 걸음도 벗어나지 못하는 '시대의 지진아(遲進兒)'로 전락하고 말았다.

정치적 상상력의 부족이라는 점에서 보수도 별반 나을 게 없었다. 그들은 경제라는 '새로운' 프레임으로 이념이라는 낡은 프레임에 집착한 진보를 이긴 것이라고 착각하고 있다. 그들이 내세운 경제는 매우 중요하지만 사실은 이념보다 새로울 것이 없는 프레임이었다. 그것은 지난 5년 동안 노무현 정권이 경제를 워낙 망친 탓에 우연히 효과가 있었을 뿐이다. 이명박 개인의 '성공 신화'에 기댄 '경제 살리기' 구호는 노무현 정권의 경제 실패에 힘입어 일시적으로 표를 동원하는 데에는 성공했을지 몰라도 국민을 감동시키는 새로운 가치는 아니었다.

어쩌면 이명박은 17대 대선에서 '실질적으로' 그의 최대 경쟁자였던 박근혜로 대표되는 박정희 신화의 최대 수혜자였는지도 모른다. 삶의 고달픔에 지친 국민들은 이 땅에서 박정희 신화가 재현되기를 바랐고, 그 주역을 맡을 기회가 박정희의 혈육이 아니라 그 시대를 상징하는 성공 신화를 지닌 이명박에게 돌아갔을 뿐이다. 하지만 이명박 후보에게 표를 준 유권자의 적지 않은 수가 마지막 순간까지도 그에 대해 제기된 많은 의혹에 대한 의구심을 떨쳐버리지 못한 상태였다는 점을 기억할 필요가 있다. 유권자들을 움직인 추동력은 지난 5년(내지 10년)에 대한 반작용이었지 이명박 후보가 내놓은 별로 '새롭지 않은' 가치에 대한 감동은 아니었던 것이다.

새로운 가치 창출의 정치를 지향해야

많은 국민들은 낡은 가치를 뛰어넘는 새로운 가치가 주는 감동에 목말라 하고 있는데 정치권은 이런 국민적 갈증을 깨닫지 못하고 있다. 진보는 낡은 이념구도에 집착해 정권재창출에 실패했고, 보수는 경제라는 중요하지만 새로울 것 없는 가치를 들고 나와 일단 정권탈환에는 성공했다. 하지만 보수가 국민들의 갈증을 풀어줄 새로운 가치를 창출하지 못한다면 그들의 성공은 일회적인 것에 그칠 수도 있음을 알아야 한다. 지금 이명박 정부에게 필요한 것은 국민에게 감동을 줄 수 있는 새로운 가치의 창출이고, 그것은 고갈된 정치적 상상력을 복원시키려는 노력에서 시작되어야 한다.

근자 들어 '시대정신(Zeitgeist)'이라는 말이 유행하고 있다. 그것의 주된 내용은 '경제 살리기'이고, 이명박 대통령이 그것을 구현하고 있는 것처럼 말해지고 있다. 헤겔(W. Hegel)이 마상(馬上)의 나폴레옹(B. Napoleon)을 보고 '살아 있는 시대정신'을 보았다고 했는데, 과연 그가 살아 있다면 지금 한국의 시대정신이 '경제 살리기'이고 이명박 대통령이 그것을 구현하고 있는 인물이라고 보았을까? 자유의 증진과 같이 시대를 구획하는(epochal) 가치적 개념인 시대정신이 '경제 살리기'와 같은 단기적이고 실용적인 개념으로 오용되고 있는 21세기 한국의 현실을 바라보는 헤겔의 기분은 어떨까?

지도자는 시대와 국민들의 요구를 잘 반영해야 하지만 거기에만 매몰되어서도 안 된다. 선거라는 절차를 통해 지도자가 선택되는 현대 정치에서 지도자가 국민의 여망을 무시해서는 안 된다는 것은 자명한 이치다. 하지만 그에 그쳐서는 올바른 지도자라 할 수 없다. 모름지기 지도자라면 국민들의 열망을 모아서 그것을 더 높은 가치로 이끌어 올릴 수 있어야 한다. 이것은 그 나라와 국민들이 처한 시대와 환경을 극복하는 문제이며, 역사적 숙명을 바꾸려는 작업이다.

17대 대선에서 드러난 국민적 요구인 '경제 살리기'도 이런 관점에서 보아야 한다. 경제발전은 실질적인 문제이며 언제 어디서나 항상 중대한 사안이다. 하지만 지도자는 단지 실질적인 문제를 해결하는 사람이 아니라 더 큰 목표로 사람들을 끌고 가는 사람이다. 이 점에서 거래적 리더십(transactional leadership)과 변형적 리더십(transformational leadership)은 구분되어야 한다. 전자는 말 그대로 사람들의 상충된 요구를 중재하고 타협을 모색하는 것이다. 이것은 매우 중요한 정치인(politician)의 자질이지만 국가를 이끄는 지도자(statesmen)의 자질로는 불충분하다. 위대한 지도자는 사람들의 열망을 다시 다듬어 한 단계 높은 가치로 이끌어야 하는데, 그때 필요한 것이 후자, 즉 변형적 리더십이다.

지금 이명박 대통령에게 필요한 것은 거래적 리더십이 아니라 변형적 리더십이다(보다 정확히 표현하면 거래적 리더십은 기본이고 추가적으로 변형적 리더십이 절실히 요구된다). 이 점에서 이명박 정부가 표방하는 '신(新)발전체제'는 깊은 성찰을 요한다. 17대 대선에서 '경제 살리기'가 국민들의 호응을 받은 것은 사실이다. 하지만 그것만으로는 부족하다. 정치가 경제적 부가가치를 창출하는 일에만 머물 수는 없기 때문이다. 그런 정치는 박정희 시대로 충분했다. 따라서 '신발전체제'는 경제적 부가가치 창출을 뛰어 넘는 새로운 '보수적 가치창출의 정치'를 지향해야 한다. '신발전체제'에서 '발전'보다는 '신'에 방점이 찍혀야 하며, 바로 이 '신'의 내용을 어떻게 채우느냐가 향후 5년 동안의 이명박 정부의 성패(成敗)를 좌우한다고 볼 수 있다.

이명박 정부가 내세우는 실용주의가 과연 이러한 발전체제에 새로움을 가져다줄 수 있을까? 지금 한국 사회는 성장 대 분배, 동맹 대 자주, 개발 대 환경 등 많은 이항대립의 가치 위에서 선택에 직면해있다. 실용주의는 잘하면 양쪽을 모두 취할 수 있지만 잘못하면 죽도 밥도 아니게 된다. 또한 실용주의는 철학과 원칙이 없을 경우 절충주의라는 비판을 면키 어렵다. '좌파 신자유주의'를 자임한 노무현 정권을 통해 우리는 이미 절충주의의 말로를 지켜보았다. 따라서 이명박 정부는 실용주의에 대한 성찰을 통해 그것이 편의주의로 빠지는 것을 경계하는 상위의 가치, 즉 철학과 원칙을 발견하는 작업을 서둘러야 한다.

자유(주의)를 성찰하자

루즈벨트(F. Roosevelt) 대통령은 대공황과 제2차 세계대전이라는 공포와 결핍의 상황에서 미국인들을 자유라는 보다 높은 도덕적 목표로 이끌었다. 제2차 세계대전에 참전하기로 결정한 직후 행한 연설에서 그는 "인간이 빵으로만 사는 것이 아닌 것처럼 군비로만 싸우는 것도 아니다. ……우리가 싸우기 위한 목적이 되는 가치 있는 것, 그 모든 것을 무시해서는 우리가 기대하는 강력한 행동은 결코 나오지 않는다."고 하면서 언론과 표현의 자유, 종교와 신앙의 자유, 결핍으로부터의 자유, 공포로부터의 자유라는 네 가지 자유가 실현된 세계를 소망하기 위해 총을 들자고 외쳤고, 이러한 가치를 앞세운 설득에 미국인들은 기꺼이 동참했다.

마찬가지로 이명박 대통령도 자유의 관점에서 한국의 지난 60년을 되돌아보고 그 속에서 그가 추구할 상위의 가치를 발견할 필요가 있다. 흔히들 지난 60년을 건국, 산업화, 민주화의 단계를 거쳐 왔다고 요약하면서 이제는 선진화의 단계로 나아갈 때라고 말한다. 틀리지 않는 말이다. 하지만 이것을 자유의 관점에서 재구성해 보면 이명박 정부가 추구할 목표인 '선진화'를 이끄는 중심 가치가 좀 더 분명해질 수 있다.

한국의 지난 60년은 '무엇으로부터의 자유'를 쟁취하려는 과정으로 특징지을 수 있다. 식민지배로부터의 자유, 이념적 갈등으로부터의 자유, 전쟁의 공포로부터의 자유, 배고픔으로부터의 자유, (독재)권력의 억압으로부터의 자유를 얻기 위해 애쓴 결과 우리는 건국과 산업화를 거쳐 민주화까지 쟁취했다. 하지만 민주화 이후에도 결핍은 채워지지 않았고 오히려 박탈감만 커졌다. 공포, 빈곤, 억압 등이 있던 자리를 이해갈등과 충돌에서 오는 온갖 불만과 분노 그리고 그로 인한 절망과 좌절이 대신 채웠기 때문이다. 단순화의 위험을 무릅쓰고 표현하자면, 민주화 이전 단계에는 외적 제약으로부터 오던 부자유가 민주화 이후에는 내적 불만에서 기인하는 부자유로 옮겨갔다고도 할 수 있다.

문제는 민주화 이후 문제시되고 있는 부자유, 즉 채워지지 않는 욕망에 대한 갈증에서 오는 절망과 좌절 그리고 분노는 단순히 경제가 살아난다고 해결되지 않는다는 점이다. 이 점이 이명박 대통령이 거래적 리더십만 발휘하면서 경제나 살리는 대통령에 머물러서는 안 되는 이유이다. 현시점에서 경제 살리기는 매우 시급하고 중요한 과제임에 틀림없다. 지난 몇 년 동안 세계경제가 호황을 구가하고 그 속에서 경쟁국들은 높은 성장률을 기록하고 있을 때 한국은 간신히 4%대의 성장에 머물렀다. 이런 저성장의 늪에서 하루빨리 벗어나지 않으면 한국은 선진국으로 올라설 기회를 영영 놓칠지도 모른다. 이 점에서 성장 동력을 다시 찾겠다는 이명박 대통령의 의욕은 적절한 것이며, 반드시 성공해야 한다.

하지만 경제를 살린 후 국가와 국민을 어디로 끌고 가겠다는 가치지향에 대한 고려가 이명박 대통령에게는 너무 없다. 한 마디로 그에게는 변형적 리더십이 보이지 않는다는 것이다. 이런 가치를 찾아내 제시하지 못하면 설사 그가 경제를 살린다 해도 국민들의 불만은 사라지지 않을 것이다. 그 불만은 외적 결핍뿐 아니라 내면의 욕망이 충족되지 않는 데서 오기 때문이다.

루즈벨트가 미국인들에게 왜 참전해야 하는가를 설파하기 위해 네 가지 자유를 언급했듯이 이명박 대통령도 국민들에게 왜 경제를 살려야 하는지를 설득할 수 있는 가치를 제시해야 한다. 그것은 인간의 이기심에 호소하면서 동시에 공적인 이상과도 연결될 수 있는 내용이어야 한다. 또한 그것은 한국의 정체성에 기초하면서 동시에 자유, 민주, 인권, 빈곤탈피 등과 같은 인류 보편의 가치와도 연결되어야 한다는 점에서 글로컬(glocal)한 성격을 지녀야 한다.

새로 출범하는 이명박 정부가 해야 할 첫 번째 과제는 바로 이런 가치를 찾아내 그것을 지향하는 정치를 펼 수 있도록 준비하는 일이다. 이 점에서 대통령직 인수위원회는 설익은 정책을 쏟아내기보다는 지향할 가치를 찾는 작업에 좀 더 몰두했어야 했다.

"멍청아, 문제는 역시 정치야": '살림의 정치'를 기대하며

클린턴(B. Clinton)이 아버지 부시(G. Bush)의 재선(再選)을 막고 대통령에 당선될 때 내세운 구호가 "멍청아, 문제는 경제야(Stupid, it's the economy)"였다. 이 구호(그것의 한국 버전[version]인 '경제 살리기')는 한국의 17대 대선에서도 위력을 떨쳤다.

그러나 당선이 된 지금 이명박 대통령이 깨달아야 할 것은 문제의 핵심이 경제만이 아니라 정치에도 있다는 점이다. 국민들이 염증을 느낀 것은 삶과 동떨어진 채 이념에만 골몰하는 '식상한(deja vu)' 정치이지 새로운 가치를 추구하는 진정한 정치가 아니다.

이와 관련하여 이명박 정부에게 '살림의 정치'에 대해 생각해보기를 권하고 싶다. 여기서 '살림'은 두 가지 의미를 지닌다. 하나는 살림살이, 즉 가계(家計)의 뜻이다. 가계를 뜻하는 희랍어인 오이코스(oikos)가 나중에 경제(economy)라는 말의 어원이 되었듯이 국가 경제의 기본은 개인의 살림살이를 돌보는 것에서 시작된다. 지난 5년 동안 집권세력은 이런 기본에 충실하지 않은 채 이념에만 집착하다가 유권자들로부터 외면 받고 말았다. 이 점에서 이명박 정부가 내세운 '경제 살리기'는 살림살이에 신경을 쓰겠다는 것으로서 '살림의 정치'의 주요 내용을 이룬다.

또한 '살림'은 죽음의 반대로서 되살려낸다는 의미도 지니고 있다. 그 사이 국민들의 가슴은 채워지지 않는 욕망과 욕구에 대한 갈증 때문에 미움과 질시와 반목으로 얼룩지고 좌절과 절망으로 가득 차 있다. 이런 국민들의 마음속에 긍정과 희망의 불씨를 '되살리는' 것은 경제가 아니라 정치의 몫이다. 이 점에서 이명박 정부는 '살림살이의 정치'뿐 아니라 '되살림의 정치'에도 신경을 써야 한다.

'살림의 정치'는 장기적으로는 새로운 가치 창출을 지향해야 하지만, 중단기적으로는 '정상화의 정치'를 지향해야 한다. 그 사이 비뚤어진 많은 것을 바로 잡아 되살리는 것이 시급하기 때문이다. 비정상적인 남북관계, 흐트러진 동맹관계, 활기를 잃은 경제, 비정상적으로 비대해졌으면서 효율성은 떨어지고 능력은 감퇴된 정부, 건강함을 잃은 시민사회, 예술보다는 정치만 남은 문화예술계, 이합집산만 거듭하는 정당정치 등 어느 것 하나 제대로 돌아가는 곳이 없다. 이 모든 것을 온전한 모습으로 되돌리고 되살리는 '정상화의 정치'에서 '살림의 정치'는 시작될 것이다.

"지속 가능한 보수가 되기 위해서는 보수의 영역을 토대로
진보의 영역을 공략할 만한 구체적인 프로그램을 갖추어야
하는데 뉴라이트에는 그런 것이 없다."

chapter 03

보수와 진보 둘 다 거듭나야

'뉴라이트'를 넘어 '프로콘'으로

　'보수의 위기'라는 말이 심심찮게 들린다. 권력의 시계추가 10년 만에 좌에서 우로 움직였다고 기뻐한 지 1년이 채 안 돼 우파에게 빨간불이 들어오고 있는 것이다. 원인이 무엇일까? 이명박 정부의 능력이 부족해서인가, 한국 보수가 무능하기 때문인가, 아니면 글로벌 금융위기 탓인가?

　외부 경제여건이 안 좋은 것은 사실이다. 하지만 금융위기가 닥치기 전인 올 상반기부터 이미 보수의 위기란 말이 나오기 시작했다는 점에서 남 탓만 하기는 어렵다. 10년 만에 보수 지지로 돌아섰던 사람들을 1년이 못 가 후회하게 만든 일차적 책임은 이명박 정부가 져야 한다. 지난 1년을 돌아볼 때 이 정부가 준비가 부족한 '무개념' 보수정권임이 갖가지 점에서 드러났기 때문이다. 그러면 이명박 정부를 탄생하게 만든 보수 세력은 아무런 책임이 없는가? 그렇지는 않은 것 같다. 준비가 부족하기는 보수도 별반 차이가 없어 보이기 때문이다.

2004년 시작된 뉴라이트(New Right) 운동은 침체된 보수를 혁신시키는 데 크게 기여했다. 뉴라이트는 뚜렷한 이념적 토대가 없던 보수에 자유주의라는 새로운 이념적 지향을 갖게 만들었으며, 이명박 정부가 탄생하는 데에도 적잖이 공헌했다. 하지만 이 정부가 등장한 후 뉴라이트의 한계도 점차 드러났다. 두 가지 점에서 그런데, 하나는 뉴라이트의 정치화·권력화이고, 다른 하나는 뉴라이트의 역량부족이다.

사실 뉴라이트는 처음부터 하나가 아니었다. 그 안에는 적어도 세 개의 분파가 있다. 첫째로 이념과 가치 지향적인 사상운동을 표방하던 분파로 뉴라이트재단·교과서포럼·뉴라이트싱크넷·자유주의연대 등이 있다. 둘째로 정책지향적인 분파가 있는데, 한반도선진화재단이 대표적 예다. 셋째로 정치지향적인 행동주의 분파가 있는데, 뉴라이트 전국연합이 이에 속한다.

그런데 이명박 정부 출범 이후 이들 중 일부가 개인적 또는 집단적으로 정치에 참여하거나 정치색을 띠면서 뉴라이트 운동은 애초 지녔던 순수성을 잃고 말았다. 특히 규모 면에서 가장 큰 행동주의 분파가 공공연히 이명박 정부와 길을 같이하면서 뉴라이트가 사상운동이나 정책운동으로서 활동할 수 있는 여지를 대폭 좁혀 놓고 말았다. 이 점에서 '정치화된 뉴라이트'는 이제 종언을 선언할 때가 온 것 같다. 권력에 다가감으로써 뉴라이트는 그 이름에 걸맞은 새로움(new)을 잃어버리고 말았기 때문이다.

서구에서 사회민주주의가 위기에 빠지자 그것을 혁신하려고 기든스(A. Giddens)가 '제3의 길'을 제창했다. 제3의 길은 사회민주주의(진보)에만 필요한 것이 아니라 보수에도 필요하다. 영국 보수당의 새 지도자인 카메론(D. Cameron)이 내놓은 '온정적 보수주의(compassionate conservatism)'가 그 좋은 예다.

뉴라이트가 과연 한국 보수가 내놓은 제3의 길이라고 볼 수 있을까? 그렇게 보기에는 뉴라이트가 지닌 콘텐츠가 너무 취약한 것 같다. 뉴라이트는 이념지향으로서의 자유주의와 그에 부응하는 몇 가지 원칙과 정책을 제시하긴 했지만 보수를 지속 가능하게 만들 정도의 체계적 프로그램을 구비하지는 못했다. 지속 가능한 보수가 되기 위해서는 보수의 영역을 토대로 진보의 영역을 공략할 만한 구체적인 프로그램을 갖추어야 하는데 뉴라이트에는 그런 것이 없다. 이명박 정부만 준비가 덜 된 게 아니라 뉴라이트도 마찬가지였던 것이다.

10년 만에 권력을 되찾아 왔지만 보수에 아직 갈 길은 멀다. 이명박 정부의 시야가 5년 뒤로 맞추어져 있다면 보수의 눈은 그보다 훨씬 멀리 바라보아야 한다. 이를 위해 보수는 한국적 제3의 길을 찾아 나서야 하는데, 그것은 정치화된 뉴라이트를 벗어던지고 구체적인 프로그램을 갖춘 전문성을 지닌 보수인 프로콘(procons: professional conservatives with program)으로 거듭나는 데에서 시작되어야 한다.

(조선일보, 2008. 12. 13.)

'운동권 좌파' 왜 실패했나

'리멤버 12 · 19': '좌파' 위기의 시발

10년 만에 역(逆)의 수평적 정권교체가 이루어졌다. 김대중, 노무현을 거치면서 좌측에 머물던 권력의 시계추가 마침내 우로 이동한 것이다. '좌파'(필자는 이 표현에 동의하지 않지만 제목으로 주어졌기에 따옴표를 붙여서 사용한다) 정권은 지난 10년을 '잃어버린 세월'로 남긴 채 권력의 전면에서 퇴각했다.

'좌파' 세력의 위기는 5년 전 노무현이 대통령에 당선되면서 시작되었다. 당시 '좌파'는 낡은 정치(냉전 · 독재)세력에 대해 새 정치(평화 · 민주)세력이 승리했다고 자축했다. 하지만 아무도 노무현 정권이 5년 동안 실정(失政)을 거듭해 '좌파' 세력 전체를 구렁텅이로 몰고 가리라고는 생각지 못했다. 돌이켜 보건대 '리멤버 12 · 19'는 '좌파' 위기의 시작이었다.

지난 10년 동안 '좌파' 정권이 이룩한 성과가 전혀 없었던 것은 아니다. 김대중 정권은 남북관계를 대폭 개선했고 4대 사회보험 체계를 정비해 사회안전망을 대폭 강화시켰다. 노무현 정권에서는 여성을 비롯한 사회적 약자의 권익이 증진되고 권력기관이 상대적으로 중립화되었으며 돈 안 쓰는 정치풍토도 확립되었다.

하지만 이것을 기억하는 국민들은 별로 없으며, 심지어 진보성향의 국민들조차 '좌파' 정권을 외면하고 있다. 그 이유가 무엇일까?

정체성 확립에 실패한 무늬만 '좌파' 정권

'좌파' 정권은 스스로의 정체성(identity)을 확립하는 데 실패했다. 노무현 대통령이 스스로를 지칭한 '좌파 신자유주의'라는 형용모순적 표현이 이 점을 잘 드러내고 있다. 정책 면에서 그들은 좌도 아니고 우도 아니었다. 그 결과 좌우 양측으로부터 협공(挾攻)을 받았고 어느 쪽의 지지도 얻지 못했다.

김대중 정권은 출범하자마자 4대 부문(재벌·노동·금융·공공) 개혁을 밀어붙였다. 이것은 처음에는 외환위기 극복이라는 절박성 때문에 저항을 덜 받았으나 얼마 지나지 않아 좌우 양측에서 불만이 쏟아지기 시작했다.

시장지상주의를 선호하는 우측에서는 정부가 보다 더 많이 그리고 빠르게 기업에 대한 규제를 풀지 않는 점을 불만스러워했다. 우파 입장에서 볼 때 정부가 추진한 빅딜이나 기업에 대한 노동자 정리해고 자제 압력, 출자제한, 부채비율제한 등은 모두 시장의 원칙에 어긋나는 것이었다. 따라서 그들은 정부에 대해 과도한 관치(官治)의 청산과 대폭적인 규제완화를 주장했다.

반면 좌측은 김대중 정권이 재벌은 빨리 혁파하지 않으면서 구조조정의 모든 부담을 기층민중에게 전가시키고 있다고 불만을 토로했다. 그들이 볼 때 이 정부의 개혁정책은 사회안전망도 마련하지 않은 상태에서 노동 부문에 대한 구조조정만을 강행하는 신자유주의적 개혁으로 보였다.

결국 김대중 정권의 개혁정책은 좌우 양측으로부터 정반대의 이유 때문에 협공을 당했다. 우측은 과소시장으로, 좌측은 과잉시장으로 이 정권의 개혁을 비판했던 것이다.

노무현 정권도 사정이 비슷했다. 그들은 동반성장, 균형성장을 위해 무진 애를 썼다. 하지만 우파는 출자총액제한제, 금산분리정책, 행정수도 이전 및 국토균형발전, 수도권 규제 등에 대해 반시장적 정책이라고 비판했고, 한미 FTA 추진과 비정규직 보호법안 통과에 대해서는 좌파가 반노동자적인 신자유주의 정책이라고 반발했다. 이런 상태에서 경제라도 호전되면 좋았으련만 재임기간 중 성장은 신통찮았고 그나마도 고용 없는 성장으로 나타났으며, 사회적 양극화는 오히려 심화되고 말았다.

영국의 토니 블레어는 시장경제와 복지사회 간의 조화를 꾀한 '제3의 길' 노선에 입각해 노동당의 장기집권을 이끌었다. 하지만 한국의 '좌파' 정권은 '한국적 제3의 길'을 만드는 데 실패했다. 그 결과 그들은 스스로를 정체불명의 괴물로 만들어 좌우 모두로부터 외면받고 말았다.

말만 많고 관념적인 '좌파' 정권

시장과 복지, 성장과 분배라는 두 마리 토끼를 쫓는 유일한 방법은 실용주의이다. 그런데 '좌파' 정권은 그런 유연함과 능력을 갖추지 못했다. 대신 그들은 중요성이 떨어지는 문제에서 관념투쟁에 골몰함으로써 국민들로부터 말만 많고 일은 하지 않는 '나토(NATO, No Action, Talk Only)정권'이라는 오명을 뒤집어쓰고 말았다.

이와 관련하여 영화「웰컴 투 동막골」의 한 장면은 우리에게 큰 교훈을 주고 있다. 인민군 장교가 동막골 촌장에게 묻는다. 마을 주민들이 촌장을 그렇게 존경하고 따르는 이유가 뭐냐고. 촌장은 답한다. "뭘 많이 먹여야지요."

그렇다. 국민을 먹이는 데 실패한 정권은 유지될 수 없다. 그런데 지난 10년 '좌파' 정권하에서 양극화는 심화되고, 부동산가격과 세금, 생계비는 폭등했으며, 사교육비는 천정부지로 뛰어올랐고, 비정규직과 청년실업자는 양산되었다. 그 와중에서도 정권은 제 몫 챙기기에 열중해 정부 부문만은 비대화되었다. '잃어버린 10년'은 이런 생활세계의 경험에서 나온 말이다.

이에 대해 '좌파' 정권은 권위주의적 잔재를 없애고 민주주의를 심화시켰으며 냉전질서를 혁파하고 남북관계를 획기적으로 개선했으니 '되찾은 10년' 아니냐고 항변했다. 국민들이 실업과 비정규직과 양극화에 시달릴 때 '좌파' 정부는 고상하게 국가보안법 폐지, 과거사 진상 규명법, 사립학교법 개정, 언론관계법 개정이라는 소위 '4대 개혁입법'에만 매달렸고, '민족'의 이름으로 남북관계 개선에 매진했다. 이 모두가 언젠가는 논의될 필요가 있는 것들이었다. 하지만 '좌파' 정권은 정책의 우선순위와 사회적 비용 등도 고려했어야 했다. 다시 말해 그 정책들이 과연 그렇게 화급을 다투는 것인지, 그것을 추진하는 과정에서 사회적 갈등이 증폭되고 그로 인해 상당한 사회적 비용을 치러야 할 텐데 과연 이 시점에서 그런 고비용을 굳이 지불해야 하는지 등을 감안했어야만 했다.

그러나 운동권 시절부터 관념싸움에만 익숙한 '좌파'들은 정권을 쥔 후에도 생활세계에 근거해 정책을 펴지 못하고 자신들이 구축해 놓은 관념세계 속에서 그것을 펼치려 들었다. 국민들은 그동안 있었던 여러 차례의 재보선과 지방선거 등을 통해 '좌파'가 구축해 놓은 관념세계에 참여하기를 거부했는데도 '좌파'는 그것을 인정하려 들지 않았다. 아니 그들은 그런 국민을 의식이 모자라는 존재라고 매도하고 가르치려 들었다. 그들은 운동권 시절 익혔던 레닌의 전위당(vanguard party) 개념을 아직 탈각하지 못하고 있었던 것이다. 이런 '좌파'의 관념적인 이념의 정치가 실용적인 생활의 정치를 만나 무참하게 깨진 것이 이번 대선이다.

능력과 제도화가 따르지 않는 '좌파'식 국민참여 정치의 한계

민주화 이후에도 '좌파'는 민주주의의 부족을 문제 삼았고, 그 해결책으로 제시한 것이 국민 참여의 증진이다. 이들이 문제 삼은 것은 아직도 특정 계층의 이해관계가 제도권 정치 내에서 제대로 대변되지 못하고 있으며, 정책결정 과정에 시민사회의 목소리가 보

다 넓게 반영되어야 한다는 것이다.

맞는 말이며, 대의민주주의에서 국민의 참여 폭을 넓히기 위해 애쓰는 것은 너무도 당연하다. 하지만 참여 증진만으로 모든 문제가 해결되지는 않는다는 점을 그들은 간과했다.

먼저 특정 계층이 과소대표 되고 있다는 말은 적어도 17대 총선이 있기 전까지는 타당했다. 그러나 2004년 총선에서 민노당은 원내로 진출했으며, 열린우리당 의원 중에는 민노당 못지않게 진보적인 생각을 지닌 의원이 적지 않았다. 더구나 탄핵 역풍에 17대 국회에서 열린우리당은 과반이 넘는 의석을 차지했다. 그런데도 이 국회가 보여 준 성과는 역대 어느 국회보다도 못했다. 자신들에게 우호적인 조건을 갖춘 국회에서 '좌파' 정권은 앞서 얘기한 관념투쟁에 골몰해 실질적인 좌파정책을 추진하지도 못했고 그렇다고 국민의 피부에 와 닿는 정책적 성과를 내지도 못했다. 그들에게는 그런 정책적 성공을 이끌어 낼 만한 능력이 부족했던 것이다.

한편 '좌파' 정권이 정책결정 과정에 시민사회의 목소리를 폭넓게 반영하기 위해 애쓴 것까지는 좋았다. 하지만 참여의 증진이 이견 해소를 통한 사회 안정으로 이어지지 못하고 갈등의 증폭과 사회 불안으로 귀결되고 말았다. 노무현 정권은 '참여정부'라는 별칭에 걸맞게 온갖 쟁점에 관해 공론조사라는 이름하에 국민의 의견을 구했다. 이러한 쟁점에는 수년간 엄청난 예산이 투입되어 추진되었지만 각종 이익집단이나 시민단체들의 반대에 부딪혀 난항을 겪고 있던 국책사업도 포함되어 있었다. 그러나 노 정권은 참여와 개방을 증진시키는 데에만 신경을 썼지 이해갈등을 조정하는 효율적인 제도적 장치를 만드는 데는 상대적으로 노력을 기울이지 않았다. 그 결과 참여와 개방이 증가할수록 갈등과 불안도 함께 올라가는 부작용이 나타났고, 참여의 증대가 정권의 정당성을 오히려 훼손하는 결과를 빚고 말았다. "제도화가 따르지 않는 참여가 정치적 퇴행(political decay)을 가져올 수도 있다."는 헌팅턴(S. Huntington)의 고전적 명제를 이 정권은 무시했던 것이다.

요컨대 '좌파' 정부는 참여와 대표성의 증진이 문제를 해결하는 필요조건에 불과하다는 점을 몰랐다. 정부 능력을 증진시키고 참여를 합의로 이끄는 제도적 장치까지 갖출 때 비로소 참여 증진은 유의미한 성과를 거둘 수 있는데, '좌파' 정권은 그 점을 몰랐던 것이다.

'좌파'는 패했을 뿐 '몰락'하지 않았다

이번 대선에서 '좌파'가 진 것이 과연 '몰락'일까? 그렇지는 않다. '좌파'는 주기적인 선거에서 패했을 뿐 '몰락'한 것은 아니며, 미래에 역전될 가능성은 항상 열려 있다. 따라서 현시점에서 확인할 수 있는 것은 '좌파'의 '몰락'이 아니라 한국 민주주의의 성숙과 탄력성이다.

각종 여론조사에서 나타나는 한국 유권자들의 이념성향은 보수·중도·진보가 각각 3 대 4 대 3의 분포로 나뉘어 있다. 이번에 중도가 실용으로 돌아서 보수가 집권할 수 있었지만 이런 이념지형에서는 좌파 역시 언제라도 정권을 되찾을 객관적 여건이 갖춰져 있는 셈이다.

더욱이 한국의 좌파들은 상대방에 대한 비판에 무척 능하다. 도덕성에 대한 흠을 안고 출발한 이명박 정권에 대해 좌파들은 초반부터 엄청난 비판을 가하며 물고 늘어질 것으로 보인다. 최대한 흠집을 내 4월 총선에서 여소야대 구도를 만들면 판세를 뒤집을 수 있다고 판단할 것이다. 내부적으로는 '제3의 길' 등 새로운 논리와 전략을 만드는 데 전력할 것으로 보인다. 이미 좌파 진영에서는 새로운 노선을 놓고 백가쟁명식 논전이 벌어지고 있다.

요컨대 이번 대선 결과는 5년이나 10년 후 '우파' 정권의 위기에 대해 글을 쓰는 것이 예상 가능한 시대로 한국이 접어들었음을 확인시켜 주고 있다.

(위클리 조선, 1986호, 2007. 12. 31.)

성찰적 보수가 필요하다

미래를 앞당겨 생각하는 게 인간의 특권이다. 10년 만에 찾아온 집권의 기회를 일회성으로 만들지 않기 위해서는 승리의 순간에 5년, 10년 후 보수의 미래를 생각해야 한다.

돌이켜 보면 5년 전 이맘때 노무현 정권이 탄생한 순간이 자칭 '진보' 세력에게는 위기의 시작이었다. 같은 일이 5년 후 보수에 일어나지 말라는 법이 없다. 많은 사람들이 권력의 시계추가 10년 만에 좌에서 우로 움직였다고 기뻐하지만 반대로도 갈 수 있는 게 시계추라는 점도 기억해야 한다. 진보는 몰락하지 않았으며 주기적 선거에서 패했을 뿐이다.

진보의 실패가 노무현 정권의 실정(失政) 탓만은 아니다. 더 중요한 이유는 정치적 상상력의 고갈과 자기 성찰의 결여에 있다. 이번 선거는 프레임 싸움에서 진보가 진 것이라고들 한다. 이명박 캠프의 경제 살리기 프레임에 대해 범여권의 주자들이 독자적인 프레임을 제시하지 못하고 끌려 다녔기 때문이라는 것이다. 맞는 말이지만 표피적인 분석이다. 독자적 프레임을 갖지 못한 원인에 대한 분석이 결여되어 있기 때문이다.

지난 5년 동안 진보는 권력을 누리느라 정치적 상상력을 키우지 못했다. 민주·평화·개혁 대 독재·전쟁·수구의 대립구도 설정, 단일화를 통한 막판 뒤집기, 과거 뒤지기, 흑색선전, 분배 강조 등 그들의 정치는 모두가 '어디서 본 듯한(데자뷰·deja vu)' 것 일색이었다. 이 진영의 상상력의 원천이 되어야 할 진보지식인들조차 대거 권력에 투항하면서 자기 성찰을 게을리했다. 그 결과 그들은 19세기적 민족주의와 자주, 20세기적 분배 그리고 1980년 광주에서 한 걸음도 벗어나지 못하는 '시대의 지진아(遲進兒)'로 전락하고 말았다.

이러한 진보의 실수를 되풀이하지 않기 위해 지금 보수에 절실히 필요한 것은 '성찰성(reflexiveness)'이다. 이번 선거는 관념세계에서 이념의 정치를 펼친 노무현 세력에 대해 생활세계에 기반을 두고 실용의 정치를 펼치겠다고 약속한 이명박 세력이 이긴 것이다. 그런데 이 당선자가 내세운 '실용주의'는 깊은 성찰을 수반하지 않으면 앞으로 많은 도전에 직면할 수 있다.

지금 한국 사회는 성장 대 분배, 동맹 대 자주, 개발 대 환경 등 많은 이항대립의 가치 위에서 선택에 직면해 있다. 실용주의는 잘하면 양쪽을 모두 취할 수 있지만 잘못하면 죽도 밥도 아닌 것이 되고 만다. 또한 실용주의는 철학과 원칙이 부재할 경우 절충주의라는 비판을 면하기 어렵다. '좌파 신자유주의'를 자임한 노무현 정권을 통해 우리는 이미 이런 절충주의의 말로를 지켜보았다. 따라서 당선자는 실용주의에 대한 성찰을 통해 그것이 무원칙한 편의주의로 빠지는 것을 경계하는 철학과 원칙을 발견하는 작업을 서둘러야 한다.

이명박 당선자가 내놓은 '신(新)발전체제' 역시 깊은 성찰을 요한다. 이번 대선에서 당선자가 내세운 '경제 살리기'가 국민들의 호응을 받은 것은 사실이다. 하지만 그것만으로는 부족하다. 정치가 경제적 부가가치를 창출하는 일에만 머물 수는 없기 때문이다. 그런 정치는 박정희 시대로 충분했다. 이 점에서 '신발전체제'는 경제적 부가가치 창출을 뛰어넘는 새로운 '보수적 가치창출의 정치'를 지향해야 한다.

당선자에게는 5년이 중요하겠지만 보수진영이 바라보는 시간 지평은 그보다 훨씬 길다. 보수의 집권이 5년으로 끝나지 않기 위해서는 당선자와 보수진영이 함께 노력해야 한다.

이를 위해 우리 모두는 개인의 창발성(創發性)을 존중하는 자유주의의 가치를 곱씹어 보았으면 한다. 이번 선거는 이명박 개인의 승리이면서 동시에 평등주의를 내세운 민주화 진영에 대해 자유주의의 가치를 재발견한 선진화 진영이 승리한 것이기도 하기 때문이다. 아울러 이런 자유주의적 가치를 만들고 확산시켜 나가는 일에서 보수 지식인들의 분발을 촉구한다. 지금은 승리를 기뻐하기보다 보수의 미래를 위해 들메끈을 고쳐 매야 할 시점이다.

(조선일보, 2007. 12. 22.)

누가 헌법적 위기를 과장하는가

'87년 체제를 극복하자'가 시대의 화두가 되고 있다. 사사건건 싸우는 보수와 진보가 기묘하게도 이 문제에서만은 한목소리를 내고 있다. 물론 주장하는 의도와 내용은 전혀 다르다. 보수는 48년의 건국체제, 63년의 산업화 체제, 87년의 민주화 체제를 넘어서 2008년에는 선진화 체제가 필요하다는 의미로 87년 체제의 극복을 말하고 있다. 반면 진보는 87년 체제로 절차적 민주주의가 실현되었을 뿐이니 이제 실질적 민주주의로 나아가기 위해 그것을 극복하자고 하고 있다.

양쪽 주장이 모두 나름대로 일리가 있다. 선진화도 절실하고 양극화 극복도 시급한 게 작금의 우리 현실이기 때문이다. 다만 진보의 논리에서 다음 두 가지는 정말 이해하기 어렵다. 하나는 개헌을 통해 실질적 민주주의를 진전시켜 87년 체제를 극복하자는 주장이고, 다른 하나는 혹시라도 정권교체가 일어나면 한국 헌정체제가 위기에 빠질 것이라는 식으로 과장하는 버릇이다.

87년 체제는 완벽하지는 않지만 상당한 성과를 거두었다. 87년 체제의 성공을 가장 잘 증명하는 게 지난 10년간 두 차례나 진보 정권이 등장했다는 사실이다. 그런데 아이러니컬하게도 87년 체제 성공의 증거인 진보(정권)가 스스로의 모태인 87년 헌법을 부인하고 나선 것이다. 이 점에서 87년 체제는 성공의 위기(crisis of success)를 겪고 있다고도 볼 수 있다.

그런데 헌법을 손본다고 실질적 민주주의가 진전될까? 양자를 직접 연결시키기에는 중간에 빠진 요인들이 너무 많다. 실질적 민주주의의 진전은 헌법 규범의 내용 문제라기보다는 어떤 정권이 어떤 정책을 시행하느냐의 문제이다. 바로 이 점 때문에 많은 사람들이 근자의 개헌 논의를 특정 정권에 의한 정책의 실패를 제도(헌법) 탓으로 돌리는 것으로 보고 있는 것이다.

보다 심각한 문제는 진보가 혹시 있을지도 모를 정권교체를 한국 헌정체제의 위기인 양 과장한다는 점이다. '냉전수구세력의 집권을 막아 민주적 헌정체제를 보호하자.'는 것이 정치적 선전구호로는 사용될 수 있다. 하지만 진보를 자처하는 '학자'들까지 이런 말을 하면서 그것을 개헌논리로 연결시킬 때는 아연실색하지 않을 수 없다.

민주적 헌정체제의 위기를 논할 때 가장 많이 드는 예가 바이마르 공화국의 붕괴와 히틀러의 등장이다. 바이마르 공화국의 위기는 대중민주주의 시행 초기에 노동자 계급에 비해 수적으로 열세였던 부르주아적 중산층이 민주주의 자체를 부인할지도 모른다는 데서 오는 것이었다. 이러한 민주주의냐 독재냐의 기로에서 독일의 사회민주주의적 국가학자인 헬러(H. Heller)는 민주주의를 지키기 위해서는 계층 간의 사회경제적 격차를 줄여야 하고, 그를 위해서는 기존의 자유적 법치국가를 사회적 법치국가로 전환시켜야 한다고 주장했다.

과연 2007년 한국 민주주의가 바이마르 공화국 말기와 같은 위기 상황에 처해 있는가? 우선 사회경제적 위기를 빙자해 절차적 민주주의마저 부인하고 권위주의로 돌아가려는 세력이 우리 사회에 존재하는가? 거의 없다. 다음으로 헬러가 민주주의를 지키기 위해 도입하려 했던 사회국가 원리는 우리의 87년 헌법에 이미 상당 부분 도입되어 있다. 이 점에서 민주주의를 지키기 위해 개헌하자는 논리는 애초부터 근거가 박약한 주장이다.

이 대목에서 우리는 묻지 않을 수 없다. 누가 헌법적 위기를 과장하는가? 헌법적 절차에 따른 정치과정의 진행을 헌정체제의 위기라고 호도하려는 세력은 누구인가?

현재의 위기는 정권과 정책의 위기이지 체제의 위기가 아니다. 민주적 헌정체제는 굳건하며 국민들은 지난 정권과 정책에 대해 책임을 물을 뿐이다. 이 점에서 현재의 위기는 진보의 위기에 불과하며, 진보의 위기를 대한민국의 기회로 여기는 사람도 적지 않다.

(조선일보, 2007. 3. 10.)

진보가 아직도 통일세력인가

통일에 관해 우리 사회에는 큰 오해가 있다. 진보는 통일세력, 보수는 분단세력이라는 잘못된 등식이 그것이다. 하지만 1990년대 이후 한국의 진보 진영은 더 이상 통일세력이 아니다. 그들은 말로는 통일을 외치지만 실제로는 김정일 정권과의 공존을 지상 목표로 하는 세력으로 전락했다. 역사적으로 살펴보면 이 점이 분명히 드러난다.

이승만 중심의 건국세력과 박정희 중심의 근대화 세력은 모두 2단계 통일론을 표방했다. 이승만은 '선(先)건국, 후(後)통일'을, 박정희는 '선건설, 후통일'을 주장했다. 이들은 목표로서의 통일을 부인하지는 않았지만 그것을 먼 훗날의 목표로 설정했다. 남한이 북한에 경제와 군사 면에서 뒤진 상태에서는 통일보다는 국가 건설이나 경제 발전이 먼저라는 게 이들 주장의 요체였다.

반면 민주화 세력은 통일을 최우선 과제로 전제했다. 통일 없이는 경제 발전도 민주화도 한계가 있을 수밖에 없다는 것이었다. 이런 이유에서 통일우선론자들은 건국 및 근대화 세력의 2단계 통일론을 통일회피론이자 반(反)통일론이라고 비판했다.

그러나 1990년대 들어 통일에 대한 보수와 진보의 입장이 뒤바뀌고 말았다. 냉전이 자본주의 진영의 승리로 끝났고, 정치·경제 발전 모두에서 남북한 사이의 우열관계가 역전되었다는 사실이 배경요인으로 작용했다. 과거 2단계 통일론을 주장하던 보수세력은 통일에 대해 보다 적극적인 태도를 취하기 시작했다. 일각에서는 봉쇄를 강화해 북한을 더욱 고립시킴으로써 궁극적으로 붕괴를 통한 통일을 이루자는 주장도 등장했다. 이러한 붕괴·흡수론은 1990년대 중반 북한이 심각한 경제위기에 봉착했을 때 힘을 얻었고, 북한이 핵 도발을 지속함으로써 아직도 그 추진력을 잃지 않고 있다.

하지만 보다 합리적인 보수세력은 급속한 통일 추진이 가져올 부작용을 우려해 점진적인 통일 방안을 선호하고 있다. 그들은 북한 붕괴까지 고려하고 있지는 않지만 김정일 정권의 성격을 '정상화'시키지 않고는 북한에 어떠한 의미 있는 변화도 기대하기 어렵다고 본다. 김정일 정권과의 무조건적 화해·협력보다는 그것의 취약점인 민주주의와 인권문제 등을 꾸준히 제기해 정권의 성격 변화를 유도해야 한다는 것이다.

한편 남북한 사이의 우열이 뒤바뀌자 통일우선주의를 주장하던 진보세력은 딜레마에 빠지고 말았다. 남한이 압도적 우위에 선 상태에서 통일우선을 계속 주장하는 것은 자칫하면 남한 주도의 흡수통일론에 동조하는 것이 되고, 그렇다고 자신들이 계속 주장해 오던 통일의 깃발을 하루아침에 내릴 수도 없었다. 이에 그들은 구호로서의 통일은 계속 외치면서도 실제로는 통일은 나중 문제이고 남북 간의 화해와 협력을 통한 장기 공존이 우선이라는 '선공존, 후통일'의 2단계 통일론으로 돌아섰다. 이러한 변신의 완성이 '햇볕정책'이다.

진보세력은 이러한 변신을 감추고 합리화하기 위해 자신들의 노선을 '민족공조론'이나 '평화론'으로 포장하고 반대(보수) 논리를 '친미사대론'이나 '전쟁론'으로 몰아붙였다. 그러나 진보는 두 가지 점에서 좀 더 솔직해질 필요가 있다.

우선 그들이 내세우는 '선공존, 후통일'론은 내용은 다르지만 논리구조 면에서는 건국세력의 '선건국, 후통일'이나 근대화 세력의 '선건설, 후통일'론과 같은 2단계 통일론이라는 점이다. 세 주장은 통일에 앞선 선결(先決) 과제를 설정한다는 점에서는 같다. 다만 선결조건의 내용이 건국, 건설, 공존으로 서로 다를 뿐이다.

이런 맥락에서 진보는 자신들이 더 이상 통일을 지향하지 않는다는 사실, 더 솔직히 말하면 공존을 위한 공존, 공존 자체가 목적인 공존이 자신들의 궁극 목표임을 고백해야 한다.

최근 정치권에서 보수, 진보, 중도의 의미를 둘러싸고 논의가 분분하다. 특정 정치인의 이념적 성향을 따지는 일이 그리 단순하지는 않겠지만 그 중요한 척도의 하나가 대북정책이나 통일정책인 것은 분명하다. 정치인이 표를 얻으려 진보로 다가서는 거야 말릴 수 없지만 그것이 통일을 위하는 길이란 착각은 하지 말았으면 좋겠다.

(조선일보, 2007. 2. 10.)

'뉴레프트'의 출현을 반기며

현재 한국은 전망 부재(不在)의 상태에 있다. 기존의 보수와 진보는 한국이 나아갈 길을 제시할 만한 능력을 보여 주지 못하고 있다. 보수는 반대할 줄만 알지 지향점을 밝히고 그에 이르는 구체적 방략(方略)을 제시하지 못하고 있다. 진보는 집권했으면서도 별 성과는 내지 못하고 '민족의 이름으로' 모든 것을 바꾸고 달리 해석하려고 듦으로써 분란만 가중시키고 있다.

한국이 처한 더 큰 딜레마는 보수와 진보 사이에 소통의 길이 막혀 있다는 점이다. 보수와 진보는 사회를 구성하는 두 축이다. 두 진영이 서로 경쟁하면서 생산적 대화를 나눌 때 사회는 발전한다. 그런데 한국의 보수와 진보는 서로 할 말만 늘어놓고 들으려고는 하지 않는 귀머거리의 대화를 나누고 있을 뿐이다.

'뉴라이트(New Right)'는 한국이 직면한 이러한 두 가지 문제점을 극복하고자 출현한 것이다. 보수에 전망과 대안을 안겨 주면서 진보에도 자기 혁신을 통해 생산적 대화의 장으로 나올 것을 요구하기 위해 등장한 것이 뉴라이트이다. 이 점에서 진보의 혁신을 내세운 '좋은 정책포럼'이나 '세교연구소' 같은 싱크탱크의 출범은 뉴라이트 입장에서도 환영할 만한 일이다.

이들은 그동안 진보 진영에서 별로 환영받지 못한 '시장', '글로벌화', '성장', '인권' 등에 대해서도 앞으로는 적극 발언을 하겠다고 밝혔다. 이 개념들에 대해 무조건적 반대가 아니라 실현 가능한 대안을 모색하겠다고 나섰다는 점에서 이들은 한국적 의미에서의 새로운 진보, 즉 뉴라이트에 맞서는 '뉴레프트(New Left)'로 불러도 좋을 것 같다.

한 가지 걸리는 것은 뉴레프트의 출범식에서 민주주의 부족에 대한 걱정은 들을 수 있었으나 자유주의 결여에 대한 문제의식은 찾아보기 어려웠다는 사실이다. 오늘날 한국의 보수와 진보가 공히 직면한 딜레마는 자유주의에 대한 이해의 부족과 깊은 관련이 있다는 것이 뉴라이트의 기본입장이다.

기존의 보수와 진보는 정치적 자유와 경제적 자유에 관해 아전인수(我田引水)의 태도를 보여 주었다. 진보는 경제적 자유 확대의 효율성을 인정하지 않은 채 그로 인한 부작용에만 주목했으며, 국내 차원에서는 정치적 자유의 확대를 요구하다가도 민족(북한) 앞에만 서면 한없이 작아지는 모습을 보여 주었다.

보수는 국가 의존에서 시장 주도로 발 빠르게 변신했지만 여전히 정경유착의 악습을 버리지 못했고, 북한에 대해서는 정치적 자유의 확대를 주장하면서 국내에서는 그것의 확대에 대해 유보적인 모습을 보여 주었다. 이러한 자가당착은 양 진영이 자유주의를 제대로 인식하지 못했기 때문에 발생하는 것이다.

이제 한국의 보수와 진보는 자유주의에 대한 인식을 보다 심화시킬 필요가 있다. 보수는 투명성 부족을 해소해야 하고, 국가보안법의 도움 없이도 자생력이 있음을 보여 주어야 한다. 진보는 시장의 효율성과 공존하는 법을 배워야 하고, 민족 앞에서도 자유가 위축되지 않음을 보여 주어야 한다. 이럴 때 양 진영은 뉴라이트와 뉴레프트로 거듭나게 될 것이다.

이 점에서 우리는 뉴레프트의 등장을 환영하면서, 그들이 민주주의 지상(至上)의 사고에서 벗어나 자유주의에 대한 인식을 확장하기를 기대한다. 이제 자유주의는 보수와 진보, 남한과 북한 가릴 것 없이 모두가 고민해야 할 문제이다.

위기에 봉착한 남한의 민주주의를 올바른 방향으로 심화시키기 위해서도, 북한을 개혁과 개방으로 이끌기 위해서도 자유주의의 문제를 숙고해야 한다. 한국에서는 민주주의뿐 아니라 자유주의도 '미완(未完)의 기획(project)'임을 알아야 한다.

(조선일보, 2006. 1. 19.)

황우석 논란에 웬 보수·진보

강정구 교수 사건과 북한 인권문제가 보수와 진보의 차원에서
논의되는 것은 당연하다. 그런데 황우석 교수 파문까지 보수와 진
보로 갈려 논란을 벌이는 것은 어쩐지 부자연스러워 보인다.

강 교수 사건과 관련하여 그를 감싸는 진보 진영은 기본권 보호,
특히 사상과 양심의 자유라는 글로벌 스탠더드를 강조한다. 그들은
그 연장선상에서 한국 국민들의 인권을 심각하게 제약하는 국가보
안법을 하루빨리 철폐해야 한다고 주장한다. 반면 강 교수의 발언
을 문제 삼는 보수 진영은 남북분단이라는 한국의 특수성을 중시
한다. 분단 상황에서 국기(國基)를 뒤흔들 정도의 발언까지 허용할
수는 없으며, 더구나 그의 발언은 대한민국의 정체성과 정통성을
훼손했다고 하면서 국가보안법이라는 코리안 스탠더드를 적용하라
고 요구한다.

강 교수 사건에서 한국의 보수와 진보가 보이던 태도는 북한 인
권문제로 가면 완전히 역전된다. 이번에는 보수 진영이 글로벌 스

탠더드를, 진보 진영은 코리안 스탠더드를 들고 나온다. 보수 진영은 인권이라는 인류보편적 기준에 입각해 북한의 김정일 정권에 북한 주민의 인권을 개선할 것을 요구하고 있고, 정부와 진보 진영에도 그에 동참할 것을 요구하고 있다. 반면 진보 진영은 북한 인권문제는 분단 상황이라는 한국적 특수성에 입각해 조심스럽게 접근해야 한다고 주장한다. 그것을 개선하기 위해서는 지금 당장 압박을 가하기보다 원조와 교류, 협력을 통해 장기적인 개선을 도모하는 우회적 접근이 낫다는 것이다.

요컨대 박정희 대통령의 '한국적 민주주의'와 김정일의 '우리식 사회주의'를 놓고 전자는 이해해도 후자는 용납할 수 없다는 것이 보수이고 그 역이 진보다. 강 교수 사건과 북한 인권문제는 이런 두 진영이 각각 필요에 따라 글로벌 스탠더드와 코리안 스탠더드를 선택적으로 갖다 쓴 결과 논란이 증폭된 측면이 있다. 그러나 황 교수 파문은 문제가 그렇게 단순하지 않으며, 보수와 진보로 확연하게 갈라질 만한 문제가 아니다.

애초 황 교수 파문은 난자 취득 과정의 적법성과 윤리성 문제로 시작되었다. 황 교수를 비판하는 측은 생명윤리와 여성인권 보호라는 글로벌 스탠더드를 들고 나왔고, 옹호하는 측은 코리안 스탠더드에 입각해서 동양과 서양의 문화적 차이를 지적하는 데 무게를 두었다. 이때까지만 해도 보수와 진보가 황 교수에 대한 찬반으로 확연하게 갈리지는 않았다. 가톨릭 같은 보수적인 종교계도 윤리적 이유 때문에 반황우석 진영에 가담하고 있었기 때문이다.

그러나 사태가 황 교수 연구 결과의 진위문제로 번지자 진보는 반황우석, 보수는 친황우석으로 갈리는 기묘한 양상이 전개되기 시작했다. 이때 비판 진영은 알 권리와 진실규명이라는 글로벌 스탠더드를 들고 나왔고, 옹호 진영은 황 교수의 연구 결과가 지니는 국가(애국)적 의미라는 코리안 스탠더드에 방점을 찍었다.

그러나 이런 평가 기준의 차이가 보수와 진보의 입장을 결정한 주된 요인이었는가는 의문의 여지가 있다. 보수 언론이 황 교수를 국민적 영웅으로 만들었다는 전제 아래 보수 언론에 대한 찬반 여부가 이 문제에 대한 보수와 진보의 태도를 결정한 측면이 적지 않아 보이기 때문이다. 다시 말해 진보 진영이 반황우석에 나선 것은 생명윤리나 알 권리 차원도 있었겠지만 그보다는 친황우석적인 보수 언론과 싸우는 진보매체를 거들기 위함이 더 컸다는 것이다. 이 와중에 진보매체는 알 권리라는 글로벌 스탠더드를 위해 글로벌 스탠더드에 반하는 행위, 즉 취재 대상을 속이고 협박하는 행동도 불사했다.

최근 여러 논란의 배후에는 글로벌 스탠더드와 코리안 스탠더드 사이의 대립이 깔려 있다. 이 점에서 문명 충돌은 국가 간이 아니라 지금 우리 안에서 벌어지고 있다. 하지만 문명 충돌보다 더 심각한 것은 자기 패거리의 이익을 위해 두 기준을 편의적으로 갖다 쓰는 것이다. 작금의 한국을 보면서 드는 생각이다.

(중앙일보, 2005. 12. 8.)

'강 교수 건' 소모적 정쟁 끝내라

'강정구 교수 건'에는 네 가지 차원이 얽혀 있다. 첫째는 그의 발언의 진위 여부다. 둘째는 그것을 국가보안법으로 처벌할 수 있는가의 여부다. 셋째는 이 건에 대한 천정배 법무부 장관의 지휘권 발동의 정당성 여부다. 넷째는 이 문제에 대한 정치권의 대응이 합당한가의 여부다. 그런데 현재까지 이 문제를 둘러싼 논란은 이러한 네 차원이 구별되지 않은 채 뒤섞여 제기되었기 때문에 해결은 커녕 점점 꼬여 가고 있다.

애초 이 문제는 학계에서 거르는 것이 가장 바람직했다. 이미 여러 지면을 통해 여러 학자가 그의 발언이 얼마나 터무니없고, 최소한의 학문적 진지성과 성실성을 갖추지 못한 것임을 지적했다. 적어도 해당 학계에서 그의 발언은 이미 시민권을 잃은 지 오래다. 그의 구속을 반대하는 사람들조차도 반드시 서두에 "그의 발언에 동의하는 것은 아니지만"이라는 말을 붙이는 것을 보면 그의 말은 정치적 동조자들 사이에서도 시민권을 유지하기가 어렵게 보인다. 따라서 이 문제를 처리하는 가장 확실한 방법은 해당 전공자들이

나서서 지식의 시장에서 그가 파는 상품이 더 이상 매력이 없음을
증명시켜 주는 것이었다.

그랬다면 이 문제를 둘러싸고 소모적 논쟁도 일어나지 않았을
것이고, 강 교수를 국보법 폐지의 상징적 인물로 만들어 주지도 않
았을 것이다. 이 점에서 강 교수를 고발해 문제를 법적 차원으로
확대시킨 일부 보수 세력의 단견에 아쉬움을 금할 수 없다. 그들의
지나친 민첩함은 학계가 스스로 이 문제를 해결할 시간을 앗아 가
버리고 말았다.

문제가 둘째(법적) 차원으로 비화된 뒤에도 그것을 정치적 차원
으로까지 더 확대시키지 않을 수 있었다. 그러기 위해서는 강 교수
의 발언이 국보법에 저촉되는지의 여부를 법원이 가려 줄 때까지
기다리는 인내심이 필요했다. 우리 헌법은 자유민주주의 체제의 근
간을 뒤흔들 정도의 행위에 대해서까지 관용을 베풀지는 않는다는
'방어적 민주주의' 개념을 채택하고 있다. 강 교수의 발언이 과연
이 정도에 해당하는지는 검찰과 사법부가 판단할 일이고 정치권은
그 결과를 기다렸어야 했다.

이러한 기다림의 미덕을 깬 것은 천 장관이다. 그는 법에 있다는
이유로 지휘권을 행사하면서 적법성을 주장했다. 그러나 그의 행위
가 입법 취지에 맞지 않는다는 점에서 적법할지는 몰라도 정당하
지는 않다는 주장이 맞서고 있다. 어쨌든 천 장관의 지휘권 발동으
로 이 사건은 단숨에 정치적 차원으로 비화되고 말았다. 그는 지휘

권 발동의 동기를 개인의 인권보호를 위해서라고 주장했다. 하지만 이 기회에 그의 평소 소신인 국보법 폐지를 공론화시키기 위해서라는 말도 있고, 남북정상회담의 길을 닦기 위해서라는 말도 들린다.

이제 이 문제에서 강 교수 발언의 진위 여부나 강 교수 자신은 뒷전으로 밀렸고, 대신 정치권이 문제의 중심으로 진입했다. 한나라당은 이 문제를 국가정체성의 위기로 몰고 갔고, 청와대와 열린우리당은 구태의연한 색깔론이라고 맞섰다. 주객이 바뀐 것이다.

문제를 다시 본질로 돌려 해결책을 찾아야 한다. 우선 문제를 정치화시키면서 검찰의 중립성을 후퇴시킨 천 장관은 그에 합당한 책임을 져야 한다. 그리고 정치권을 비롯한 모든 사람은 문제를 인위적으로 키워 소모전에 빠지지 말고 검찰의 수사와 그에 대한 사법부의 판단을 기다려야 한다.

이제 한국의 합리적 보수도 자유민주주의가 반공에만 의존하고 있지 않음을 보여 주어야 한다. 강 교수 건은 합리적 보수에는 이러한 유연성과 자생력을 보여 줄 수 있는 좋은 기회다. 물론 이 사건이 올해를 '반미자주화의 원년'으로 삼자는 조직적 움직임의 일환으로 여겨질 수도 있다. 그렇더라도 이렇게 호들갑을 떨면서 강 교수를 '영웅'으로 만들어 줄 필요는 없다. 자칫하면 그를 국보법 폐지를 넘어 '반미자주화의 상징'으로 만들 수도 있기 때문이다.

(중앙일보, 2005. 10. 21.)

새로운 사회계약 필요하다

어려운 한 해였다. 상반기는 촛불시위로, 하반기는 글로벌 금융위기 때문에 편할 날이 없는 한 해였다. 특히 5월부터 세 달 남짓 지속된 촛불시위가 우리에게 던진 충격은 실로 컸다. 집권 초 밤마다 광화문을 밝힌 촛불행렬에 잔뜩 위축된 이명박 정부는 전대미문의 금융위기에 직면해서도 아직 발 빠르고 자신 있는 행보를 보여 주지 못하고 있다.

17세기 영국의 정치철학자 토머스 홉스가 낮에는 공권력이 질서를 유지하지만 밤만 되면 도심이 시위대로 뒤덮이는 '이중권력' 상태가 이어지던 지난여름의 한국을 봤다면 뭐라고 했을까. 그가 우려하던 무질서 상태, 즉 '만인에 대한 만인의 투쟁' 상태의 21세기적 모습을 한국에서 보았다고 하지 않았을까.

촛불시위가 우리에게 던진 가장 큰 과제는 모든 분야에서 권위구조가 붕괴되어 한국이 통치불능 상태에 빠질지 모른다는 점이다. 어떤 공동체가 유지되기 위해서는 최소한의 공적 권위가 필요한데 지금 한국에서는 그 모든 것이 붕괴되고 있다. 공권력의 권위는 무너진 지 오래다. 언론매체도 보도의 객관성을 의심당해 권위를 잃어버린 채 편을 갈라 싸움에 골몰하고 있다. 대학은 본래 해석(解釋)의 권위를 지닌 제도인데 이마저도 인터넷을 점령한 소위 '집단지성' 앞에서 권위를 잃은 채 초라해지고 말았다.

이런 상태에서 이명박 정권이 남은 기간을 제대로 통치할 수 있을까 걱정하는 사람이 많다. 하지만 이 사태를 이명박 정권에 국한시켜 보는 것은 단견이다. 포스트(post) 이명박 정권에도 같은 질문이 던져질 개연성이 대단히 높아졌기 때문이다. 이번 사태가 제대로 수습되지 않을 경우 앞으로 등장할 정권은 진보 보수에 상관없이 언제, 어떤 이유로든 촛불시위에 봉착할 가능성이 매우 커졌다.

이 점에서 촛불시위는 우리에게 이명박 정권의 차원이 아니라 한국이라는 공동체 전체에 관한 근본적인 문제를 제기하고 있다. 그것은 공동체가 존속하기 위한 최소한의 질서 권위구조 통치력을 어떻게 확보·유지할 것인가의 문제인데 17세기 영국 사회의 무질서 속에서 홉스가 고민했던 것도 바로 이런 문제였다.

홉스는 구성원 사이의 사회계약에서 해결책을 찾았는데 지금의 한국이야말로 이런 홉스의 지혜가 필요한 때가 아닐까. 다시 말해 우리도 '새로운 사회계약'을 통해 포스트 민주화 단계에 맞는 공동체의 질서와 권위를 회복해야 할 시점이 아닐까.

지금처럼 거리에서 시위대가 청와대와 직접 맞닥뜨리는 사태, 그 사이에서 정당과 국회는 존재를 찾아보기 어려운 사태는 우리에게 포스트 민주화 시대에 걸맞은 국가-사회관계가 무엇인지를 숙고해 볼 것을 요청하고 있다.

과거 권위주의하에서 한국은 강한 국가-약한 사회의 모습을 지니고 있었다. 하지만 1987년 개헌을 통해 사회는 힘을 키울 수 있는 제도적 장치를 마련했고, 이후 급성장했다. 이익집단의 힘이 세지고 시민단체의 목소리도 커져서 이제는 거꾸로 권위가 추락한 국가의 위상을 걱정할 정도가 되었다. 촛불시위 사태는 한국이 약한 국가-강한 사회 상태에 있음을 보여 주는 좋은 징표다.

질서와 권위를 회복하기 위해 사회를 제약하던 과거로 회귀할 수는 없다. 그런 구시대적 사고는 국가-사회를 하나가 강하면 다른 하나는 약해야 하는 영합(zero-sum)적 관계로만 생각하는 데서 나온다. 둘 사이의 관계는 충분히 비영합(non zero-sum)적일 수 있으며, 그 점에서 강한 국가-강한 사회의 조합을 기대해 볼 수도 있다. 국가가 강해야 하지만 그런 국가의 타락을 막기 위해서는 사회 역시 강해야 한다는 말이다.

다만 국가, 사회 모두 그냥 강하기만 해서는 안 된다. 진정으로 강한 국가는 규모는 줄이되 정책을 입안하고 추진하는 능력과 사회와 소통하는 능력은 커진 국가이다. 사회도 지금처럼 강하기만 하고 무책임해서는 안 된다. 그런 사회는 강한 국가를 견제하기보다 뒷다리 잡기에 급급해 국가의 능력을 약화시킬 우려가 크다.

　결국 작지만 강하고 능력 있는 국가와 강하지만 책임 있는 사회의 조합이 포스트 민주화 시대에 한국이 지향할 바이며, 지금은 이런 방향으로 새로운 사회계약을 모색해 민주화 시대의 부정적 유산에서 벗어나야 할 때다. 새해에는 이 점에서 진전이 있기를 기대해 본다.

(동아일보, 2008. 12. 30.)

●●●

'촛불'의 희망과 불안

21년 만에 광장에 다시 모인 시민들은 분명 달랐다. 구성성분, 동기, 이념 정향, 행동양태 등 많은 점에서 1987년과 2008년의 6월 10일에 모인 사람들 사이에는 적잖은 차이가 있었다. 하지만 이 차이는 우리에게 희망과 불안을 동시에 안겨 주고 있다.

21년 전 서울 도심은 매캐한 최루탄 냄새로 뒤덮였고 '백골단'은 시위대를 잡기 위해 분주하게 움직였다. 그 속에서 대학생과 넥타이 부대를 주축으로 한 시민들은 모두 비장한 얼굴로 반독재 투쟁 구호를 외치면서 이리저리 밀려다녔다. 거리의 보도블록은 최루탄에 맞서는 '짱돌'로 변신했고 여기저기서 화염병이 터졌다. 전쟁터를 방불케 하는 광경이었다. 일사불란하지는 못했지만 야당과 재야 그리고 학생운동권 중심의 지휘부도 있었다.

한 달 넘게 이어지고 있는 촛불시위는 축제적 성격이 짙다. 폭력도 일부 있고 도로점거 등의 무질서도 있었지만 최루탄, 돌, 화염병이 난무하는 전쟁터는 아니었다. 대학생과 넥타이 부대는 참여집단의 하나일 뿐이었다. 중고생도 많았고 주부와 아이들이 가족단위로 참여하는 경우도 적지 않았다. 그들은 국민주권과 건강권을 훼손당한 것에 격분해 거리로 나왔지만 얼굴에 비장함과 결연함이 서려 있지는 않았다. 흥겨운 노래와 춤 공연이 거리를 메웠고 자유발언대에서는 말의 잔치가 벌어지고 있었다. 야당과 시민단체는 이들이 차려 놓은 축제의 밥상에 뒤늦게 수저 들고 달려드는 불청객에 불과했다.

촛불시위는 우리가 처음 경험하는 포스트모던적 집단행동인 것처럼 보인다. 주도 세력이나 이념을 찾기 어렵다는 점에서 이 시위는 중심의 부재 또는 탈중심적 성격을 보여 주기 때문이다. 시위가 보여 주는 비폭력 및 축제적 성격도 매우 긍정적이다. 하지만 이런 포스트모던적 시위의 이면에는 두 가지 위험성이 도사리고 있다.

첫째, 촛불시위는 포스트모던적이면서도 한국의 시위가 지닌 '전통'적인 모습을 여전히 탈각하지 못하고 있다. 질문을 던져 보자. 왜 시위대는 국회나 정당이 아니라 청와대로만 가려고 할까. 의회 및 정당정치가 제대로 작동하는 나라라면 청와대보다 여의도로 달려가는 게 순서가 아닐까. 정당과 의회가 제 역할을 못하기 때문이라고 답할 수도 있다. 하지만 크고 작은 문제가 있을 때마다 최고 책임자(권력자)와 직접 상대해서 해결하려 드는 한국인 특유의 정치행태에서 답을 발견하는 것이 보다 솔직하지 않을까.

1960년대 중반 미국 정치학자 헨더슨(G. Henderson)은 한국 정치를 '회오리바람(vortex)'이란 말로 특징지었다. 고도로 집권화된 중앙권력과 개인 사이를 매개할 중간집단이 결여된 한국에서는 개인이 '직접' 중앙의 권력에 대한 접근을 시도하는 것만이 가치의 배분에 참여할 수 있는 유일하고도 효과적인 방법이다. 따라서 한국 정치는 개인이 중앙의 정치적 정점을 향해 직접 달려가는 '회오리바람'의 양상을 지닌다는 것이 헨더슨의 주장이었다. 40년이 지난 지금 촛불시위 속에서 '회오리바람' 같은 전통성(전근대성)과 포스트모던적인 탈중심성의 부자연스러운 공존을 발견하는 것은 필자만의 편견일까.

촛불시위가 지닌 두 번째 불안요소는 중심의 부재에서 나온다. 이 시위는 탈중심적이기 때문에 선진적이지만 바로 그 점 때문에 아무도 어떻게 끝내야 할지를 모르고 어느 누구도 마무리의 책임을 지고 있지 못하다. 자발적으로 시작되었고 비폭력·축제적으로 진행되고 있지만 종점을 아는 사람이 없다는 점에서 촛불시위는 우리 사회 전체를 전망부재의 불안상태로 몰고 가고 있다. 중심의 부재가 가져온 전망의 부재 상태를 해소할 키는 중심을 다시 발견하는 것이고 그 역할은 정당에 기대할 수밖에 없다. 역시 문제는 정치인 것이다.

(조선일보, 2008. 6. 12.)

영웅 만들기와 마녀사냥

상징조작은 정치의 가장 유용한 수단 중 하나다. 정치의 세계에서 각 세력은 과거의 인물이나 사건을 재해석하여 자신들의 정치적 목적 달성에 이용하곤 한다. 그것은 때로는 덧칠을 통한 영웅 만들기로, 때로는 깎아내리기를 통한 마녀사냥으로 나타난다. 지난날 맥아더 동상 건립이 영웅 만들기라는 상징행위였다면, 근자의 동상철거 시도는 마녀사냥식의 상징행위다.

이런 식의 상징조작 행위는 역사상 자주 있었다. 박지향 교수가 편집한 '영웅 만들기'는 나폴레옹, 잔 다르크, 엘리자베스, 무솔리니, 비스마르크가 모두 근대 국민국가가 필요에 의해 만들어 낸 '국민적 영웅'임을 보여 주고 있다. 권형진 교수가 편집한 『대중독재의 영웅 만들기』에 따르면, 마오쩌둥(毛澤東)의 '좋은 전사' 레이펑, 김일성의 '영원한 천리마' 길확실, 소련의 '사회주의 노동영웅' 스타하노프 등은 모두 독재정권이 대중을 효과적으로 동원하기 위해 만들어 낸 영웅이다.

영웅 만들기 작업에서 한반도도 빠지지 않았다. 박정희 시대에 이순신은 충(忠)과 무(武) 그리고 구국의 상징으로 추앙되었으며, 이승복은 공산주의의 잔학성에 항거한 용감한 소년으로 반공의 상징이 되었다. 이 책들에서는 누락되었지만 영웅 만들기 작업의 대명사는 북한의 김일성 우상화다. 그는 스스로를 신격화했고, 그것은 대를 이어 계승되고 있다.

영웅 만들기 작업과 동전의 양면관계를 이루는 것이 마녀사냥이다. 이것은 중세 유럽에서 가톨릭이 이단(異端)의 침투를 막고 자신들의 권위를 지키기 위해 자주 사용하던 통치술이었다. 그러나 근대 이후에도 마녀사냥은 그치지 않았다. 히틀러의 마녀사냥감은 유대인이었고, 미국에서도 한때 매카시즘의 이름으로 공산주의 마녀사냥이 유행했다.

마녀사냥은 한반도에서도 횡행했다. 한국에서는 김일성과 북한 공산주의를 먹잇감 삼아 마녀사냥을 즐겼고, 북한에서는 '미제(美帝)와 그 앞잡이'인 한국의 지배층을 대상으로 같은 일이 벌어졌다. 아직도 반공시위나 반미시위에서 등장하는 김일성이나 미국 대통령 화형식, 인공기나 성조기 불태우기 등은 상징성 면에서 중세에 마녀를 불태워 죽이는 행위와 별반 다를 바 없다.

영웅 만들기와 마녀사냥은 동서고금을 초월하여 위정자들이 즐겨 사용한 통치술이다. 하지만 현대로 올수록 그리고 정치가 민주화될수록 그 사용빈도가 줄어들고 있다. 미국의 매카시즘과 같은 예외를 제외하고는 현대의 영웅 만들기나 마녀사냥은 대부분 대중 독재 아래에서 일어났다. 그런데 가장 민주적인 정부라고 자부하는 노무현 정부하에서 유달리 마녀사냥이 자주 벌어지고 있는 현상을 우리는 어떻게 이해해야 할까.

현 정부하에서 마녀사냥감은 끊임없이 변하고 있다. 강남, 서울대, 사법부, 조·중·동, 삼성의 오적(五賊)과 친일파를 거쳐 현재는 총구가 맥아더 동상을 겨누고 있다. 단언컨대 이 자리에서 이들을 옹호하고 싶은 생각은 추호도 없다. 그들에게 공(功)이 있다면 상을 주어야 할 것이고, 과(過)가 있다면 책임을 묻는 것이 당연하다. 따라서 개혁의 이름으로 행해지는 이들의 허물에 대한 책임추궁 자체에 대해 딴죽을 걸 생각은 없다. 다만 그 방식이 지극히 선동적이고 여론몰이에 기초한 마녀사냥식이라는 점은 지적하고 싶다. 모멸감을 주지 않고, 전투적인 용어를 사용하지 않으면서도 할 수 있는 일을 굳이 마녀사냥식으로 추진하는 이유를 모르겠다.

더 우려스러운 것은 이런 마녀사냥의 최종 목표가 무엇일까 하는 점이다. 맥아더 동상의 경우를 보자. 맥아더는 영웅도 아니지만 이제 와서 새삼 마녀사냥의 대상이 될 이유도 없다. 그런데도 그들은 맥아더를 새로운 먹잇감으로 골랐다. 그러나 맥아더 동상이 그들의 최종 사냥감이 아닌 것은 분명하다. 그것은 반미 자주화를 위한 그들의 도정(道程)에서 제물의 하나로 선택된 먹잇감에 불과하다. 그들은 최종 목표가 달성되는 날까지 계속해서 타깃을 만들어낼 것이다.

영웅 만들기와 마녀사냥은 모두 이성의 마비와 집단적 광기에 기초를 두고 있다. 한국 정치는 이러한 주술(呪術)로부터 해방되어야 한다. 그렇지 않고는 한국의 앞날에 먹구름만 있을 뿐이다.

(중앙일보, 2005. 9. 15.)

짱과 엄지족이 만날 때

　최근 인터넷에서 두 가지가 유행하고 있다. 하나는 '짱'이고 다른 하나는 군중을 뜻하는 '몹(mob)'이다. 인터넷의 영향력이 워낙 전방위적이다 보니 정치 역시 이러한 추세에서 예외일 수 없다. 하여 정치에서도 '짱' 신드롬과 '몹' 신드롬이 번질 기세인데, 두 가지가 만났을 때 그 결과가 실로 우려스럽다.

　'짱'이란 본래 10대들의 은어였다. 그것은 또래에서 가장 싸움을 잘하는 아이를 '일짱'이라고 부르는 데서 유래했다. 그런데 최근에는 인터넷을 통해 '얼짱', '몸짱', '강짱(강도 얼짱)' 등이 유행하더니 드디어 정치판에서도 '짱'을 찾기에 이르렀다. 정치에서 '짱'의 원조는 노무현 대통령이다. 노사모로 대표되는 노 대통령 지지자들이 후보시절부터 그를 자신들의 대장이라는 의미에서 '노짱'이라 불렀다. 하지만 최근 정치판에 불어닥친 '짱' 신드롬은 다분히 '얼짱' 신드롬과 관련이 깊다. 단지 얼굴이 예쁘거나 이미지가 참신하다든지 또는 방송매체에 자주 등장했다는 이유만으로 일약 정치인으로 발탁되는 경향이 많기 때문이다.

버지니아 포스트렐은 작년에 낸 책에서 21세기를 '스타일의 시대'라고 단언했다. 기술발달로 인해 이제 제품 사이의 성능의 차이는 별로 중요치 않게 되었다. 따라서 사람들은 상품을 고를 때 '보고 느끼는' 미적 기준, 즉 스타일에 근거해 결정하게 됐다는 것이다. 이 점은 인간관계에서도 마찬가지라고 한다. 스타일은 사람들이 자기만의 '미적 정체성(aesthetic identity)'을 표현하는 수단이 되기 때문에 인간관계에서 스타일이 차지하는 비중은 그만큼 커질 수밖에 없다는 것이다.

이런 주장에 기대어 본다면 정치판의 '얼짱' 신드롬은 시대 추세를 반영하는 것이라고 볼 수도 있다. 그러나 정치가 스타일이나 이미지에만 기댈 수는 없는 일. '짱' 신드롬의 가장 큰 맹점은 이미지만 있고 실체가 없다는 것이다. 그가 어떤 활동을 해 왔으며, 어떤 생각을 가지고 있고, 잠재성이 어느 정도인가 등은 고려될 여지가 별로 없다. 오로지 이미지, 그것도 있는 그대로라기보다는 방송이나 인터넷 매체를 통과하는 과정에서 연출되고 가공된 이미지만이 정치소비자인 유권자의 감성을 자극하고 있다.

또 하나 온라인을 통해 퍼져 가고 있는 신드롬이 '몹'이다. 특히 서로 알지 못하는 사람들이 이메일이나 휴대전화를 통해 시간과 장소를 정한 후 일시에 모여 어떤 퍼포먼스를 벌이고는 금세 사라지는 '플래시 몹(flash mob)'이 네티즌 사이에서 유행이다. 이들이 추구하는 목적은 '재미' 그 자체다. 자신들의 행위에 어떤 의미를 부여하는 것 자체를 이들은 거부하고 있다.

‘몹’, 즉 군중이란 본시 부정적이고 수동적 의미를 지닌 말이다. 군중은 역사의 주체라기보다는 지배층의 상징조작의 대상이었으며, 대량소비사회의 부속품으로서 원자화된 상태에서 고독과 무력감을 느끼는 존재였다. 그런데 하워드 라인골드는 이러한 군중이 인터넷과 휴대전화로 무장하면서 똑똑해졌다고 주장했다. 그들은 인터넷을 통해 모은 정보를 집단적으로 조직화하고 공통된 관심사를 찾아내 서로 간의 교신을 통해 쉽게 행동으로 옮길 수 있는 적극적인 주체로 변했다. 이른바 ‘스마트 몹(smart mobs)’의 탄생이다. 그러나 라인골드는 군중이 아무 생각 없이 휴대전화로 문자메시지나 주고받는 ‘엄지족(thumb tribe)’에 머무를 가능성에 대해서도 경고하면서 그렇게 되지 않으려면 ‘그들만의 생각’을 지닌 ‘몹’이 탄생해야 한다고 했다.

최근 우리 사회의 ‘플래시 몹’ 열풍은 단순 재미만을 추구한다는 점에서 ‘스마트 몹’보다 ‘엄지족’의 행동에 가깝다. 감각적 재미만을 찾는 ‘엄지족’과 실체는 없고 이미지만 추구하는 ‘짱’ 정치인이 만날 때 한국 정치의 앞날을 어떻게 될까. 인터넷 없이 살 수 없는 세상이 되었지만, 인터넷 정치의 앞날은 반드시 밝은 것만은 아닌 것 같다.

(동아일보, 2004. 2. 20.)

"지금 정치권에 가장 필요한 것은 자율성과 자정(自淨)능력을
동시에 회복하는 일이다. 그동안 정치권은 자정능력이 결여된
자율성을 누렸고, 그것이 그들을 부패하고 나태하게 만들었다."

chapter 04

제도개혁, '할 것'과 '말 것'

제도보다는 사람 탓이다

현행 헌법의 5년 단임제가 한국 정치를 실패의 구렁텅이로 몰아넣은 주범인 양 매도되고 있다. 노무현 대통령이 공격의 선봉에 섰다. 그는 "단임제가 책임정치를 훼손하고 임기 말에는 국정 운영까지 어렵게 만든다."고 하면서 "국정의 책임성과 안정성을 높이기 위해 4년 연임제로 개헌하자."고 제안했다. 과연 그럴까.

불행하게도 민주화 이후의 역대 대통령에 대한 평가가 그다지 좋지 못한 것은 사실이다. 하지만 이 '실패'가 정말로 5년 단임제 때문이었는지에 대해서는 의문의 여지가 있다. 4년 연임제였다면 한국 경제가 외환위기를 맞지 않았을 수 있었고, 대통령 아들을 포함한 측근 비리로부터도 자유로울 수 있었다는 증거가 불충분하기 때문이다.

물론 5년 단임제이면서 대선과 총선의 시기가 일치하지 않는 현행 헌법하에서 행정부와 의회를 지배하는 정당이 서로 다른 분점(分占)정부가 자주 나타났고, 그 때문에 원활한 국정 운영이 어려웠다는 점은 어느 정도 인정할 수 있다. 하지만 이와 관련하여 적어도 다음 두 가지는 지적되어야 한다.

첫째, 분점 상황은 5년 단임제 때문이 아니라 대통령제 자체에서 발생하는 문제라는 점이다. 국민이 대선과 총선이라는 별개의 절차를 통해 행정부와 의회에 서로 다른 정당성을 부여할 수 있는 대통령제하에서는 분점 상황을 막을 수 있는 완벽한 제도적 장치는 없다. 대선과 총선의 주기를 4년으로 일치시키면 분점 상황이 초래될 가능성을 약간 낮출 수 있다는 것이지 그것을 원천적으로 막을 수 있는 것은 아니다. 결국 분점 상황은 대통령제에 원죄(原罪)처럼 따라다니는 것이며, 이러한 제도적 허점은 운영의 묘, 즉 대통령을 비롯한 정치적 행위자들의 역량으로 보완할 수밖에 없다.

둘째, 앞선 세 정부와는 달리 노무현 정부, 특히 2004년 17대 총선 이후의 노무현 정부는 5년 단임제하의 분점 상황을 자신의 무능력을 감추는 핑곗거리로 쓸 수 없다는 점이다. 노무현 정부의 초기 1년은 여소야대의 분점 상황이었고, 노 대통령이 '못해 먹겠다'는 말을 하는 것을 이해해 줄 만한 구석도 없지 않았다. 하지만 17대 총선에서 탄핵 역풍에 힘입어 열린우리당은 의석의 절반을 조금 넘기는 거대 정당으로 도약했다. 비록 지금은 선거법 위반에 따른 잇따른 의석 상실 때문에 절반에 조금 못 미치고 있지만 열린우리당은 여전히 원내 제1당의 위치를 고수하고 있다. 따라서 적어도 2004년 이후만 놓고 본다면 노무현 정부는 앞선 세 민주정부보다도 월등히 유리한 원내 구도 위에 있다고 할 수 있다. 그러나 이

기간 동안 노 정부가 보여 준 성과는 정말 보잘것없다. 성장, 분배, 외교, 북한문제 등 어느 것 하나 제대로 한 것이 없다. 이러한 실패를 분점 상황 탓으로 돌릴 수 없자 노 대통령이 마지막으로 들고 나온 것이 5년 단임제 탓이 아닌가 싶다. 하지만 이것도 적실성 있는 핑곗거리는 아닌 것 같다. 같은 5년 단임을 해도 언행과 성과 면에서 '준비된 대통령'과 '준비되지 않은 대통령' 사이에는 너무나 큰 차이가 있기 때문이다.

결국 5년 단임제와 분점 상황에서 오는 부작용을 극복할 수 있는 궁극적 해결책은 제도보다는 사람에게 있다. 그렇다고 해서 제도가 지닌 중요성을 부인하는 것은 절대 아니다. 국가 발전에서 헌법을 위시한 제도 개선이 지니는 중요성은 매우 크다. 그러나 '제도(개선)만능주의'는 위험하며, 역시 그 속에서 활동하는 행위자, 특히 지도자의 중요성이 다시 한 번 강조될 필요가 있다. 더구나 지금처럼 노 대통령과 진보 진영이 자신들의 실패를 덮을 구실을 제도에서 발견하려는 태도에 대해서는 동의하기 어렵다. 현 정부의 실패는 명백히 사람의 실패이며, 지난 4년을 돌아보면서 4년 연임이 아니라 5년 단임인 제도(헌법)에 감사하는 사람이 다수임을 알아야 한다.

(조선일보, 2007. 1. 13.)

총선이 답이다

일어나지 않았으면 더 좋았을 일이 벌어졌다. 국회의 탄핵소추 의결은 절차적 정당성 면에서는 별문제가 없었다. 이 점에서 헌정 중단이 아니라 헌법 절차에 따른 것이라는 말이 맞다. 그러나 실질 적 정당성 면에서는 논란의 여지가 있다. 야당이 나열한 세 가지 사유가 과연 대통령을 탄핵할 만한 사안이었는가에 대해서는 의문 의 여지가 있기 때문이다.

어쨌든 일은 벌어졌고 수습하는 일만 남았다. 몇 가지 해결의 시 나리오를 생각해 볼 수 있다. 첫째는 헌법 절차에 따라 헌법재판소 의 결정을 기다리는 것이다. 헌재는 가부(可否) 외에 기각 결정을 내릴 수 있는데, 기각도 크게 보면 부에 속한다. 둘째는 대통령과 야당 중 어느 한쪽이 양보하는 방안이다. 대통령의 양보는 사퇴로, 야당의 양보는 탄핵소추 철회로 나타날 수 있다. 그러나 탄핵 사태 이후 여론동향이 대통령에게 유리하게 돌아가고 있는 판국에 대통 령이 양보할 것 같지 않고, 야당 역시 여기서 밀리면 끝이라는 심 정이어서 후퇴할 것 같지 않다. 마지막으로 대통령과 국회가 같이 물러서는 방안이 있다. 이런 사태를 초래한 데 대해 대통령과 국회(여야)가 함께 국민에게 사과하고 정국을 탄핵 소추 이전으로 원위치로 시키는 것이다. 국가적으로 볼 때는 이것이 모두가 사는 윈-윈 전략이다. 그러나 대통령의 상처받은 자존심이 이를 용납할지 의문이고, 상승기류를 타고 있는 여당도 받아들이기 어려우며, 야당 역시 정치적으로 손해만 보고 물러설 것 같지 않다.

결국 헌재의 결정을 기다리는 것 외에는 별 뾰족한 수가 없는 게 작금의 현실이다. 다만 한 가지 다행스러운 것은 4·15 총선이 목전에 있다는 사실이다. 탄핵 정국이 벌어진 직접적 원인이 총선 전략 때문이지만, 총선은 이 딜레마를 풀 수 있는 실마리도 제공해 줄 수 있다.

근본적인 차원에서 볼 때 현재의 탄핵 사태는 여소야대 정국하에서 지난 1년 동안 계속된 의회와 대통령의 힘겨루기의 연장선상에 있다고 할 수 있다. 사실 이것은 한국만의 문제라기보다는 대통령제 자체에 내재된 문제이다. 대통령제하에서 국민은 대선과 총선을 통해 대통령과 의회에 서로 다른 정당성을 부여한다. 만약 두 선거의 결과가 일치해 여대야소가 되면 두 정당성이 합치되지만, 여소야대가 되면 이중의 정당성이 발생한다. 후자의 경우를 흔히 분점(分占)정부(divided government)라고 하는데, 이 경우 이중의 정당성은 서로 충돌할 수 있으며, 그 가장 극적인 표현이 탄핵이다. 이렇게 볼 때 탄핵은 대통령제 속에 잠재성으로서 항상 내재되어 있다고 할 수 있다.

대통령제하에서 이중의 정당성이 충돌할 경우 어느 것이 우선하는가에 대한 정답은 없다. 우리 헌법은 이 문제에 대한 결정을 별도의 헌법기관인 헌재에 맡기고 있다. 따라서 헌법 절차에 따라서 헌재의 결정을 기다리는 것이 교과서적으로는 정답인지도 모른다.

그러나 다행히도 대통령제하에서 국민이 부여하는 두 가지 정당성 중 하나를 확인할 수 있는 절차인 총선이 우리의 목전에 있다. 대의민주주의에서 국민의 '일반의지'는 선거를 통해서만 드러나며, 총선은 그것을 가늠할 수 있는 중요한 두 절차 중 하나이다. 더구나 이번 총선은 탄핵 사태로 인해 그 의미가 남다르게 되었다. 그것은 단순히 국회의원을 선출하는 것을 넘어서 대통령에 대한 신임 여부를 판가름할 수 있는 척도를 제공해 줄 수 있는 의미를 지니게 되었다.

따라서 필자는 헌재의 결정을 기다리지 말고 총선 결과가 나오면 그것을 척도로 삼아 국회와 대통령이 탄핵 문제에 대한 결말을 지을 것을 제안하고 싶다. 여당이나 범야당 중 어느 한쪽이 반수를 훨씬 넘는 경우와 같이 결과가 분명하면, 야당이나 대통령은 즉각 철회든 사퇴든 행동을 취해야 한다. 어느 쪽도 과반에 미달하면서 의석이 황금분할 되는 식으로 애매한 결과가 나올 수도 있다. 4당 구도하에서 어쩌면 이것의 확률이 가장 높을지도 모른다. 만약 이런 결과가 나오면 양쪽이 모두 양보해야 한다. 총선에서 드러난 민의가 극단적 대결을 피하는 것이라면 정치권 전체가 그것을 수용해야만 하지 않겠는가.　　　　　　　　　　　(조선일보, 2004. 3. 17.)

책임총리제 총선에 맡겨야

책임총리제로의 개헌 문제가 다시 정치권의 화두로 떠올랐다. 현행 대통령제의 문제점을 개선하기 위해 책임총리제를 고려하는 것은 의미 있다고 본다. 다만 두 가지가 문제인데, 하나는 각 당이 정략적 발상에서 이 문제를 개헌의 차원으로 접근하고 있다는 점이고, 다른 하나는 개헌의 근거로 제왕적 대통령제의 폐해만을 들고 있지 대통령이나 의회의 무책임성은 간과하고 있다는 점이다.

현재 한국은 분점(分占)정부(divided government), 풀어 말하면 여소야대의 상황이다. 그것도 야당이 합심하면 의석의 3분의 2를 쉽게 넘을 수 있을 정도로 불균형적인 여소야대이다. 이런 상태에서 제왕적 대통령제를 운운하는 것이 과연 얼마나 설득력이 있을까.

그동안 언론과 학계에서는 한국의 정치발전을 가로막는 가장 큰 병폐의 하나로 제왕적 대통령제를 꼽았다. 대통령 한 사람에게 지나치게 많은 권한이 집중되어 있는 것이 한국 민주주의의 발전을 가로막는 중요한 요인이라는 것이다. 이 말은 원론적으로는 맞다.

그러나 두 가지 점에서 문제가 있는데, 하나는 원내 상황이 여당에 비해 야당이 압도적으로 우세한 불균형 상태로 바뀌어 국회가 대통령을 어느 정도 견제할 수 있게 되었는데도 야당은 관성적으로 이 논리만을 들먹이고 있다는 점이다.

또 하나는 이들이 제왕적 대통령제의 이면에 '대통령 무책임제(presidential unaccountability)'라는 더 심각한 문제점이 도사리고 있다는 점을 간과하고 있다는 사실이다. 민주주의에서는 권한이 클수록 책임 또한 커야 한다. 그러나 한국의 대통령은 모든 권한을 다 소유하고 있는 것처럼 보이지만 그에 걸맞은 책임은 지려고 하지 않는다. 대통령이 공(功)은 모두 차지하려고 하지만, 문제가 생겼을 경우 스스로 책임지기보다는 속죄양을 찾기에 급급했던 것이 한국 정치의 관례였다. 이때 가장 손쉬운 속죄양이 총리나 장관이었다. 만약 이러한 대통령의 책임전가 습관에 대통령 자신의 자질과 능력 부족까지 더해진다면 사태는 더욱 심각해질 것이다.

이렇게 본다면 한국 정치가 기능마비 상태에 빠진 것이 단지 제왕적 대통령제 탓만은 아니다. 가장 강하게 보이는 대통령이 가장 무책임한 대통령이 되는 이율배반성이 한국 정치를 현재와 같은 구렁텅이로 몰아넣고 있다. 여기에 분점정부하에서 수적으로는 다수이면서 책임 있는 행동을 보여 주지 못하는 야당의 공헌(?)도 적지 않다.

책임총리제나 분권형 대통령제는 이러한 문제점을 교정하는 방안이 될 수 있다. 대통령에게 집중된 권한을 총리에게 분산시켜 책임을 지움으로써 대통령의 제왕적 성격을 완화하고 동시에 대통령의 능력 부족에서 오는 위험부담을 분산시킬 수도 있다. 아울러 덩치에 걸맞은 책임성을 보여 주지 못하는 원내 다수당에 국정 책임을 분담시키는 효과도 기대해 볼 수 있다.

그러나 이것을 위해 개헌까지 해야 하는지는 의문이다. 현행 헌법하에서도 국민적 합의를 기초로 운용의 묘를 살리면 유사한 효과를 거둘 수 있을 것 같기 때문이다. 이를 위해서는 우선 각 당이 총선 전에 다음과 같은 협약을 맺는 것이 필요하다. 총선 결과 과반수 의석을 얻은 정당이나 정당연합에 책임총리를 지명할 권한을 주고, 그에게 외교와 국방을 제외한 나머지 분야에 대해 국정책임을 맡기겠다는 협약이다. 이것은 국민 앞에서 체결한다는 점에서 사회적 협약(social pact)의 성격을 띨 것이며, 그 점에서 정치인들끼리 밀실에서 맺는 약속과는 다르다.

이런 협약 위에서 각 당은 내년 총선부터 예비내각의 명단과 선거공약집을 내걸고 국민의 심판을 받았으면 좋겠다. 이것은 총선을 더 이상 정치꾼(politician)들의 싸움이 아닌 국정책임자(statesman)들의 경쟁으로 격을 높이는 데도 도움이 될 것이고, 아울러 총선 전에 체결한 사회적 협약에 무게를 실어 주는 효과도 있을 것이다.

이제 우리도 권력구조 때문에 개헌을 거듭하는 타성에서 벗어나야 한다. 현행 헌법을 기초로 한 '1987년 체제'는 최선은 아니지만

지킬 가치가 충분히 있는 것이다. 그것은 민주화를 향한 국민의 피
와 땀이 배어 있는 체제이기 때문이다.

(동아일보, 2003. 11. 14.)

인사청문회의 교훈

정치에서도 투명성이 화두로 등장했다. 금융위기 이후 우리 사회에서 가장 강조된 것이 글로벌 스탠더드였고, 그 핵심은 투명성이었다. 그 사이 사회 각 부문은 이 기준에 다가서기 위해 상당히 노력했고, 어느 정도 성과도 거두었다. 그러나 정치권만은 예외였다. 그들은 개혁을 완강히 거부한 채 어둠의 지대로 남고자 했다. 그런데 정치권에도 투명성이라는 빛이 스며들기 시작했는데, 그 계기가 바로 인사청문회제도의 도입이었다.

지난 6월 '인사청문회법' 제정 이후 우리는 두 차례의 총리인사청문회에서 두 지명자가 모두 혹독한 검증을 거쳐 인준획득에 실패하는 모습을 보았다. 그러다 보니 인사청문회가 바늘구멍 통과하기보다 어렵다는 말도 나오고 있다. 그러나 길이 전혀 없는 것은 아니다. 투명성이 그 답이다. 스스로 삼가면서 투명하게 살아온 사람은 어렵잖게 바늘구멍을 통과할 수 있다.

이 점에서 청문회가 전 국민, 특히 고위 공직을 염두에 두고 있는 사람들에게 준 교육효과는 상당하다. 현재 인사청문회 대상은 국무총리, 대법원장 및 대법관, 헌법재판소장 및 헌법재판관, 감사원장, 중앙선거관리위원장이다. 그러나 한나라, 민주 양당 모두 청문회 대상을 국가정보원장, 검찰총장, 국세청장, 경찰청장, 금융감독위원장 등으로까지 확대하자는 공약을 내놓고 있다. 따라서 이러한 직위를 원하는 사람은 앞으로 청렴과 투명을 삶의 지표로 삼아야 한다는 교훈을 얻게 되었다.

그렇다고 두 번의 청문회가 모두 만족스러운 것은 아니었다. 특히 청문회의 내용이 부실했다는 평가가 많았다. 그 원인은 우선 청문회 준비기간과 청문기간 자체가 부족했기 때문이다. 미국의 경우 수개월에 걸쳐 공직후보자에 대한 사전검증과정이 진행되는 데 반해 우리는 고작 일주일 정도의 준비기간과 이틀의 청문회가 있었을 뿐이다. 이래서는 제대로 된 검증이 이루어질 수 없다. 청문위원들의 자료제출 요구에 대해 국세청 등의 행정기관이 자체 법규를 내세워 협조하지 않은 것도 개선되어야 한다. 공직지명자에 대한 제대로 된 검증이 이루어지기 위해서는 인사청문특위가 필요한 자료에 접근해서 조사할 수 있는 권한을 보다 강화시켜 주어야 한다.

그러나 이렇게 제도를 개선해도 그것을 운영하는 정치인들이 제대로 하지 않으면 효과가 반감된다. 이 점에서 두 번의 청문회를 부실하게 만든 책임의 상당 부분은 정치권에 있다고 할 수 있다. 청문회의 강도와 인준 여부가 각 당의 정략적 판단에 좌우된 바 크기 때문이다. 우선 각 당이 인준 여부를 자유투표에 맡기지 않고 당론으로 정한 것부터 문제다. 청문회에서 충분한 검증이 이루어졌으면 표결은 의원 개개인의 판단에 맡겨야지 당론이라는 이름 아래 그들에게 가부를 강요하는 것은 바람직하지 못하다. 특히 김대중 대통령과 결별하고 '신당'을 만들기로 한 민주당이 도덕적으로 흠이 많은 지명자를 단지 김 대통령이 지명했다는 이유만으로 당론으로 지지하는 것은 어떻게 설명될 수 있을지 모르겠다. 그리고 이런 불합리한 일이 벌어지고 있는데도 각 당의 대선주자들이 이 문제에 대해 한마디 말이 없는 것도 이해가 안 된다.

이미 주사위는 던져졌다. 이제 청와대는 다른 총리지명자를 물색해야 하고, 각 당은 다음 청문회를 준비해야 한다. 바라건대 정치권은 이 문제로 극한대결로 치닫지 않았으면 좋겠다. 청와대는 위헌논란이 있는 총리서리를 성급히 새로 임명하지 말고 일단 절차에 따라 총리 직무대행을 지명했으면 좋겠다. 그리고 충분히 시간을 가지고 검증된 인물을 다음 지명자로 내세우길 바란다. 정치권도 이 사안으로 더 이상 감정싸움을 벌이지 말고 하루빨리 인사청문회제도를 개선하는 데 머리를 모아야 할 것이다.

현 정부의 임기가 6개월밖에 남지 않은 지금 한국 정치는 상당한 위기에 처해 있다. 권력을 잡고 싶어 하거나 그 언저리에 가고 싶어 하는 사람은 많지만, 이 시점에서 나라를 책임지겠다는 사람이나 집단은 전혀 없는 실정이다. 다가올 대선도 중요하지만 국민들에게 진정 필요한 것은 현재를 책임질 줄 아는 정치인이다. 총리문제도 이 맥락에서 생각되기를 바란다. (중앙일보, 2002. 8. 29.)

철저한 검증이 인준 잣대

새 총리 지명자에 대한 국회청문회와 임명동의안 처리가 다음 주로 다가왔다. 이것이 '혹시나'일지 '역시나'가 될지는 좀 더 지켜보아야 한다. 일각에서는 장상 총리지명자가 국회인준을 통과하지 못했던 것과 같은 사태가 되풀이되어서는 안 된다고 말한다. 하지만 인사청문회의 전통을 바르게 확립하기 위해서도 이번 검증절차는 공정하고 철저하게 이루어져야 한다. 인준 역시 청문회 결과를 지켜보고 결정해야 한다. 이 과정에 정치적 판단이 개재되어서는 절대 안 된다.

그런데 이번 청문회에 임하는 각 당의 자세가 어째 미덥지 못하다. 각 당은 집안문제에 사로잡혀 청문회에 크게 신경을 쓰지 못하고 있다. 민주당은 신당 창당을 둘러싼 당내갈등으로 이 문제에 관심을 기울일 겨를이 없고, 한나라당 역시 병풍(兵風)을 방어하느라 이 문제에 열의를 보이지 못하고 있다. 더 나아가 한나라당은 이번에 또 총리인준을 부결시킬 경우 다수의 힘으로 국정의 발목을 잡는다는 여론의 역풍을 맞을까 두려워하고 있는 듯하다.

그러나 정치적 판단이 청문회의 강도나 인준 여부를 결정해서는 곤란하다. 이번 청문회는 지난 6월 '인사청문회법'이 제정된 이후 두 번째 맞는 것이다. 이제 막 도입된 제도를 처음부터 정치색으로 오염시켜서는 안 된다. 정략적 이유 때문에 사람마다 청문회 강도를 달리하는 선례를 남겨서는 안 된다. 그 경우 지난번 장상 지명자에 대한 청문회와 대비되어 성차별이라는 비판에 직면할 수도 있다. 청문회는 어떤 선입견도 없이 절차에 따라 공정하고 철저하게 이루어져야 한다. 인준 역시 청문회 결과를 지켜본 후 의원 개개인이 판단해야지 사전에 정치적으로 결정할 문제가 아니다.

현재 장대환 총리지명자에 대해 언론과 시민단체로부터 여러 가지 의혹이 제기되고 있다. 재산증식과정에서 상속세 정당 납부 여부, 부동산 투기의혹, 우리은행 거액대출경위 및 용처, 자녀위장전입 여부, 현 정권과의 유착 여부 등이 그것이다. 개인의 도덕성과 관련되는 이러한 의문점들은 청문회과정에서 한 점 의혹이 없도록 철저히 밝혀져야 한다.

그러나 청문회가 개인의 도덕성을 검증하는 것으로 그쳐서는 안 된다. 이 점에서 지난번 장상 지명자에 대한 청문회는 반쪽의 성공에 그쳤다고 할 수 있다. 지난 청문회는 지나치게 도덕성 문제에 집착하는 바람에 지명자의 국정운영능력에 대한 검증을 소홀히 할 수밖에 없었다. 이번에는 이러한 실수가 반복되지 않기를 바란다.

이 점에서 정치권은 현시점에서 총리에게 요구되는 자질이 무엇인지를 생각해 봐야 한다. 지금 우리 사회는 지역, 계층, 이념, 이익집단 등 온갖 갈등으로 분열되어 있으며, 그것이 선거철을 맞아 더욱 심하게 표출되고 있다. 그리고 부처 간의 알력도 심심찮게 불거져 나오고 있다. 차기 총리는 타협과 조정을 통해 이러한 갈등과 대립을 화합과 포용으로 바꿀 수 있는 사람이어야 한다.

현 정부의 임기는 6개월밖에 남지 않았다. 이런 시점에서 차기 총리는 적극적으로 일을 벌이는 의욕이 지나친 사람보다는 현 정부가 지금까지 벌여 놓은 일을 설거지하여 마무리 짓는 수습형 인물이어야 한다. 특히 국가의 장래를 결정짓는 대형 프로젝트나 사업은 당장 추진하기보다 연구·검토에 그칠 수 있는 자제력을 지닌 사람이어야 한다.

현재 한국 정치는 유래 없는 경험을 하고 있다. 대통령이 자신의 정당인 민주당을 탈당하여 집권당이 사라졌고, 야당인 한나라당이 원내 과반수 의석을 확보하고 있는 가운데 양당은 대권을 위해 사생결단으로 싸우고 있다. 대통령의 건강이 걱정되는 가운데 헌법에도 없는 총리서리가 집무하면서 국회 인준을 기다리고 있다. 게다가 임기 말 권력누수의 심화로 공직사회는 크게 동요하고 있다. 한마디로 권력을 잡고 싶어 하거나 그 언저리에 가고 싶어 하는 사람은 많지만, 이 시점에서 나라를 책임지겠다는 사람이나 집단은 전혀 없는 실정이다. 이런 시점에 총리라도 중심을 잡아야 한다. 이를 위해 차기 총리는 한편으로는 정치권을 설득하여 국정에 대한 협조를 끌어낼 수 있는 정치력을 지녀야 하고, 다른 한편으로는 동요하는 공직사회를 다잡을 수 있는 장악력도 지녀야 한다.

　얼마 남지 않은 청문회에서 새 총리 지명자를 대상으로 정치권이 검증해야 할 자질은 바로 이런 것들이다. 도덕성과 함께 국정수행능력과 관련된 이러한 자질들이 분명하게 검증될 때 국민들은 새 총리를 환영할 것이고, 인사청문회라는 새 제도 역시 뿌리를 내릴 수 있을 것이다.

(동아일보, 2002. 8. 21.)

개헌, 그들만의 드라마

월드컵에서 한국팀의 선전이 각본 없는 감동의 드라마였다면, 최근 정치권 일각에서 제기되고 있는 개헌론은 속이 훤히 들여다보이는 엉성한 각본에 따른 식상한 드라마다.

한국 정계에서 선거만 다가오면 등장하는 단골메뉴들이 있다. 창당, 정계개편, 개헌 등이 그것이다. 이제 국민도 정계개편이나 개헌론이 불거져 나오면 선거가 멀지 않았구나 하고 짐작할 정도로 정치의식이 향상되었다. 이런 의제들은 더 이상 국민에게 신선한 감동을 주지 못한다. 그런데도 정치인들은 식상한 메뉴만을 들고 나온다. 정치의식 면에서 정치인이 국민을 따라가지 못하고 있는 것이다.

필요하면 개헌을 할 수도 있다. 어느 나라의 헌법이든 그 자체로 완성된 규범은 아니다. 우리 헌법 역시 미완성의 규범이며, 그런 점에서 개정에 대해 열려 있다. 특히 시대 변화에 따라 헌법규범과 헌법현실 사이의 괴리가 커지고, 그로 인해 국민들의 불편이 가중되면 헌법규범을 헌법현실에 접근시키는 개정작업이 필요하다. 개헌은 반드시 이러한 국민적 필요성과 공감대 위에서 시작되어야 한다.

그러나 근자의 개헌론은 일부 정치세력이 정략적 목적에서 졸속으로 추진하고 있는 것 같다. 현재 개헌을 거론하고 있는 정치인들은 주로 '이회창 대 노무현'이라는 양자 경쟁구도에서 소외된 사람들이다. 이들은 현재 여러 갈래로 나뉘어 있지만, 한 가지 공통된 이해관계를 지니고 있다. 이들은 정계개편, 즉 현재의 정치판을 뒤흔들어 놓고 싶어 한다. 그래야 자신들의 활동공간이 생기기 때문이다. 정계개편의 수단으로 이들이 찾아낸 것이 개헌이다. 개헌을 매개로 소외된 여러 세력이 결집해 현재의 양자구도를 깨 보자는 것이다.

이들은 개헌의 명분으로 '제왕적 대통령제'의 폐해를 들면서 대안으로 '분권형 대통령제' 내지는 '이원집정부제'를 내세우고 있다. 현재의 대통령제가 많은 문제점을 보인 것은 사실이다. 하지만 그것을 분권형 대통령제로 바꾼다고 해서 문제가 개선된다는 보장은 없다. 제왕적 대통령제의 문제점은 현행 헌법의 틀 내에서도 어느 정도 개선이 가능하다. 국무총리가 헌법에 보장된 권한을 실질적으로 행사할 수 있게만 해 주어도 이 문제는 상당히 해결된다. 총리에게 실질적인 각료제청권(87조 1항)을 주고 대통령에 대한 국정보좌권(86조 2항)을 강화시켜 주어야 한다. 현재와 같이 대통령이 비대한 청와대 조직을 근거로 국정에 일일이 간섭하는 대신 총리에게 상당 권한을 위임하고 대신 책임을 묻는 방식으로 국정이 운영되어야 한다. 이 모든 것은 개헌 없이 현재의 헌법 틀 안에서 운영의 묘를 살리면 충분히 가능하다.

그런데도 일부 정치인들이 분권형 대통령제로의 개헌을 주장하는 것은 그것이 소외된 여러 세력을 하나로 묶는 데 가장 유리하기 때문이다. 대표주자가 너무 많은 상황에서 그들을 엮기 위해서는 권력을 나누는 것이 가장 좋은 방법일 것이다. 그러나 개헌이 정략적 수단이 되어서는 안 된다. 앞서 언급했듯이 그것은 국민적 공감대가 전제될 때 추진되어야지 집권의 수단으로 제기되어서는 곤란하다. 더구나 분권형 대통령제는 한국 정치의 고질병인 지역주의를 온존·강화시킬 우려도 있다. 이 제도가 대통령과 총리를 특정 지역들이 나눠 갖는 식으로 운영된다면 3김의 퇴장으로 자연적으로 약화될 수도 있는 지역주의가 다시 살아날 수도 있을 것이다.

이렇게 개헌이 추진의도와 과정, 내용 모두에서 문제가 많은데도 일부 정치인은 1987년의 예를 들며 연내개헌이 가능하다고까지 말한다. 그러나 그들은 중요한 사실을 간과하고 있다. 1987년에 개헌이 가능했던 것은 그 이전의 민주화 투쟁을 통해 수많은 희생이 있었고, 전 국민이 직선제 개헌을 열망했다는 사실이다. 이에 비해 현재의 개헌론은 '당신들의 열망'에 불과하다.

이번 월드컵에서 한국팀은 각본 없는 드라마를 연출했고, 우리 국민뿐 아니라 전 세계가 그에 감동했다. 그러나 잊어서는 안 될 것은 이러한 드라마를 연출하기 위해 우리 축구팀이 지난 500여 일 동안 뼈를 깎는 노력을 기울였다는 점이다. 노력 없이 감동은 불가능했다. 현재의 헌법에 문제가 있다고 생각하는 정치인이라면 시간을 두고 국민적 공감대를 형성하려는 노력을 먼저 기울여야 한다. 그것만이 국민들에게 '감동의 정치'로 다가올 것이다.

(동아일보, 2002. 7. 8.)

패자만 있는 게임

신승남 검찰총장 탄핵안 처리 무산에 따라 연말 정국이 급랭하고 있다. 전체적으로 보면 이 게임은 모두가 룰을 지키지 않았고, 그 결과 승자는 없고 패자만 있는 게임이 되고 말았다. 모두가 얻은 것은 없고 잃은 것만 많은 게임을 벌인 것이다. 어디서부터 문제가 꼬였는지 복기(復碁)해 보자.

우선 법리상으로나 정치적으로 볼 때 이번 탄핵안은 상정되지 않는 것이 좋았다. 그동안 신 총장과 검찰이 보여 준 각종 의혹과 불공정성을 생각할 때 한나라당이 탄핵안을 제출한 심정은 충분히 이해된다. 그러나 검찰총장은 헌법과 법률상 탄핵대상이 아니라는 주장이 있는 만큼 한나라당은 탄핵 발의에 앞서보다 신중한 법리 검토를 거쳐야 했다. 일의 순서 면에서도 한나라당은 탄핵 문제보다는 이미 시기를 놓친 예산안이나 민생법안에 대한 심의를 먼저 했어야 했다.

탄핵안이 통과되건 않건 간에 그 결과는 정국의 냉각으로 갈 수밖에 없다. 그렇다면 이 시점에서 한나라당이 정국을 얼어붙게 만들어 무엇을 얻으려고 하는지 이해가 가지 않는다. 오히려 이번 일은 내년 양대 선거를 앞두고 한나라당이 너무 성급하게 검찰과 같은 권력기관을 견제하려 한다는 오해를 불러일으킬 수도 있다. 따라서 한나라당은 신 총장 해임요구로 정부와 민주당을 계속 압박하면서 원내에서 예산안과 민생법안에 치중해 국민에게 보다 다가서는 책임 있는 정당임을 보여 주는 게 더 나았을 것이다.

더 이해할 수 없는 것은 탄핵안이 무산되는 과정에서 민주당과 자민련이 보여 준 룰을 무시하는 태도이다. 표결에 참여하지 않고 퇴장한 자민련이나 의석에 앉아 있으면서도 투표하지 않은 민주당의 행위는 어떤 이유로도 용납되기 어렵다.

김대중 대통령의 총재직 사퇴 이후 민주당은 우리 정치사에서 보기 드문 실험을 하고 있다. 당권·대권 분리라든지 예비경선제 등이 그것이다. 이러한 민주당의 움직임은 모두 **DJ** 이후 당이 홀로 서기에 성공하느냐를 둘러싼 노력이라고 볼 수 있다. 민주당의 홀로서기는 몇 가지 새로운 제도를 도입한다고 하여 성취되는 것은 아니다. 당의 구성원, 특히 소속의원 각자가 당론에 짓눌리지 않고 개별 입법기관으로서의 모습을 명실상부하게 보여 줄 때 그것은 가능해진다. 그러나 이번 사태에서 민주당 의원들은 당론을 추종하는 구태의연한 모습에서 한 치도 벗어나지 못했다. 이러고도 어떻게 민주당이 체질개선을 통해 홀로 설 수 있다는 것인지 걱정이 앞선다.

더구나 민주당은 이번에 감표거부를 통한 표결저지라는 새로운 선례를 한국 정치사에 남기게 되었다. 이제까지 퇴장, 농성, 의사진행방해 등 갖가지 방법이 국회 내에서의 표결저지에 동원되었지만 감표거부는 없었다. 그런데 민주당이 이런 기상천외한 방법을 찾아냄으로써 앞으로 어느 정당이든 보다 손쉽게 표결을 저지할 수 있다는 자신감(?)을 갖게 되었다.

자민련은 이번에도 소수파의 위력을 유감없이 보여 주었다. 그러나 이번 사태는 국민들에게 자민련이 말하는 선택적 공조의 본질이 무엇인지에 대해 더 큰 의문을 품게 만들었다. 한나라당과 민주당 사이를 무원칙하게 기회주의적으로 오가는 것이 과연 자민련의 정체성이 아닌지 국민들은 자못 궁금해 하고 있다.

이렇게 각 당이 별 소득 없이 사태를 벼랑 끝까지 몰고 가 서로 대치하고 있을 때 가장 큰 피해를 입고 있는 것은 국민이다. 지금 국회에는 계류 중인 법안이 모두 610건이고, 이 중 이번 회기 안에 시급히 처리해야 할 민생법안이 약 120건 정도 있다. 내년도 예산안도 이미 12월 2일 법정처리시한을 넘긴 상태이다. 각 당은 지금이라도 소득 없는 냉각상태를 풀고 임시국회를 열어야 한다. 이 국회에서는 우선적으로 예산안과 민생법안을 처리해야 한다. 하지만 사태를 이렇게 만든 근본요인인 검찰총장의 정치적 중립성을 확보하기 위한 제도적 정비도 소홀히 해서는 안 될 것이다. 인사청문회 대상에 검찰총장이나 국정원장을 넣는 것이 그 예가 될 것이다. 이번 사태에서 정치권이 교훈을 얻어야 한다면 그동안 그들이 이런 제도적 장치를 정비하는 데 지나치게 소홀했으면서 성급하게 대결로만 치달으려 했다는 점이다.

(중앙일보, 2001. 12. 11.)

선거법 개정 서둘러라

헌법재판소가 자기개혁에 게으른 정치권에 일침을 놓았다. 정치가 국가발전을 가로막는 가장 큰 걸림돌이 된 지 오래다. 그런데도 정치권은 당리당략에 눈이 어두워 스스로 개혁하기를 거부했다. 작년 총선에서 시민단체들이 한 낙선운동은 절차상 문제가 적지 않았지만 스스로 변화하기를 거부하는 정치권에 외부로부터 개혁의 칼날을 들이댔다는 점에서 그 의의를 찾을 수 있다. 이번에 헌법재판소가 현행 국회의원 선거법의 일부 조항을 위헌이라고 판결한 것도 같은 맥락에서 생각할 수 있다.

헌법재판소는 1인1표제(146조)에 입각해 지역구에서 얻은 득표율을 기준으로 전국구 의석을 배분(189조)하도록 되어 있는 현행 선거법은 헌법에 명시된 직접선거 및 평등선거의 원칙에 위배된다고 밝혔다. 그리고 입후보자 2,000만 원 기탁금제(56, 57조)도 헌법에 보장된 국민의 참정권을 제약할 소지가 있다고 판결했다. 정치권은 현행 선거법에 이러한 문제가 있음을 이미 알고 있었다. 하지만 그들은 당리당략과 기득권 보호 때문에 이러한 조항을 고치기를 거부했고, 그것이 오늘날과 같은 타율적 개혁을 초래하게 만든 것이다.

이제 정치권은 선거법 개정을 피할 수 없게 되었다. 비록 모양새는 좋지 않게 시작되었지만 정치권은 이 개정작업을 훌륭하게 마무리 지어서 그동안 잃은 국민적 신뢰를 회복해야 한다. 이를 위해 가장 중요한 것은 각 당이 이 작업을 정략적 차원보다는 국가의 장래가 달린 정치개혁을 한다는 차원에서 임해야 한다는 점이다. 선거법 개정작업에는 각 당의 이해관계가 서로 엇갈리는 많은 쟁점들이 있다. 선거구의 크기, 지역구와 비례대표의 비율, 정당명부제의 도입 여부, 정당명부제의 구체적인 방식(전국단위냐 권역별이냐, 개방형인가 폐쇄형인가) 등을 어떻게 정하느냐에 따라 각 당의 득실이 서로 다르다. 그리고 이러한 득실이 미래에 달라질 수 있다는 데 문제의 복잡성이 있다. 다시 말해 앞으로 있을 대선에서 여야가 바뀐다면 각 쟁점에 대한 각 당의 이해관계 역시 달라지는 것이다. 바로 이 점 때문에 그동안 선거법은 항상 선거가 임박해서 '그 시점'에서의 각 당의 득실을 반영하여 절충되는 형태로 정해지곤 했다.

이번에도 이러한 우가 되풀이되어서는 안 된다. 이를 위해 정치권은 다음 두 가지 점에 유념했으면 좋겠다. 첫째, 내년 말에 대선이 있기 전에 선거법 개정작업을 끝내야 한다. 더욱 바람직한 것은 내년 6월 지방선거 전에 마무리하는 것이다. 다음 총선이 아직 3년 정도 남았는데도 이렇게 개정작업을 서두르라는 것은 그래야만 조금이라도 당리당략에서 벗어난 선거법을 만들 수 있기 때문이다.

아직 내년 대선의 결과를 점치기 어려운 시점에서 개정작업이 이루어진다면 각 당은 역지사지(易地思之)의 입장에서 현재의 자기 이해관계만을 주장하기 어려울 것이다. 여야는 앞으로 입장이 바뀔 수도 있음을 상정하고 선거법 개정작업에 임할 것이고, 그 경우 선거법 개정이 정략에 흐를 가능성은 그만큼 줄어들게 되는 것이다. 그리고 현행 광역의회의 비례대표의원도 국회의원 선거와 같은 방식으로 배분되느니만큼, 내년 6월 이전에 법 개정을 마무리 지어서 지방선거에서는 헌법정신에 맞게 비례대표의원이 배분되기를 바란다.

둘째, 선거법 개정작업에 국회의원뿐 아니라 중립적인 전문가를 가급적 많이 참여시킬 필요가 있다. 이러한 정치인과 전문가의 조화는 새로운 법이 정략에 빠지는 것을 경계하면서 아울러 현실을 무시한 채 지나치게 당위로 흐르는 것도 막을 수 있게 해 줄 것이다.

지금 정치권에 가장 필요한 것은 자율성과 자정(自淨)능력을 동시에 회복하는 일이다. 그동안 정치권은 자정능력이 결여된 자율성을 누렸고, 그것이 그들을 부패하고 나태하게 만들었다. 이번 위헌판결은 자정능력을 잃은 정치권에 대해 헌법재판소가 타율적으로 개혁을 요구한 것이다. 앞으로 진행될 선거법 개정작업에서 정치권이 과연 자정능력을 보여 줄 수 있을지 지켜볼 일이다.

(조선일보, 2001. 7. 30.)

국가가 시장에서 발 뺄 때 아니다

최근 두 갈래의 개헌논의가 일고 있다. 정치권에서는 헌법의 권력구조조항을 고치자는 주장이 끊이지 않고 나오고 있고, 전경련에서는 헌법의 경제조항을 수정해야 한다는 주장을 내놓고 있다.

그런데 대다수 국민들은 정치인들이 주장하는 개헌논의만 알고 있고, 전경련이 제기한 개헌논의에 대해서는 거의 모르고 있다. 정치권에서는 주로 차기 주자군(走者群)에 속하는 사람들이 헌법의 권력구조를 임기 4년의 대통령 중임제와 정부통령제로 바꾸자고 주장하고 있다. 이에 대해서는 대부분의 사람들이 신문지상을 통해 그 내용을 충분히 파악하고 있다. 그러나 전경련을 중심으로 제기되고 있는 또 하나의 개헌론에 대해 인지하고 있는 사람은 거의 없는 것 같다.

지난 1월 25일 전경련은 "우리 헌법의 경제조항이 지나치게 많으므로 대폭 정비할 필요가 있다."는 요지의 연구보고서를 발간했다. 헌법의 경제 관련 조항이 서구 선진국에서는 아예 없거나 있어도 4개를 넘지 않는데 우리 헌법에는 무려 15개나 있고 또 그 내용도 너무 구체적으로 규정되어 있으므로, 이제 재검토할 필요가 있다는 것이 이 연구보고서의 내용이었다. 대부분의 신문은 한 귀퉁이 정도를 할애해 이것을 보도했지만, 이에 주목한 독자는 거의 없었다.

전경련의 주장에 귀 기울일 바가 전혀 없는 것은 아니다. 실제로 우리 헌법의 경제조항을 보면 국가는 성장과 안정, 분배정의, 독과점 규제 등을 위한 개입뿐 아니라 국토개발과 농어촌개발을 위한 계획수립 및 대외무역 육성을 위한 규제와 조정도 할 수 있도록 되어 있다. 이러한 광범위한 국가개입은 경제개발 초기에는 상당한 효과를 발휘했으나 성숙단계로 들어선 현시점에서는 분명 재고의 여지가 있다.

그럼에도 불구하고 우리가 전경련의 개헌주장에 선뜻 동의하지 못하는 것은 그것이 근본적으로 국가개입 철폐와 시장주도경제라는 신자유주의적 주장과 궤를 같이하고 있기 때문이다. 전경련은 이미 오래전부터 일부 학자들의 연구보고서 형식을 빌려 헌법의 경제조항을 없애야 한다는 주장을 해 왔다. 이번 보고서도 이러한 노력의 일환으로 이루어진 것이라는 점에서 우리는 경계의 눈초리를 늦출 수 없다.

국가의 경제개입에는 두 종류가 있다. 하나는 자본형성과 축적을 주도하는 신중상주의적 개입이고, 다른 하나는 사회적 복지 내지는 재분배를 달성하기 위한 개입이다. 이제까지 한국에서 이루어진 국가 개입은 주로 급속한 성장을 위한 신중상주의적 개입이었다. 그것은 서구 사회가 보여 준 복지 내지는 재분배를 위한 개입과는 질적으로 달랐다. 복지나 재분배를 위한 사회적 기반이 채 구축되지 않은 한국에서 시장으로부터 국가의 전면 철수를 주장하는 것은 참으로 무책임한 일이다. 한국에서는 여전히 국가의 역할이 남아 있다. 시장에 개입하려는 의지를 지닌 국가는 여전히 필요한 것이다. 다만 개입의 내용은 달라질 필요가 있다. 과거와 같은 장기개발계획은 이제 한국에서 어렵고 또 바람직하지도 않다. 그러나 단기적으로 구조조정을 완수하기 위해 국가는 필요하며, 보다 장기적으로는 공동체를 유지하기 위한 사회안전망의 확충이라든지 내용이 달라진 산업정책(예컨대 첨단기술산업이나 지식정보산업의 발전을 위한)을 시행하기 위해서도 여전히 필요하다. 따라서 한국이 지향할 바는 시장으로부터 국가의 철수가 아니라 다른 내용으로 시장에 개입하는 국가이다.

전경련이 주장하듯이 현시점에서 헌법의 경제조항은 손볼 여지가 분명 있다. 그러나 그 방향과 내용은 전경련의 주장과 거리를 두어야 한다. 전경련은 경제조항의 철폐나 대폭 정비를 요구하고 있다. 그러나 우리 헌법에서 개발을 위한 개입을 규정한 조항(국토 및 농어촌개발과 대외무역 육성을 위한 개입)은 수정될 필요가 있지만, 복지와 재분배를 위한 개입을 규정한 조항(분배정의나 독과점 규제를 위한 개입)은 오히려 강화되어야 한다. 이 점을 인식하지 못한다면 우리는 삶을 시장의 독재에 의탁할 수밖에 없게 된다.

시장의 독재는 우리가 과거에 겪었던 국가의 독재보다 겉은 부드
럽지만 속은 훨씬 가혹할 것이다.

(주간동아, 2001. 2. 22.)

돈 덜 쓰려는 노력 먼저 해야

중앙선관위에 따르면, 16대 총선 후보자 1,037명이 신고한 1인당 평균 선거비용은 6,361만 원이고, 지역구 당선자 227명의 평균 선거비용은 8,775만 원이라고 한다. 이번 선거의 법정비용 한도액이 평균 1억 2,600만 원이었는데, 대부분의 후보자들이 그것의 절반 정도밖에 쓰지 않았다는 것이고, 당선자들조차도 70% 정도만 썼다는 말이 된다.

선거과정에서 '20낙(落) 30당(當)' 식의 말을 들어 온 국민들에게 이러한 수치는 전혀 현실감이 있어 보이지 않는다. 중앙선관위도 후보자들의 선거비용 신고가 유권자들의 체감선거비용과 너무 동떨어진다는 점을 인정하고, 강도 높은 실사를 벌여 허위신고가 드러나면 8월까지 검찰 고발, 수사의뢰 등의 조치를 취할 것임을 공언했다.

이에 대해 정치인들은 선거법 자체가 도무지 지킬 수 없게 만들어졌다고 항변하면서, 선거비용을 현실화시켜 줄 것을 요구하고 있다. 이러한 주장이 전혀 근거가 없는 것은 아니다. 일부 개선할 점도 있기 때문이다. 그러나 선거비용 현실화 문제는 기본적으로 선거공영제의 원칙과 어긋나지 않는 방향에서 이루어져야 한다. 아울러 정치인들은 우리의 법정선거비용 한도액이 결코 작지 않다는 사실을 인식하고, 비용현실화를 요구하기 전에 먼저 막대한 선거비용을 줄이려는 노력부터 기울여야 함을 상기시키고 싶다.

정부는 선거비용을 줄이기 위해 비용의 상당 부분을 국고에서 보전해 주는 선거공영제를 시행하고 있다. 이에 따라 지난 15대 총선에 출마한 후보자들은 총 84억 5,600만 원을 국고로부터 보전받았으며, 이번에 나온 후보들은 213억 원 정도를 보전받을 것으로 잠정 집계되었다. 금액이 이렇게 증가된 것은 지난 2월 선거법 개정에 따라 이번 총선부터 선거운동기간 중의 후보의 선거사무장, 회계책임자, 선거사무원 수당과 TV 및 라디오 방송연설비용, 공개장소에서의 연설·대담용 자동차, 확성장치 비용까지도 국가가 보전하게 되었기 때문이다. 따라서 이번 선거에서 후보자들은 유효투표 총수의 20% 이상을 득표하기만 하면 개인당 평균 5,686만 9,000원을 보전받게 되는데, 이것은 법정선거비용의 45%에 이르는 수준이다.

국가가 이처럼 국민이 낸 세금으로 후보들의 법정선거비용의 절반가량을 보전해 주는 것은 돈 덜 쓰는 선거를 정착시키기 위함이다. 그런데도 후보자들이 선거비용을 올리자고 주장하는 것은 막대한 재정을 투입해 시행하고 있는 선거공영제의 취지에 어긋나는 것이다. 따라서 후보자들은 비용현실화를 주장하기 전에 먼저 선거비용을 줄일 수 있는 여지가 없는지부터 고민해야 한다.

실제 선거비용 중 가장 큰 몫을 차지하는 것은 조직관리비 명목으로 지출되는 선거운동원들에 대한 인건비로 알려져 있다. 경기도의 민주당 후보 측 실무자가 "당선권에 진입한 후보는 보통 15~20억 원을 썼는데, 대부분이 조직가동비"였다고 말한 신문보도도 있었다. 후보자들은 바로 이런 쓸데없는 비용을 줄이는 데 지혜를 모아야 한다. 효과가 입증되지도 않으면서 동책, 통책, 반책을 두어야 하고, 그들에게 막대한 비용을 지불해야 하는 현실이 서글프지 않는가? 유세나 집회가 있을 때마다 일당을 주고 사람들을 동원해야 하는 현실 역시 비참하지 않은가? 디지털 시대로 접어든 이제 진공관 시대의 정치 행태를 그만두는 게 좋지 않겠는가?

그렇다고 해서 현행 선거비 산출 방식이 모두 좋다는 것은 아니다. 분명 개선의 여지가 있다. 특히 법정 선거일 이전에 이루어지는 사실상의 선거행위가 전혀 선거비용으로 인정되지 않는 문제점은 고쳐져야 한다. 현행법에 따르면, 의정보고활동 비용과 후보자 선출대회 비용, 선거사무소 설치 및 유지비용 등은 선거비용에 포함되지 않게 되어 있다. 그러나 사실 그것에 들어가는 비용이 만만치 않다. 따라서 이 모든 것을 합해서 선거비용을 산출하도록 법이 바뀌어야 한다. 그리고 이러한 비용을 산입(算入)한다는 조건으로 선거비용이 약간 현실화될 수는 있을지도 모른다. 그러나 그 경우에도 절대 선거공영제의 원칙과 취지에 어긋나는 수준이어서는 안 될 것이다.

(동아일보, 2000. 5. 19.)

대한민국 50년: 총리 위상

대한민국 정부수립도 어려웠지만, 초대 내각의 구성 역시 그 못지않은 난산(難産)이었다. 내각 구성은 첫 단계인 국무총리의 인준부터 벽에 부딪혔다. 이승만은 김성수, 신익희 등의 정치적 명망가들을 제쳐 두고 지명도가 낮은 북한 출신의 목사 이윤영을 국무총리로 지명했다. 그가 정치적 기반이 없어 자신에게 위협적이지 않았고, 북한 출신을 총리로 둠으로써 신정부가 북한 지역에 대해서도 대표성이 있음을 보여 주고 싶었던 것이 이승만의 계산이었다. 그러나 국회는 이윤영에 대한 인준을 거부했다. 우여곡절을 거쳐 결국 이범석을 초대 국무총리로 하여 내각은 구성되지만, 이승만으로서는 처음부터 곤욕을 치른 셈이었다.

이후의 한국 정치에서 대통령이 지명한 국무총리에 대한 국회의 인준거부는 드문 일이었다. 바로 이런 사태가 50년이 지난 현재에 재연되고 있다. 김대중 정부가 출범한 지 6개월여가 흘렀건만, 총리는 아직 서리 딱지를 떼지 못하는 촌극이 벌어지고 있는 것이다. 50년이란 시간 간격을 두고 유사한 사태가 벌어진 배경에는 원내 구성에서 여당의 열세, 소위 여소야대 국회가 있다. 그러나 과거에는 총리인준이 부결되자 이승만이 '우리 정치가 전제(專制)가 아님을 증명'한 것이라고 말하는 여유가 있었으나, 지금은 여야 간의 극한대립으로 개원조차 어려운 실정이다. 한국 정치도 그럭저럭 지천명(知天命)의 나이가 되었건만 과연 그동안 무엇이 나아졌는지 회의가 든다.

대통령중심제하에서 국무총리란 어차피 실세가 되기는 어려웠다. 법적으로는 총리에게 국무위원의 임명제청 및 해임건의권, 국회출석 발언권 그리고 총리령 제정권 등이 있었으나, 그것을 실제로 행사한 예는 드물었다. 많은 경우 총리는 의전용(儀典用)이거나 대통령의 방패막이 역할에 만족해야 했다. '대독'(代讀) 총리, '방탄조끼' 총리 등의 말들이 사람들의 입에 오르내렸던 것도 이런 탓이었다.

이런 경향은 군 출신이 집권한 3, 4, 5, 6공화국에서 더욱 강했으나, 문민화된 이후에도 이런 관성은 쉽게 깨지지 않았다. 이것을 상징적으로 보여 주는 일이 이회창파동이다. 그가 김영삼 대통령 부재 시 법적으로 국무총리에게 허용된 권한의 일부를 행사하려다 청와대와 마찰을 일으켜 사직한 일은 우리의 기억에 생생하다. 그리고 민주화 이후부터 대통령은 총리로부터 각료임명을 제청받는 형식을 취하기는 했으나, 그것이 전적으로 총리의 의사라고 생각하는 사람은 거의 없었다.

그래도 정치자 후계자나 이인자(二人者)가 총리가 될 때 상대적으로 실세로 부각되는 경우가 있었는데, 대표적 예가 김종필이었다. 그는 처음에는 박정희하의 이인자 지위로서 그리고 현재는 연합정권의 파트너 자격으로 총리를 지내고 있다. 그의 입지는 과거에 비해 현재가 낫다. 공동정권의 한 축으로서 독자적인 정당을 거느리고 있기 때문이다. 그가 이번에는 이런 정치적 기반을 바탕으로 명실상부한 실세 총리가 되고, 더 나아가 내각제하에서 국정을 총괄하는 초대 총리를 맡게 될지 두고 볼 일이다.

한편 한국 정치사에서 총리 직위가 폐지된 때도 있었다. 1954년 소위 사사오입(四捨五入) 개헌으로 국무총리제가 폐지되었던 것이다. 애초 한국 정부는 대통령중심제이면서 부통령과 국무총리를 동시에 두는 기묘한 모습으로 출범했다. 이것은 제헌헌법이 내각책임제적 요소가 가미된 대통령중심제였기 때문이다. 따라서 54년 개헌에서 국무총리제를 폐지한 것은 기형을 바로잡으려는 측면도 있었으나, 그 이면에는 정부에 대한 자유당의 권한을 강화하려는 이기붕 세력의 속셈도 깔려 있었다.

총리제가 부활되면서 총리가 명실상부한 실세이자 국정의 책임자로 부각된 것은 민주당 정부 때였다. 장면정부가 내각책임제를 채택했기 때문이었다. 그러나 한국 정치사에서 유일하게 총리가 대통령보다 권한이 강했던 시기는 오래 지속되지 못했다. 쿠데타를 통해 집권한 군부는 대통령중심제를 부활시켰다.

박정희 정부의 제일 목표는 경제개발이었다. 그것을 위해 경제를 기획·총괄하는 부처(경제기획원과 부총리 직위)를 새로 설치하는 한편 청와대의 비서실 기능을 대폭 보강시켰다. 한편 박정희는 정권의 안보를 위해 정보기관(중앙정보부)을 창설했고, 경호실의 위상을 강화했다. 이 모든 기구들은 기능적 필요에서 생겨난 것들이었지만, 궁극적으로는 권한 및 기능 면에서 국무총리와 경합관계에서는 수가 많았다. 특히 '어떤 직책의 권력의 크기는 대통령과의 물리적 거리에 반비례한다.'는 한국적 정치공식에 따라 중앙정보부장이나 비서실장, 경호실장 등이 총리의 권한을 넘어서는 경우도 많았다. 한국의 총리는 형식상으로는 일인지하 만인지상이었지만, 실제로는 끊임없이 안팎으로부터의 도전에 직면해야 했다.

IMF 사태 속에서 김대중 정부가 출범하면서 작은 정부와 함께 청와대의 기능축소를 공언한 바 있다. 이것이 실현되고 내각이 실질적인 책임행정을 구현할 수 있을지 지켜볼 일이다. 이 모든 것의 시금석이 국무총리의 위상정립이라고 할 수 있다. 총리가 헌법에 보장된 권한과 위상을 실질적으로 회복할 날을 기대해 본다.

(중앙일보, 1998. 8. 19.)

"국회는 몸으로 부딪치는 곳이 아니라 말로써 대화하고
타협하는 장으로 거듭나야 한다.
말이 안 통하니 몸이 고달프다."

chapter 05

정치문화의 개혁을 바라며

56년 만에 '진보' 복원된 국회

17대 총선 결과를 바라보면서 역사는 되풀이된다는 말을 실감한다. 이번 총선은 국회의 경쟁구도를 56년 전 제헌국회 상태로 되돌려 놓았기 때문이다.

이번 선거를 4·19 혁명 이후에 치러진 1960년 7·29 총선에 비교하는 것은 정확지 않다. 당시 선거에서 7명의 혁신계 의원이 국회로 진출한 것은 사실이지만, 원내에서 그들의 역할은 미미했다. 보수 세력인 민주당이 압도적 다수로 국회를 장악하고 있는 상태에서 한 줌도 안 되는 혁신계가 일할 수 있는 공간은 거의 없었다.

이에 비해 1948년 8월부터 1950년 6월까지의 국회에서는 상대적으로 진보적인 소장파 세력이 총 200여 석 중 40~50여 석을 점해 원내경쟁구도의 한 축을 이루면서 활발한 활동을 벌였다. 이들은 원내에서 남북협상을 통한 평화통일을 주장했고, 그를 위한 전제조건으로 외국군 철수결의안을 제출했으며, 친일파 처벌을 위한 반민특위 활동을 주도했다. 이들의 이러한 활동은 원외의 김구나 김규식 계열과 맥을 같이하는 노선이었다. 이들은 당시의 가장 중요한 경제적 쟁점인 농지분배와 귀속재산불하를 둘러싼 법안을 만들 때에도 근로대중, 즉 농민과 노동자의 이해관계를 상대적으로 대변하는 입장을 견지했다.

이들은 1949년 중반에 터진 국회프락치 사건으로 잠시 활동이 위축되었다가 1950년 5월 30일 치러진 제2대 총선에서 다시 부상한다. 조소앙, 원세훈, 안재홍, 장건상, 여운홍 등 10여 명의 진보적인 중도파 의원을 필두로 대략 50~60명 정도가 이승만 계열이나 한민당(정확히는 민국당) 계열과 성향이 구분되는 무소속 의원이었다.

그러나 이들은 국회가 개원하기도 전에 터진 한국전쟁 때문에 꿈을 펼치지도 못한 채 힘을 잃고 말았다. 좌우대립이 전쟁으로까지 비화된 상황에서 중간파에 허용될 수 있는 입지는 거의 없었다. 더구나 전쟁 중에 지도급 인물의 대다수가 납북됨으로써 이들은 선장을 잃고 표류하고 말았다. 이후 한국 국회에서 개별적인 차원에서는 극소수의 진보적인 의원이 있었지만, 조직적인 차원에서의 진보적 세력은 찾아보기 어려웠다.

17대 총선의 역사적 의미는 1950년 이후 단절되었던 조직적 차원에서의 진보세력을 다시 국회에서 볼 수 있게 되었다는 점이다. 이 경우 진보세력에는 민노당뿐 아니라 열린우리당 내의 진보적인 세력을 넣어서 생각해야 한다. 열린우리당 당선자 중에는 재야 및 학생운동권 출신과 개혁당 출신을 합쳐서 대략 40~50명 정도의 진보적인 인물들이 있다. 이들과 민노당 당선자 10명을 합치면 원내의 진보적인 의원은 50~60명 선이 된다.

물론 이들이 과연 숫자에 걸맞은 위력을 발휘할지는 열린우리당 내의 진보적 당선자들이 얼마나 독자적인 목소리를 낼 수 있을지와 민노당과 열린우리당의 공조가 어느 정도 잘 이루어질 수 있을지에 달려 있기는 하다. 이런 변수가 있기는 하지만 어쨌든 사안별로라도 이들 간에 공조가 이루어진다면, 국회는 56년 전 이승만, 한민당(민국당), 소장파 무소속 집단이 보여 주었던 이념적인 정립(鼎立)형 경쟁구도를 복원하게 된다.

세상은 많이 변했는데, 우리 정치는 56년 전으로 회귀했다. 그럴 만한 이유도 없지 않다. 당시 문제시되던 통일, 외군군 주둔, 분배 등의 문제들이 여전히 남아 있기 때문이다. 하지만 이런 문제를 논의하는 조건은 그 사이 엄청나게 달라졌다. 특히 과거와 같은 이념대결의 의미가 퇴색된 지금 새로 국회로 진입하는 진보세력이 정립적 경쟁구도를 어떻게 끌어갈지 지켜봐야 할 것 같다.

(조선일보, 2004. 4. 26.)

진보정치의 버블 붕괴

한나라당의 압승으로 끝난 5·31 지방선거 결과는 그동안 한국 정치에 잔뜩 끼어 있던 버블이 지속적으로 붕괴되는 과정의 일환으로 보아야 한다. 아울러 이 선거는 서로 다른 정당이 중앙권력과 지방권력을 나누어 가지는 기묘한 권력 분점(分占) 상황을 어떻게 헤쳐 나갈 것인가를 한국 정치에 숙제로 던져 주었다.

얼마 전부터 노무현 정부는 부동산 버블이 꺼진다고 호들갑을 떨었다. 하지만 진짜 버블 붕괴는 정치에서 진행되고 있다는 사실을 모르고 있었던 것 같다. 소위 '진보' 정권이 두 번 집권하는 동안 한국 정치에는 새로운 버블이 많이 생겨났다. 그 이전에 40년 동안 보수정권이 집권할 때도 버블은 많았다. 부패와 정경유착, 냉전과 반공, 지역주의 등에 기대어 수준 이하의 인물들이 정치권에서 버틸 수 있었다. 하지만 이런 버블은 두 번의 대선 패배를 거치면서 어느 정도 걸러졌다. 대신 '진보' 정권하에서 신종 버블이 생겨났다. 민주화 투쟁에 한 발만 걸친 적이 있으면 무능해도 좋았고, 평화와 민족만 앞세우면 친북(親北)이어도 용납이 되었으며, 친일파와 분단세력을 단죄하기만 하면 역사도 뒤집을 수 있다고 생각하는 오만하고 독선적인 인물들이 정치권과 그 언저리를 메우기 시작했다. 이런 '진보' 정치의 버블은 2004년 4월 17대 총선 때 불어닥친 탄핵 역풍(逆風) 덕에 입법부까지 밀어닥쳤다. 이전까지 행정부만 장악했던 '진보' 세력이 탄핵 바람에 검증도 거치지 않은 채 손쉽게 국회로 입성하는 바람에 입법부까지 버블로 가득 차게 되었던 것이다.

지난 2년은 이런 '진보'의 버블이 서서히 꺼져 가는 과정이었다. 몇 차례 있었던 재·보선에서 열린우리당이 완패한 것은 이런 버블 붕괴의 조짐이었다. 따라서 노무현 정권과 열린우리당은 스스로가 콘텐츠 없는 이미지 정치와 탄핵 역풍의 거품 위에서 우연히 성공한 정권과 정당임을 인식하고 버블을 빼는 구조조정 작업에 매진했어야 했다. 하지만 그들은 여전히 버블 위에 안주했고, 그 결과 이번 선거에서 지방권력을 송두리째 잃어버리고 말았다.

중앙권력을 쥐고 있는 열린우리당은 이번 선거를 통해 지방권력을 심판하자고 주장했다. 이에 맞서 한나라당을 비롯한 야당들은 오만하고 무능한 중앙권력 심판론을 들고 나왔다. 결과는 중앙권력 심판론의 완승이었다. 하지만 이번 선거 결과는 여·야 가릴 것 없이 한국 정치 전체에 어려운 숙제를 부과했다. 중앙권력과 지방권력을 서로 다른 정당이 장악한 상태에서 향후 1년 반 정도의 한국 정치를 어떻게 무리 없이 끌고 갈 것인가라는 실로 처음 보는 과제를 정치권 전체에 던져 주었기 때문이다. 그동안 한국 정치는 행정부를 장악한 대통령의 정당과 국회의 다수당이 서로 다른 '분점 정부(divided government)' 현상 때문에 고민해 왔다. 그러나 이번에 우리가 직면한 현상은 그와는 다른 중앙 대 지방의 권력분점이다.

이제부터라도 노무현 정권과 열린우리당은 지방권력을 대부분 빼앗긴 상태에서 어떻게 야당의 협조를 구하면서 정국을 운영하고 행정을 펴 나갈지에 대해 머리를 맞대야 한다. 지방선거 전부터 나오던 소위 민주·평화·개혁세력 중심의 정계개편이 그에 대한 답이 될 수 있을지는 의문이다. 이번 선거는 민주·평화·개혁을 자처하는 세력에게 권력을 맡긴 국민들이 지난 3년 반 동안의 성과에 대해 채점하는 자리였다. 집권세력에 대한 국민들의 평가는 냉혹했다. 내각책임제였다면 당장 재선거를 해서 정부를 다시 꾸려야 할 정도의 참담한 결과를 집권세력에게 안겨 주었기 때문이다. 이런 상태에서 섣부른 정계개편이나 개헌 추진은 국면호도용이거나 난파선에서 서로 먼저 탈출하려는 생쥐 꼴로 비칠 뿐이다. 야당의 협조를 구하고 정도(正道)를 가는 것이 이번 선거에서 드러난 민의를 존중하는 길이다.

(조선일보, 2006. 6. 1.)

'파르티잔 국회' 언제까지

　'적과 동지'만을 구별하는 정치가 국회를 지배하고 있다. '거리의 정치'가 국회를 포위하고 있다. 이성이 아닌 광기가 국회를 휘감고 있다. 17대 국회 첫해의 모습이다. 지난해 5월 말 17대 국회가 출범했을 때 모든 사람의 기대가 컸다. 여대야소가 됐으니 이제 정부 정책이 탄력을 받아 추진되지 않겠는가. 대폭적인 물갈이로 참신한 신인이 많이 진출했으니 정치의 모습이 좀 달라지지 않을까. 진보 세력이 원내로 진입했으니 이제 거리의 정치는 사라지지 않겠는가.

　그러나 지난 1년 국회는 국민에게 최악의 모습을 보여 줬다. 그것도 마지막 날까지. 여당이 과반의 안정 의석을 차지했지만 여전히 원만한 의사 진행은 이뤄지지 않았다. 여야 모두 민감한 사안에서 당론조차 통일시키지 못한 채 상대편과 협상에 임했고, 원내대표가 애써 끌어낸 합의는 각 당 의원총회에서 추인받지 못해 휴지조각이 되고 말았다. 여야는 서로를 가리켜 '해체시켜야 할 당', '상종 못할 당', '두뇌 구조가 다른 집단'이라는 등의 극언을 쏟아 냈고, 각 당 내부에서도 중진과 소장 의원들 사이에 비슷한 언사가 오갔다.

이렇게 서로를 인정하지 못하고 국회가 기능 부전에 빠진 사이 거리의 정치가 국회를 포위했다. 국회를 둘러싸고 있는 수많은 천막과 국회 내에서 양당 의원들이 벌이는 점거농성이 정상적인 정치를 대체했다. 토론과 조정 및 타협의 정치가 사라진 공백을 투쟁과 파르티잔 정치가 메운 것이다.

국회가 이렇게 망가진 바탕에는 정치를 적과 동지의 구별로만 바라보려는 일부 의원과 외곽단체의 그릇된 정치관이 자리 잡고 있다. 이들에게 있어 정치는 다른 방식으로 수행되는 전쟁이다. 전쟁은 총을 든 정치이고, 정치는 총을 안 든 전쟁이다. 이러한 정치에서 중간지대는 없다. 적과는 토론이나 타협이 있을 수 없고, 오직 투쟁과 절멸(絶滅)이 있을 뿐이다.

아이로니컬한 것은 이러한 정치 개념이 그들이 싫어하고, 어쩌면 '적'으로 여길지도 모르는 독일의 우파 법학자 카를 슈미트(Carl Schmitt)의 것이라는 점이다. 슈미트는 히틀러를 지지하고 나치즘을 이론적으로 뒷받침한 학자다. 일부 의원과 외곽 단체 종사자들은 이러한 슈미트식 논리에 맞서 민주화 운동을 했다. 그러나 그들은 어려운 상황에서 고생하면서 민주화 투쟁을 하는 동안 자신도 모르는 사이에 반대세력의 논리에 물들고 말았다. 싸우면서 닮아간 것이다.

한국 정치는 이러한 정치 개념에서 하루빨리 벗어나야 한다. 국회는 몸으로 부딪치는 곳이 아니라 말로써 대화하고 타협하는 장으로 거듭나야 한다. 말이 안 통하니 몸이 고달프다. 17대 국회는 개원 이래 쉬지 않고 열렸다. 하지만 생산성은 그 어느 때보다 낮았다. 몸으로 때워 봤지만 성과는 거의 없었던 것이다. 거기다 툭하면 농성까지 해야 하니 몸이 오죽 힘들겠는가. 최근 초선 의원 스스로가 3D업종에 종사하고 있다고 자조하는 말을 들었다. 자업자득이라고 생각한다.

중앙일보가 월드컵을 전후해 다언어 간 의사소통운동(BBB, Before Bibel Brigade)을 벌인 바 있다. 현시점에서 이 운동이 진정 필요한 곳은 국회가 아닐까 싶다. 그들은 같은 말을 사용하면서도 서로 소통이 되지 않는다. 그들 사이에는 통역이 필요하다.

통역자 역할은 각 당의 중진이 맡아야 한다. 정치가 이 모양이 된 주요한 원인은 우적(友敵) 개념에 빠져 있는 소장 강경파들에게 정치의 주도권을 빼앗겼기 때문이다. 실험은 1년으로 충분하다. 이제 합리적 중진들이 나서야 한다. 지지층만 바라보는 강경파의 파르티잔 언어로는 소통이 어렵다. 국민 전체를 바라볼 줄 아는 사람들이 구사하는 공통의 언어가 있어야 한다.

(중앙일보, 2005. 1. 3.)

세배와 사랑방 정치

새해 첫날 김대중(金大中) 전 대통령의 '세배 정치'가 화제다. 퇴임 이후 외부 활동을 삼가던 김 전 대통령이 새해를 맞아 동교동 자택을 개방하자 1,500명이 넘는 세배객이 몰렸다고 한다. 김 전 대통령은 정치 불개입 원칙을 분명히 밝혔지만, 언론은 'DJ식 무위(無爲)정치', '4월 총선에서의 DJ 효과' 등의 용어를 써 가며 그의 언행에 담긴 '불개입의 개입'을 읽어 내려고 애썼다.

3김 시대까지의 한국 정치는 '사랑방 정치'였다고 해도 과언이 아니다. 중요한 정치적 결정은 매일 아침 계보 보스의 집 사랑방에서 열리는 계보모임이나 가신회의에서 이루어졌고, 당의 공식기구인 당무회의는 그것을 추인하는 도구에 불과했다. 이 무렵 정치인은 물론이고 기자도 출근 자체를 보스의 집 사랑방으로 하는 경우가 많았다. 윤보선(尹潽善) 전 대통령의 안국동 한옥은 이런 사랑방 정치의 고전적 모습을 보여 주는 마지막 무대였던 것 같다. 주거형태가 양옥으로 바뀌면서 3김 시대에는 무대가 응접실로 바뀌었지만, 정치의 본질은 달라지지 않았다. 정치를 당의 공식라인보

다는 비공식적인 계파나 가신에 의존한다는 점에서 '응접실 정치'
는 사랑방 정치와 차이가 없었다.

　정치의 본질은 대화와 토론을 통한 타협의 산출이다. 이 점에서
18～19세기 프랑스의 살롱이나 카페, 영국의 클럽 등은 근대정치
의 산실로 볼 수 있다. 그곳은 단순히 상류계층의 사교장이라기보
다는 온갖 사람들이 모여 남녀와 신분을 초월한 대화와 토론을 즐
기는 공간이었다. 몽테스키외가 '살롱을 열고 있다.'를 '대화를 주
도하고 있다.'와 동일어로 쓸 정도로 살롱은 대화와 같은 의미로
사용되었으며, 바로 거기서 프랑스혁명의 사상이 움텄다.

　최근까지 한국 정치의 중심을 이루었던 계보 보스의 사랑방이나
응접실은 자유로운 대화와 토론의 장소라기보다는 밀실 결정과 음
모의 원산지였다는 점에서 서구의 살롱이나 카페와는 달랐다. 이런
사랑방 정치가 정초에는 '세배 정치'로 나타났다. 세배야 우리의
미풍양속이니 탓할 바 없지만, 그것이 사랑방 정치와 결합되면 세
배 정치가 되었던 것이다. 이제 3김 시대도 끝났으니 그와 함께 사
랑방 정치도 종식되었으면 좋겠다.

(동아일보, 2004. 1. 5.)

전 일병과 국가의례

국군포로인 전용일 일병이 탈북해 고국으로 오려다가 위조여권 소지 혐의로 체포돼 중국에서 구금생활을 하고 있다. 정부가 개입하고 있으나 국방부가 적시에 그의 신원을 확인해 주지 않아 전 일병 구출작전은 난항을 겪고 있다. 그동안 정부는 6·25전쟁 당시의 국군포로 귀환과 베트남전쟁 당시의 국군 실종자 수색작업에 별로 성의를 기울이지 않아 여러 차례 여론의 질타를 받은 바 있다. 조국을 위해 희생한 사람을 정부가 기억하지 못한다면 유사시 누가 나라를 위해 몸을 바치려 하겠는가.

근대 국민국가의 탄생 과정은 폭력적이었고 유혈이 낭자했다. 국왕은 세력을 넓히고자 자주 전쟁을 일으켰고, 사람들은 전쟁에 동원되는 것 외에도 전비를 조달하기 위해 약탈의 수준에 가까운 조세를 부담해야 했다. 사람들은 이런 폭력적 과정에 대한 강제적인 참여를 통해 역설적으로 일체감과 귀속감이 높아지면서 '국민'으로 만들어져 갔다. 그런데도 오늘날 사람들은 그들이 당한 폭력에 대한 기억은 모두 잊고 국가를 몸 바쳐 지켜야 하는 고귀한 존재로 여기고 있다. 프랑스 사회학자 피에르 부르디외의 개념을 빌리자면 '기원에 대한 집단적 기억상실' 현상이 나타난 것이다.

이 비밀의 답은 국민국가가 유혈적 탄생 이후 꾸준히 해 온 전통의 재창조와 국가의례를 만드는 작업에서 찾을 수 있다. 이 작업을 통해 압제의 상징이던 군주는 어느덧 국가의 상징이자 구심점으로 변모했으며, 폭력의 상징인 군대도 국민의 안위를 지키는 보호자로서 표상되었다. 우리가 일상생활에서 체험하는 국민의례 역시 폭력에 대한 기억을 잊게 만들면서 국민적 동일성을 창출하는 새로운 기억의 장으로서의 역할을 하고 있다.

미국이 중앙신원확인소(CILHI)라는 별도의 부대를 두고 세계 각지에서 미군 전쟁포로와 실종자 수색 및 시신 수습에 나서고 있음은 널리 알려진 사실이다. 유해가 발굴되면 미 정부는 성대한 의식을 준비하고 성조기로 덮은 관(棺)이 운구되면 대통령과 전 국민이 일제히 존경을 표한다. 미국 정부의 이러한 노력과 국가적 의례는 국민에게 '조국은 결코 당신을 잊지 않는다.'는 사실을 일깨워 줌으로써 일체감과 충성심을 고취하고 있다. 국가의례를 통해 미국 국민은 국가의 폭력성을 잊고 국민적 동질성 속으로 빨려 들어가는 것이다. 나쁘게 볼 일만은 아니다. 적어도 국민국가라면 당연히 해야 할 일이기 때문이다. 그러나 한국 정부는 이러한 당연한 기능조차 못하고 있다. 이러고도 과연 국민국가라고 할 수 있을지 의심스럽다.

(『동아일보』, 2003. 12. 01.)

원(院) 구성이 흥정 대상

우리 정치를 보노라면 본질은 놓치고 주변적인 문제에 지나치게 집착한다는 인상이 들 때가 많다. 최근 16대 국회 후반기 원 구성 문제가 또다시 정당 간의 정쟁의 대상으로 떠올랐다. 단언컨대 이 문제는 정치적 흥정의 대상이 될 수 없다. 이것은 국회법에 정해진 절차에 따라 행해져야 한다. 만약 절차규정에 미흡한 점이 있으면 원내총무들이 모여 협의할 수 있다. 그 경우에도 중요한 것은 어느 당이 의장과 부의장을 맡느냐가 아니다. 어떻게 해야 국회의 위상과 자율성을 제고시킬 수 있는 인물로 의장단을 구성하느냐가 문제의 본질임을 각 당은 명심해야 한다.

국회법에 따르면 전반기 의장단의 임기 만료일 5일 전까지 후반기 의장단을 선출하여 원 구성을 하도록 되어 있다. 현 이만섭 의장의 임기가 5월 29일까지니 각 당은 25일까지는 새 지도부를 선출해 원 구성을 마쳐야 한다. 그런데 민주당은 한나라당이 자민련 의원을 빼 가는 상황에서는 원 구성 협상을 할 수 없다고 주장하고 있다. 심지어 6월 13일 지방선거 이후나 8월 재보선 이후에야 원 구성이 가능할 것이라는 말까지 하고 있다.

그동안 한국 정치에서는 여야가 원 구성 자체를 정치적 협상의 제물로 삼는 것이 관행처럼 되어 왔다. 이것은 하루빨리 타파되어야 할 후진적 정치행태이다. 물론 민주화 이전에는 이 문제가 국회 운영에서 최소한의 민주성과 공정성을 확보하기 위한 야당의 정치적 투쟁도구가 될 수 있는 측면이 없지 않았다. 예컨대 부정과 불법이 난무했던 1967년 제7대 국회의원 선거에서 야당인 신민당은 원 구성을 지연시키면서 선거부정조사특위와 정치관계법 개정특위의 구성을 여당인 공화당으로부터 약속받는 성과를 거두기도 했다. 그러나 적어도 민주화 이후에는 이러한 최소한의 명분조차 사라졌다. 그런데도 원 구성을 정치적 흥정의 대상으로 삼는 악습은 되풀이되고 있다. 특히 민주화 세력이 집권한 이후인 제15대 및 제16대 국회에서도 이 점은 전혀 바뀌지 않고 있다.

현재 각 당은 당리당략과 상황적 편의에 따라 국회법의 원 구성 조항을 의무조항으로 보기도 하고 훈시조항으로 해석하기도 한다. 그러나 이것은 의무조항으로 보아야 한다. 역대 국회에서 각 당이 온갖 구실로 원 구성을 지연시키던 악습을 시정하기 위해 도입된 것이 바로 이 조항이기 때문이다. 따라서 원 구성을 의도적으로 지연시키려는 민주당의 입장은 이러한 의무조항을 어기는 것으로 법을 만드는 공당(公黨)이 취할 태도가 아니다.

한편 국회법은 의장단을 선출하는 구체적인 방식까지 규정하고 있지는 않다. 따라서 이 문제는 각 당이 협의하여 좋은 관행을 확립해야 한다. 이제까지 국회의장, 부의장, 상임위원회 의장 등은 여당의 대통령이나 야당의 총재가 지명한 사람이 형식상의 표결을 거쳐 임명되는 것이 관례였다. 그러다 보니 국회가 대통령이나 총재의 입김으로부터 자유로울 수 없었고, 국회의 위상이 실추되는 수가 많았다.

이제는 바뀌어야 한다. 변화의 출발점은 대통령이나 총재의 의중을 대변하는 것이 아니라 국회 자체의 위상과 자율성을 제고시킬 수 있는 의원들로 의장단을 구성하는 데서 찾아야 한다. 이 점에서 16대 국회 전반기에 의장의 당적이탈을 제도화한 것은 큰 의미가 있다. 의장이 재임기간 중 당리당략에 얽매이지 않고 자유로운 입장에서 국회를 운영할 수 있는 제도적 장치가 마련되었기 때문이다.

이제 남은 문제는 이러한 의장을 어떻게 뽑느냐는 것이다. 여기서 여당이 맡느냐 다수당이 맡느냐가 중요한 것이 아니다. 어떻게 해야 국회의 권위를 향상시켜 명실상부하게 3권분립을 실현할 수 있는 인물로 의장단을 구성하느냐가 문제의 본질이다. 이를 위해서는 의원 개개인들의 자유투표로 의장을 선출하는 것이 옳다.

마침 이만섭 의장이 이 방안을 제시했다. 일각에서는 이 안을 통해 이 의장이 재선을 바라고 있다는 회의적인 목소리도 들린다. 내막이야 어떻든 이 방안은 국회위상 강화를 위해 수용할 만한 것이다. 이 의장이 본인은 출마하지 않겠다는 것을 전제로 이 제안을 했더라면 하는 아쉬움은 남지만.

자유투표안에 대해 한나라당과 자민련은 원칙적 찬성을 그리고 민주당은 유보입장을 보였다고 한다. 모든 당이 당리당략을 떠나 이 안을 받아들여 그것이 의장단 구성의 관례로 굳어졌으면 좋겠다.

(동아일보, 2002. 5. 23.)

비공식정치 해체하라

"처음에는 신중하고 끝에 가서 태만해지는 것이 사람의 마음이니, 바라건대 끝까지 신중하기를 처음같이 하여라(愼終如始)." 조선 초 한 시대를 호령했던 정치가 한명회(韓明澮)가 죽기 전 자신의 생을 되돌아보면서 남긴 말이다. 임기 말에 와 있는 김대중 대통령을 지켜보면서 자꾸 이 말이 떠오르는 것은 왜일까?

1998년 온 국민은 상당한 기대를 가지고 '준비된 대통령'의 탄생을 지켜보았다. 최초의 수평적 정권교체였으며, 평소 서민의 애환을 대변해 온 사람이 대통령으로 등장했기 때문이다. 그로부터 4년여가 지난 지금 대다수 사람들은 '혹시나'가 '역시나'였다고 실망을 감추지 못하고 있다. 이러한 국민들의 판단은 현 정부가 지난 4년 동안 시행한 정책에 대한 엄밀하고도 객관적인 평가에 기초한 것은 아니다. 그보다는 근자에 잇따라 터지고 있는 대통령 아들들과 측근들의 비리문제가 국민들의 마음을 상하게 하고 있기 때문에 생겨난 것이다.

정치가 덜 발달한 나라일수록 공식정치보다는 비공식정치가 기승을 부린다. 정치가 공적으로 확립된 제도와 규칙 및 절차에 따라 이루어지기보다 학연, 지연 등에 기초한 사적 조직이나 비선(秘線) 조직에 주로 의존할 때, 우리는 비공식정치가 공식정치를 대체했다고 말한다. 쉽게 표현하면 사조직이 판을 친다는 말이다. 이러한 비공식정치를 운영하자면 비용이 많이 든다. 사조직은 돈이란 휘발유를 넣지 않으면 움직이지 않기 때문이다. 우리 정치의 고질적 병폐인 '고비용' 문제도 바로 여기서 발생된다.

그런데 최근 대통령 아들들이 연루된 온갖 비리사건은 우리 정치의 특징인 비공식정치나 고비용 정치와는 차원이 다른 개인적 부패라는 데에 문제의 심각성이 있다. 정치학자 로웰 디트머(L. Dittmer)는 공식, 비공식정치와 부패를 목적의 공사(公私) 여부와 수단의 정당성 여부에 따라 이렇게 구분하고 있다. 공식정치가 공적 목적을 달성하기 위해 정당한 수단을 동원하는 것이라면, 비공식정치는 같은 목적을 정당치 못한 수단을 통해 추구하는 것이다. 반면 사적인 목적을 위해 정당하지 않은 수단을 동원하는 것이 부패이다. 이러한 구분에 비추어 볼 때, '홍 트리오'의 비리는 고비용 정치구조라는 현실 아래서 정권재창출과 사조직 유지에 필요한 자금을 조달하기 위해 이권에 손을 댔던 과거의 정치적 스캔들과 그 종류가 다르다. 그것은 명백히 개인적 치부를 목적으로 온갖 이권에 개입한 부패이다.

'홍 트리오'의 비리의 성격이 비공식정치가 아닌 부패라고 하여 둘 사이에 전혀 관계가 없는 것은 아니다. 비공식정치의 번성은 이러한 부패가 싹틀 수 있는 토양을 제공하고 있다. 비공식 정치가 만연할 때 높은 정치비용을 조달하기 위한 비리도 생겨나지만, 그 와중에 최고권력자와의 사적 관계를 빙자하여 사복(私腹)을 채우는 일도 발생한다. '홍 트리오'의 비리가 바로 그 경우다.

따라서 되풀이되는 대통령 아들 부패문제의 해결방안도 그것의 토양이 되는 비공식정치를 없애는 데서 찾아야 한다. 한국 정치의 비공식 부문의 온상은 온갖 종류의 사조직이다. 민주산악회, 연청, 아태재단, 갖가지 비선조직 등이 그 대표적 예다. 이것은 고려나 조선 초의 사병(私兵)에 비견될 수 있다. 봉건시대에도 나라가 안정되기 위해서는 반드시 호족이나 공신들이 보유한 사병을 혁파해야 했다. 그런데 오늘날 정권을 잡은 후에도 이런 조직들을 그대로 두거나 명목상으로만 공조직으로 탈바꿈시킨다면 그 결과가 어떻겠는가? 그것을 운영하는 막대한 비용은 어떻게 조달할 것이며, 한 몫 잡아 보기 위해 그곳에 꾀는 사람들을 어떻게 제어할 것인가?

산은 오를 때보다 내려올 때가 위험하고 얼음도 녹을 때가 위험하다고 한다. 이맘때면 어느 대통령이든 레임덕에 시달리게 마련이다. 그러나 한국에서는 아들의 비리가 터져 나와 국정을 마비상태로 몰고 가곤 한다. 이러한 악순환의 고리를 끊어야 한다. 지금이라도 대통령은 정치의 비공식 부문을 모두 해체시키는 결단을 내려야 한다. 이것은 차기 대통령을 바라는 후보들에게도 해당되는 말이다.   (중앙일보, 2002. 4. 24.)

경선불복 안 된다

"보기 좋은 떡이 먹기도 좋다."는 말이 있는가 하면, 그 대척점에 "빛 좋은 개살구"라는 말도 있다. 현재 진행 중이거나 앞으로 진행될 민주당과 한나라당의 국민참여 경선제는 보기 좋은 떡을 만들고자 했으나, 과정상의 잡음과 후유증 때문에 빛만 좋은 개살구에 그칠 가능성이 커 보인다.

1997년 대통령선거 때에도 당내 경선은 있었다. 그러나 이번 경선은 당원이 아닌 국민을 대거 참여시킨 국민참여 경선이라는 점에서 과거와 다르다. 따라서 이번 경선은 '제대로' 시행되기만 한다면 풀뿌리 민주주의를 정착시켜 한국의 정치문화에 커다란 변화를 몰고 올 수도 있는 것이다.

그러나 경선은 초반부터 삐걱거렸다. 민주당 경선은 막대한 금품 살포, 인위적인 선거인단 동원, 인신공격 등으로 얼룩졌다. 급기야 일부 후보가 불공정을 이유로 경선을 포기할 수도 있다는 말까지 하고 있다. 한나라당은 경선을 시작하기도 전에 박근혜 의원이 불공정을 이유로 탈당해 버렸고, 서울시장 후보 경선에 나선 홍사덕 의원 역시 돈 선거 의혹을 제기하며 경선 불참을 선언했다.

이 와중에 온갖 정계개편 시나리오가 난무하면서 각 당의 경선은 더욱 김이 새고 있다. 사실 여부에 관계없이 현재 경선에 참여 중이거나 그것을 거부하고 탈당한 사람이 이러한 시나리오에서 중요한 배역으로 등장하고 있다. 이런 상태에서 경선이 신바람 나고 모양 좋게 치러지기는 어려울 것 같다.

현재 경선은 안팎으로부터의 도전에 직면해 있다. 이렇게 된 첫째 원인은 게임의 규칙, 즉 경선제도의 미비에 있다. 경선 과정에서 가장 논란이 되고 있는 것은 정치자금 문제인데, 현행 선거법 어디에도 이에 관한 규정이 없다. 후보가 경선을 위해 어디서 얼마를 조달해 얼마까지 쓸 수 있고, 그것을 감시하고 검증하는 제도적 절차가 무엇인지 현행법에는 제대로 마련되어 있지 않다. 그러다 보니 후보자들 간에 불법과 혼탁을 둘러싼 비판이 가중되고 있고, 경선 포기 내지는 불복의 위협까지 나오고 있는 것이다. 따라서 이번 경선을 거울삼아 정치권은 하루빨리 선거법, 정치자금법 등의 정치관계법에 당내 경선과 관련된 법 규정을 정비하는 데 힘써야 할 것이다.

그러나 경선이 위기에 처한 보다 근본적인 원인은 경선 주자들의 마음가짐과 태도에 있는 것 같다. 첫술부터 배부를 수 없듯이 처음부터 완벽한 제도적 장치를 갖추기는 쉽지 않다. 이런 상황에서 경선 주자들은 미비한 제도나마 존중하고 지킨다는 자세를 보여 주어야 하는데 현실은 그렇지 않은 것 같다.

모처럼 시작된 경선이 빛 좋은 개살구가 되지 않기 위해서 경선 참여자들은 지금부터라도 다음 두 가지를 염두에 두었으면 좋겠다.

첫째, 경선 과정이나 결과에서의 흠을 꼬투리 삼아 경선 결과에 불복하고 탈당하는 일이 되풀이되어서는 안 된다. 1997년 한나라당 경선에서 우리는 이미 경선 불복의 좋지 않은 전통을 지켜본 바 있다. 이번 국민참여 경선에서는 정계개편의 움직임과 맞물려 탈당 러시가 우려되고 있다. 그러나 어떤 이유로도 경선을 탈당의 명분 쌓기로 삼아서는 안 될 것이다. 경선이라는 축제를 통해 당이 단합하고 앞으로 있을 대선에서 이기자는 것이 두 당 모두 경선제를 도입한 취지일 것이다. 제도가 미흡한 상황에서 정도의 차는 있겠지만 대부분의 주자들이 룰을 조금씩 위반하고 있는 것은 사실이다. 이런 상황에서 경선 주자들이 '내가 하면 로맨스요, 남이 하면 불륜'이라는 식으로 자신이 이기면 공정하고 남이 이기면 불공정하니 불복하고 탈당하겠다는 마음을 가져서는 안 될 것이다. 참여한 이상 설사 제도가 미흡해도 끝까지 가는 것이 정도다.

둘째, 경선 참여자들은 당내 경선이 대선 레이스의 끝이 아니라 시작임을 명심해야 한다. 국민은 지금 지켜보고 있다. 누가 공정한 경선을 거친 후보이고 누가 불법 타락선거로 후보가 되었는가를 그리고 중도에 뛰쳐나갔거나 결과에 불복한 후보가 누구인지를.

　시작부터 게임의 룰을 어긴 후보는 비록 그가 경선에서는 성공할
지 몰라도 대선이라는 최후의 게임에서까지 웃는 자가 되기는 어려
울 것이다. 모두 이 점을 유념하고 첫 단추를 잘 끼우길 바란다.

（동아일보, 2002. 3. 11.）

희망을 잃은 시대

세상을 존재하는 대로 보는 사람이 있는가 하면 세상이 보는 대로 존재한다고 믿는 사람도 있다. 정치인은 아마도 후자에 속하지 않을까 생각된다.

추석 연휴를 맞아 3,200만 명이 고향을 찾았다. 그 속에는 정치인도 끼어 있었다. 정치인에게 추석은 명절이기 이전에 표밭을 다지는 놓칠 수 없는 기회이다. 그런데 정치인들이 전하는 추석민심은 당파(黨派)에 따라 판이했다.

민주당 의원들은 국민들이 정치권 전체를 총체적으로 불신하고 있고 경제상황을 크게 우려하고 있다고 전하면서, 그 책임을 야당에 돌렸다. 한나라당과 자민련이 사소한 부패사건을 거대한 스캔들로 키워 과도한 정쟁을 일삼음으로써 정치권 전체가 불신을 받게 되었고, 그로 인해 경제불안도 가중되었다는 것이 민주당이 파악한 추석민심이다. 이에 반해 한나라당과 자민련 의원들은 현 정권에 대한 국민들의 불신과 불만이 폭발 직전이라고 추석민심을 전했다.

현 정권의 경제정책 실패로 인한 민생파탄과 잇따른 권력형 비리 때문에 국민들은 살 의욕을 잃고 있다는 것이다.

동일한 사물을 보고 어쩌면 이렇게 전혀 다른 평가를 내릴 수 있을까? 이 사태를 지켜보면서 임진왜란 직전의 조선 정치가 자꾸 떠오르는 것은 필자만의 기우(杞憂)일까? 임진왜란 직전 조선 조정은 일본의 사정을 알아보기 위해 황윤길과 김성일을 일본에 파견했다. 서로 당파가 다른 두 사람은 귀국 후 왕에게 전혀 다른 내용을 고했다. 황윤길은 "도요토미 히데요시의 안광이 빛나는 것으로 보아 반드시 병화(兵禍)가 있을 것"이라 했고, 김성일은 "도요토미 히데요시는 두려워할 인물이 되지 못한다."고 왕에게 아뢰었다. 같은 사물을 보고도 당파적 이해 때문에 서로 다르게 평가하는 정치인들의 행태는 500년 전이나 지금이나 별반 달라진 것이 없다. 사물을 존재하는 대로 보는 게 아니라 보는 대로 존재한다고 믿는 그들의 신념체계 또한 거의 달라지지 않았다.

지난 추석 필자도 예외 없이 귀성대열에 끼어 고향을 찾았다. 그곳에서 필자가 파악한 추석민심의 요체는 '희망의 상실' 바로 그것이었다. 현재가 어렵고 고생스러워도 미래에 대한 희망이 있으면 기꺼이 그것을 감내하는 것이 인간이다. 그러나 미래가 암담할 때 사람은 살아갈 용기와 의욕을 상실한다. 지금 국민에게 결핍된 것은 희망이다. 국민은 희망 상실의 시대를 살아가고 있는 것이다.

국민이 위임해 준 권력은 특정인이나 그와 가까운 소수에 의해 사유(私有)화된 지 오래다. 출신지역이나 학교가 같다는 이유만으로 소수의 사람들이 출세를 거듭하고 있다. 서민들은 생각조차 할 수 없는 금액이 불법으로 오갔는데도 '끼리끼리 커넥션' 때문에 조사와 처벌조차 제대로 되지 않고 있다. 현직 장관이 공무원 봉급으로 불가능할 것 같은 부동산 축재를 했는데도 문책조차 받지 않고 '건강상의 이유'로 사임했다.

이 모든 사태를 지켜보면서 국민은 살아갈 자신감을 잃어 가고 있다. 그들은 하루하루를 정직하고 열심히 살아가는 것이 어리석은 짓 아닌가라는 자탄(自嘆)에 빠지고 있다. 무엇인가 줄을 갖지 못한 사람들은 괜히 불안해하면서 세상을 살아 나갈 용기를 상실해 가고 있다. 박봉에 시달리면서도 소명감 하나로 버티어 나가던 많은 공무원들도 고위인사의 부정과 투기의혹을 보고 일할 의욕을 잃어 가고 있다. 이것이 이번 추석에 정치권이 확인했어야 할 밑바닥 인심이다.

지금 국민에게 필요한 것은 희망을 가져다주는 정치이다. 국민은 자신들을 위해 판도라의 상자를 마지막으로 한 번 더 열어서 그 속에 갇힌 희망이란 단어를 나올 수 있게 해 줄 수 있는 사람을 찾고 있다. 그가 누구이든 그는 적어도 사물을 자신이 원하는 대로 보는 것이 아니라 있는 그대로 볼 줄 아는 사람일 것이다.

(조선일보, 2001. 10. 4.)

"가장 좋은 대안은 당과 보수 세력이 건설적으로 분화하여
내부에서 생산적 긴장관계를 유지하는 것이다. 권력만 놓고
다투지 말고 정책을 두고 경쟁하되 내적 분화가 외적 분열로
이어지지 않도록 절제의 미덕을 발휘해야 한다는 점이다."

chapter 06

여야 정당에 주는 고언(苦言)

한나라, 분열 아닌 분화 필요하다

한국은 미증유(未曾有)의 위기에 직면해 있다. 경제적 위기가 사회적 위기로 전이되어 사회 전체가 해체 위기에 빠지는 상황이 올지 모른다. 정부 통계에 잡힌 공식 실업자는 75만 명 정도이다. 실제 실업자는 300만 명이 훨씬 넘는다고 한다. 이런 수치는 고등학교와 대학 졸업자가 쏟아져 나오는 2월 말이면 더 올라갈 것이다. 우리는 지금 15~64세 경제활동인구 가운데 여덟 명 중 한 명이 백수(白手)인 일찍이 겪어 보지 못한 상황을 맞고 있다.

따라서 2009년의 핵심 의제는 단연 사회통합이다. 이를 위해 이명박 정부의 분발과 한나라당의 단결을 촉구하는 목소리가 높다. 집권세력 내부의 단결 없이는 사회통합의 달성이 어렵기 때문이다. 이 점에서 이명박 대통령과 박근혜 전 대표의 2일 회동은 여러모로 주목받았다. 두 사람은 웃고 악수하고 노래하고 환담을 나누었지만 그것으로 끝이었다. 현장에서 "쟁점법안에 대한 국민공감대 형성이 좀 더 필요하다."는 박 전 대표의 소신발언이 있었고, 다음 날에는 친박계의 핵심 인물로부터 '비주류 선언'도 나왔다. 한나라당 내부의 단결이 녹록하지 않음을 보여 주는 대목이다.

여기서 이런 갈등의 책임소재를 가리고 싶은 생각은 없다. 그보다는 두 가지 점에서 해결방안을 생각해 보고자 하는데, 첫째는 단순히 당내 단결만 주장하는 게 능사는 아니라는 점이다. 물론 단기적으로는 정부 여당에 단결이 절실하다. 2월 국회에서 쟁점법안을 통과시키고 인사청문회를 무사히 치러야 한다. 대통령과 당의 지지율이 답보 내지 하락세를 그리는 상황에서 4월 재·보궐선거를 어떻게 치러야 할지도 막막하다. 이런 딜레마를 돌파하기 위해서는 이 대통령도 박 전 대표의 협력이 꼭 필요하다.

하지만 좀 더 길게 바라보면 당내 단결보다 분화(分化)가 더 약이 될 수 있다. 질문을 던져 보자. 보수가 발전하려면, 그래서 4년 후 재집권에 성공하려면 필요한 것이 무엇인가? 단결인가, 분화인가, 분열인가? 분열은 분명 아니다. 분열하여 소모적인 자중지란을 벌일 경우 당과 보수 세력은 공멸하고 만다. 단결은 좋지만 그에 안주할 경우 당과 보수 세력을 정체시키고 침체로 이끌 수 있다.

가장 좋은 대안은 당과 보수 세력이 건설적으로 분화하여 내부에서 생산적 긴장관계를 유지하는 것이다. 이 경우에도 전제는 있다. 권력만 놓고 다투지 말고 정책을 두고 경쟁하되 내적 분화가 외적 분열로 이어지지 않도록 절제의 미덕을 발휘해야 한다는 점이다. 특히 한국 보수의 고질적 취약 분야인 복지, 통일, 환경 등의 문제를 둘러싸고 당내 정책대결이 좀 더 활발하게 일어났으면 좋겠다. 그럴 경우 당은 유연성과 포괄성이 증대되고, 그것을 바탕으로 전통적 취약계층인 30, 40대와 지식층에 대한 포섭도 어느 정도 기대할 수 있다. 이런 맥락에서 이 대통령과 한나라당은 무조건 단결만을 강조하지 말고 박근혜계의 움직임을 분열이 아닌 생산적인 분화로 유도하는 방안을 적극적으로 모색해 보는 것도 좋을 것 같다.

둘째로 이 대통령과 박 전 대표 사이의 갈등은 개인적 차원보다는 새로운 당청 관계를 제도화하는 데서 해결책을 찾아야 한다. 주지하듯이 노무현 정부가 실험했던 당청 분리 모델은 무책임성에 빠져 실패로 증명됐다. 당시 한나라당은 당권 대권 분리 방안을 마련한 바 있지만 이 역시 현실화되기는 쉽지 않아 보인다. 우리는 아직도 한국형 당청 관계 모델을 정립하지 못했고, 그 점이 정치적 불안정성과 비효율성의 근원이다. 생산적으로 분화된 당과 청와대가 어떤 관계를 맺는 것이 좋은지에 관한 답을 하루빨리 찾지 못하면 한국 정치의 표류는 정권 차원을 넘어 계속될 것이다.

(동아일보, 2009. 2. 4.)

한나라당, 사람을 쇄신하라

한나라당 경선이 끝나자 모두가 단합을 주문하고 있다. 맞는 말이다. 하지만 그것만으로 충분할까? 단합만으로 12월 대선 승리가 보장된다고 생각한다면 실로 순진한 발상이다. 진정 승리를 원한다면 한나라당은 단합 외에 혁신의 모습을 함께 보여 줘야 한다. 혁신 없이 단합만 할 경우 한나라당은 구태를 벗어나지 못할 것이고 단합 없이 혁신만 강조하면 당은 분열의 기로에 설 것이다. 따라서 당과 후보는 어렵지만 단합과 혁신이란 두 마리 토끼를 함께 쫓아야 한다.

앞으로 상당 기간 한나라당과 이명박 후보에게 남은 일은 지지율이 상대적으로 떨어지는 것을 지켜보는 것뿐이다. 물론 후보 확정 직후에는 지지율이 일시적으로 반등할 것이다. 하지만 시간이 지나면서 지지율은 정체 국면을 거쳐 하강 곡선을 그리기 시작할 것이다. 이유는 세 가지다.

첫째, 범여권의 경선이 곧 시작된다. 지금 한나라당과 이 후보의 지지율 고공행진은 아직 상대가 정해지지 않은 상태에서 만들어진 것이기에 거품이 적지 않게 끼여 있다. 이제 범여권은 주말마다 경선 이벤트를 벌일 것이고, 자연히 언론과 국민의 관심도 그쪽으로 쏠릴 것이다. 범여권의 경선은 현재로서는 세 개의 트랙으로 전개될 것 같지만 어느 순간 둘에서 하나로 줄어들지 알 수 없다. 경선 트랙의 숫자가 줄 때마다 그리고 후보군이 좁혀질 때마다 여론은 출렁거릴 것이고 그 결과는 한나라당과 이 후보의 지지율 저하로 나타날 것이다.

둘째, 경선 과정에서 범여권의 주자들은 자신이 이 후보를 상대할 적격자임을 내세우기 위해 이 후보에 대한 검증 공세를 이어 갈 것이다. 그것이 어떻게 귀결될지는 알 수 없지만 분명한 것은 그로 인해 이 후보의 지지율이 또 한 번 출렁거릴 것이라는 점이다. 셋째, 10월 초 예정대로 남북 정상회담이 있을 경우 그리고 그때를 전후해 범여권의 후보가 확정될 경우 여론의 관심은 더욱 범여권 쪽으로 몰릴 것이고 그 부담은 고스란히 한나라당과 이 후보가 질 수밖에 없다.

이러한 지지율 하강을 막기 위해서는 한나라당도 끊임없이 국민 감동 이벤트를 벌여 나가야 하며 그 핵심은 살을 깎는 자기 혁신이어야 한다. 국민의 이념 성향을 조사해 보면 때에 따라 약간의 차이는 있지만 대체로 보수 30%, 중도 40%, 진보 30% 정도의 분포가 나온다.

이렇게 본다면 이번 대선은 결국 중도 40%를 누가 많이 가져가느냐의 싸움이 될 것인데 현재의 한나라당 모습으로는 이 점을 기대하기가 쉽지 않다. 지금 한나라당과 이 후보에 대한 높은 지지는 절대적 선호라기보다는 노무현 정권의 실정에 대한 반작용에서 오는 것이 크다. 따라서 범여권이 전열을 가다듬고 참신한 단일 후보를 낼 경우 40%를 차지하는 중도는 언제든 말을 바꿔 탈 수 있다는 점을 알아야 한다.

그러므로 한나라당은 자기 쇄신 프로그램부터 마련해야 한다. 그것의 내용에는 구시대 인물을 과감히 퇴진시키고 외부에서 참신한 인재를 수혈하는 인적 쇄신을 기본으로 하되 문제가 많은 공약과 정책을 과감히 정비하는 것 등이 포함돼야 한다. 필요하다면 당명까지도 바꿀 수 있어야 한다. 그리고 이 모든 것의 첫걸음은 이 후보의 주변 인물이 백의종군을 선언하는 것에서 시작돼야 한다. 경선에서 진 박근혜 후보가 백의종군을 선언했지만 정작 그 선언을 해야 할 사람들은 이 후보의 측근이었다. 그들은 김대중 전 대통령의 가신들이 백의종군을 선언했던 것에서 교훈을 얻고 스스로 행동에 나서야 한다. 한나라당 자기 쇄신 프로그램 시간표는 10월 중순께를 목표로 차근차근 진행돼야 한다. 이미 언급했듯이 올 10월은 한국 정치의 일정표에서 참으로 분주한 달이다. 그런 달에 손 놓고 지내는 당에는 미래가 없다. 한나라당의 자기 쇄신 프로그램은 내용도 중요하지만 시간표를 짜는 것도 그 못지않게 중요하다.

(중앙일보, 2007. 8. 22.)

대통령 구해야 야당이 산다

얼마 전 노무현 대통령이 "대통령 하기 어렵다."고 토로하자, 한나라당에서는 "그런 대통령 밑에서 국민 하기도 어렵다."고 이를 받았다. 그런데 정작 한나라당에서는 '노 대통령 밑에서 야당 하기'가 어떤 의미를 지니는지에 대해서는 아무도 숙고하지 않는 것 같아 안타깝다.

최근 나라 안팎이 무척 불안하고 혼란스럽다. 나라 전체가 북한의 핵 도박에 볼모로 잡혀 있고, 모든 경제지표에는 빨간불이 켜져 있으며, 노동쟁의와 범죄가 이어지고 있다. 이런 속에서 민주당은 집안싸움에 여념이 없으면서 스스로가 집권당이란 사실을 망각하고 있고, 청와대와 정부는 지지율 하락 속에서 아직 시스템이 갖추어지지 않았다는 말만 되뇌고 있다.

이런 상황은 야당인 한나라당에는 어쩌면 호기일 수도 있다. 이 기회를 이용해 국민들에게 안정감과 책임감 있는 정당의 이미지를 심어 줄 수도 있기 때문이다. 그런데 실상은 그렇지 못하다. 대표

경선 과정에서 한 주자가 고백했듯이 현 정부가 아무리 실수해도 한나라당 지지도는 높아지지 않고 있다. 최근 여론조사에 따르면 내분으로 곧 쪼개질 것처럼 보이는 민주당에 대한 지지도가 30% 정도인 반면, 한나라당은 25%에 그치고 있다. 국민들은 불안하고 삶에 고달파하면서도 한나라당에서 의지처를 발견하고 있지는 않은 것이다.

왜 그럴까? 여러 원인이 있겠지만, 가장 중요한 것은 한나라당이 노 정부하에서 야당 하기가 어떤 의미가 있는지를 깨닫지 못했고 또 국민들에게 그 점을 인식시키지 못했기 때문이다.

한나라당의 새 대표는 경선과정에서 '보수 혁명'을 기치로 내걸었다. 여기에는 당이 노령화를 극복하고 젊은 층에게 다가서기, 진공관 내지는 아날로그 정당을 디지털 정당으로 바꾸기, 폭로정치나 뒷다리 잡기 정치에서 탈피해 정책과 비전으로 승부하는 정당으로 탈바꿈하기 등 많은 내용이 포함될 수 있다. 그러나 이 모든 것에 선행하여 이루어져야 할 것이 이 시대의 야당 하기가 뜻하는 바를 정확히 이해하는 것이다.

현재 한나라당은 두 개의 전선을 가지고 있다. 하나는 많은 젊은 이들로부터 외면받고 있는 당내외의 구(舊)보수세력과 차별화하는 것이고, 다른 하나는 이 시대를 떠맡았다는 잘못된 소명감에 빠져 있는 일부 아마추어적 진보세력과 선을 긋는 일이다. 이러한 두 전선에서 노 대통령의 위상은 후자에 감싸여 있는 것이다.

이런 구도에서 한나라당이 나아갈 길은 자신들이 탈냉전과 화해의 시대에 여전히 냉전적 사고 속에 살고 있는 수구세력과 어떻게 다른지를 보여 주면서 일부 진보세력이 아마추어리즘 수준에서 국정을 실험 대상으로 삼으려는 현실로부터 노 대통령을 구해 중립지대로 데려오는 일이다.

그동안 한나라당은 많은 비판과 폭로를 통해 국민들에게 청량감을 안겨 주었다. 하지만 그들에게 희망과 비전을 주지는 못했다. 그 이유는 기존의 비판과 폭로가 국민들에게 뒷다리 잡기 식의 비판과 무책임한 폭로로 비쳤기 때문이다. 이런 한나라당의 태도는 국민들에게 일시적 위안은 될지 모르지만 영원한 안식처로 여겨지지는 않는다.

한나라당은 야당인 이상 정부비판을 하지 않을 수 없다. 그러나 그 비판은 다른 세력과 차별적으로 이루어져야 한다. 수구세력과 같이 말꼬리나 붙잡고 사사건건 반대만 하는 태도를 보여서는 안 된다. 비판을 하더라도 한나라당은 일부 진보세력으로부터 '노무현 대통령 구하기' 또는 '노무현 대통령 중립화하기'의 입장에서 해야 한다. 그래야 한나라당은 구보수가 아닌 신보수라는 소리를 듣고, 무책임한 보수가 아니라 책임 있는 보수라는 평가를 받는다.

이러한 한나라당의 노 대통령 구하기 식의 비판은 노 대통령을 살리고, 나라도 살리며, 더 나아가 한나라당도 살리는 결과를 가져올 것이다. 한나라당의 새 대표는 강한 리더십을 갖춘 인물로 알려

져 있다. 그에게서 이러한 노 대통령 살리기 식의 보수혁명을 기대
해 본다.

(조선일보, 2003. 6. 27.)

●●●

‘통합’ 간판 내건 ‘야합’

‘제3지대에 유령선’이 출현했다. 탑승인원은 소위 범여권 대선 주자 대부분과 ‘비에 젖은 가랑잎(버림받지 않으려고 어디든 가서 달라붙어야 하는)’ 신세인 현역의원 85명, 다수의 원외 위원장 그리고 자칭 시민사회세력 등으로 알려졌다. 조만간 김대중 전 대통령의 차남인 김홍업 의원이 몇몇 광역자치단체장과 함께 이 배에 오른다고 알려짐으로써 이 배의 실질적 소유주가 누구인지도 짐작이 간다. 이 배는 ‘유령선’임에도 규모 면에서 현재 한국에 있는 배 중 두 번째로 크다. 항해 일수는 정확히 알려지지 않았으나 많은 사람들은 일단 5개월 정도로 보고 있으며, 목적지는 12월 대선이다. 24일 추진모임 발기인대회가 열린 범여권의 ‘미래창조대통합민주신당’ 얘기다.

‘미래창조……’는 모습을 드러내자마자 언론의 스포트라이트를 받았다. ‘도로열린우리당’, ‘위장신당 개업’, ‘간판 바꿔달기 정당’, ‘5개월짜리 선거용 정당’, ‘과거회귀 잡탕신당’, ‘또 하나의 DJ당’, ‘제3지대 유령선’ 등이 각종 언론이 이 당에 붙여 준 이름이다. 말은 다양하지만 본질은 하나다.

 ‘미래창조대통합민주신당’이란 기억하기도 어려운 기괴한 작명 자체가 이 당의 잡탕성을 여실히 보여 준다. 이 당은 열린우리당 탈당파와 통합민주당 탈당파 그리고 한나라당 탈당파(손학규 중심)라는 어제의 용사들이 다시 뭉친 ‘예비군 정당’이다. 세 군데서 왔다고 하지만 현역의원 84명 중 80명이 열린우리당 출신이니 ‘도로 열린우리당’이란 비판을 면키 어렵다. 이런 과거 회귀성과 ‘위장신당 개업’이란 비난을 탈색시키고자 시민사회세력을 자칭하는 ‘미래창조연대’를 끌어들였다. 그 바람에 당명도 ‘미래창조’가 덧붙여져 ‘기찻길’처럼 늘어지고 말았다. 하지만 이름이 길어진 만큼 대통합신당의 내용이 깊어지고 새로워졌는지는 의문이다. 혼탁한 피에 수혈된 피가 과연 새 피인지도 의심스럽고, 혈액형이 맞는 피를 수혈했는지도 의문이기 때문이다.

 통합파들은 신당 출범의 명분으로 서민과 중산층의 정당으로서 사회양극화 완화, 건강한 경제정의구현, 지역주의 배격과 전국정당 지향, 사회경제적 민주주의 달성, 햇볕정책 계승을 내세웠다. 그러나 이 정도 내용이 과연 신당의 명분이 될 수 있을지 의문이다. 열린우리당이 표방하던 것들과 하등 차이를 찾을 수 없기 때문이다. 노무현 정권과 몸을 섞던 이들이 노 대통령의 인기가 하락하자 도마뱀 꼬리 자르기 식으로 대통령 및 열린우리당과 결별하고 간판 바꿔 달기를 하고 있다는 비판이 당연히 나올 수밖에 없다.

그런가 하면 대통합신당을 구성하고 있는 네 세력 사이에 이념 및 정책 면에서 공통성을 찾기도 쉽지 않다. 대표적인 예가 한·미 자유무역협정(FTA)에 대한 입장 차이다. 신당에 참여한 대선 주자들은 한·미 FTA에 대해 반대 단식투쟁부터 조건부 찬성, 적극적 지지 등 다양한 모습을 보여 주었다. 새 피로 수혈된 시민사회세력은 대부분 FTA에 적극 반대하던 사람들이다. 모름지기 정당이란 이념과 정책을 같이하는 사람들이 정치권력을 쟁취하기 위해 모인 집단인데, 핵심적인 문제에 대해 이렇게 이질적 생각을 지닌 사람들이 어떻게 같은 정당을 하겠다는 것인지 모르겠다.

대통합신당에는 타협만 보이고 원칙이 보이지 않는다. 원칙이 없는 타협은 야합일 뿐이다. 통합파들은 항변할지 모른다. ‘수구보수세력’ 집권 저지와 ‘평화민주개혁세력’에 의한 정권 재창출이 통합의 원칙이라고 하지만 평화, 민주, 개혁은 그들을 재포장하기에 이미 식상한 개념이다. 아울러 반한나라당 전선의 형성도 또 한 번의 창당을 합리화하기에는 역부족이다. 국민들은 좀 더 피부에 와 닿는 원칙과 명분을 보여 주길 바라고 있다. 그렇지 않다면 통합신당은 선거 때마다 등장하는 또 하나의 정체불명의 ‘아메바(amoeba·단세포 원형동물) 정당’에 그칠 것이다.

(조선일보, 2007. 7. 26.)

민심 등진 '의원 임대(賃貸)'

이 세상에는 합법적이지만 정당하지 않은 일이 많다. 박정희, 전두환 두 전직 대통령이 선거인단을 동원해 체육관에서 대통령에 선출된 일이나 삼성재벌의 편법재산상속 문제 등은 법적 절차로는 하자가 없었다. 다만 그 내용이 정당하지 않기 때문에 많은 사람들이 의구심을 지니고 있는 것이다. 최근 일어난 의원이적사태도 같은 맥락에서 바라볼 수 있다.

세 명의 민주당 의원이 자발적(?)으로 자민련에 의거입당 한 것은 국회법상으로는 하등 문제될 것이 없다. 전국구 아닌 지역구 의원이 당적을 바꾸는 것을 현행 국회법은 허용하고 있기 때문이다. 민주당은 바로 이 점을 강조하고 있다. 민주당은 이번 일이 합당이나 의원 빼 가기를 통한 인위적 정계개편이 아니라 현행법의 테두리 내에서 이루어진 자발적 이적임을 내세우고 있다. 그러나 문제는 그것을 믿는 국민이 별로 없다는 점이다. 국민들 눈에 그것은 구국을 위한 자발적 결단보다는 구당(求黨) 내지는 구(求)특정인을 위해 벌인 소극(笑劇)으로밖에 비치질 않는다. 요컨대 국민 대다수가 이 일의 정당성에 대해 의문을 품고 있는 것이다.

합법성과 정당성의 관계에 대해서는 여러 견해가 존재한다. 그중에는 합법성이 정당성의 근거가 된다는 논리도 있다. 이 논리에서는 합법성의 원리가 국가의 최고원리로 존중된다. 무엇이 진정한 의미의 정의이고, 법의 내용이 과연 그에 부합되는지는 문제되지 않는다. 내용이야 어떻든 그것이 절차에 맞게 제정된 법이라면 모두 유효하다는 것이 이 논리의 요체이다. 지금 민주당이 의존하고 있는 논리는 바로 이것이다.

그러나 이것은 법만능주의에 빠질 수 있는 위험한 논리이다. 이 논리에 따를 때, 법은 일단 성립하면 자기 역동성을 지닌 괴물로 변해 우리를 구속할 수 있다. 이것은 히틀러를 비롯한 많은 독재자들이 선호하는 논리였다. 그들은 이 논리에 의거해 법률의 형식을 빌려 사실상의 불법적 통치를 자행했다. 이 논리에 의거할 때, 국가는 무늬만 법치국가이지 사실은 법률(만능)국가로 전락하고 만다.

이에 반해 현존하는 최고의 사회철학자인 하버마스(J. Habermas)는 합법성과 정당성의 관계를 이렇게 규정하고 있다. "민주적 법치국가에서 정당성은 합법성의 근거이고, 합법성은 정당성의 실현매체이다." 합법성은 국민적 정당성에 기반을 둘 때 빛을 발하며, 이러한 정당성은 합법성을 통해 자신을 구현시켜 나간다. 따라서 합법성과 정당성은 서로가 서로를 전제하는 관계이지 어느 하나가 우선시될 수 있는 관계는 아니다.

오늘날 대부분의 민주국가는 합법성을 정당성보다 앞세우는 논리보다는 양자를 상보(相補)적인 관계로 보는 논리를 수용하고 있다. 그런데도 유독 민주당이 이름값을 못하고 합법성에만 집착하는 구시대적인 궤변을 부리고 있는 것은 어인 일인가?

이번 의원임대사태를 통해 민주당은 수적 우세를 확보했고, 자민련은 돈(연간 60억 상당의 국고보조금)을 획득했다. 정치에서 의원의 수도 중요하다. 그리고 '뭐니 뭐니 해도 머니(money)가 최고'라는 말도 있듯이 돈도 정치에서 필요하다. 그러나 정치에서 가장 중요한 것은 인심을 얻는 일임을 두 당은 잊지 말아야 할 것이다. 정치인이 물고기라면 인심은 물과 같다. 물을 떠나 고기가 살 수 없듯이, 인심을 잃은 정치인이나 정당은 오래 버티기 어렵다.

민심은 합법성에만 집착해서는 얻어지기 어렵다. 합법성이 정당성에 근거할 때 민심도 따라온다. 두 당이 이 점을 유념하고 지금이라도 정도(正道)를 갔으면 좋겠다.

(조선일보, 2001. 1. 4.)

여(與), '초재선의 소리' 새겨들어야

민주당 초재선 의원 13명이 '금요일의 반란'을 일으켰다. 이들은 당 총재인 김대중(金大中) 대통령이 이미 불가를 선언한 특별검사제 도입과 당지도부 사퇴까지 요구한 것으로 보도됐다. 김 대통령이 정국을 제대로 인식하고 있는지에 대한 의문도 제기됐다. 잠시나마 이들에게는 '성역(聖域)'이 없는 것처럼 보였다.

소장의원들의 행동에 대한 반응은 두 가지였다. 대부분의 국민은 오랜만에 시원한 소리를 들었다는 반응이었지만 여권 수뇌부는 떫은 표정을 지었다. 충정은 이해하지만, 방법에 문제가 있다는 것이었다. 국민과 여권 수뇌부 사이의 이런 괴리는 왜 발생하는가? 수뇌부의 말처럼 정말 방법에 문제가 있었는가?

모임에서 나온 의원들의 발언내용을 보면 여권 수뇌부는 이들이 모임을 갖게 된 원인의 본질을 제대로 인식하지 못하고 있는 것 같다. 이들이 모임을 갖게 된 배경은 두 가지였다. 우선 경직된 당내 의사결정구조를 개선하라는 것이었다. 모임에서 한 의원은 "의원총

회도 짜인 각본대로 진행된다."면서, "의원들의 중지(衆智)를 모으는 실질적인 자리로 만들어야 한다."고 주장했다. 이것은 만약 당내 의사결정구조가 개방적이고 투명했더라면, 자신들이 굳이 따로 의견을 모을 필요가 없었다는 뜻으로도 들린다. 현실이 이런데도 당지도부는 여전히 조직의 논리를 운운하며 방법과 절차의 문제점만 지적하고 있으니 답답하기 짝이 없다. 지도부는 13인의 집단행동을 '자해행위'라고 탓하기 전에 먼저 그들에게 실질적인 토론의 장을 제공한 적이 있었는지를 자문(自問)해 봐야 할 것이다.

소장의원 모임의 두 번째 이유는 민주당이 무력감에서 벗어나 제 역할을 하라는 것이었다. 정치는 장기간 뇌사(腦死)상태에 빠져 있는데, 집권당은 수수방관하고 있다는 세간의 여론을 이들이 대변한 것이다. 모임에서는 "지금 한국 정치에는 남북문제에만 골몰하는 청와대와 거리로 나간 한나라당만 있고, 민주당은 없다."는 자조적인 발언까지 나왔다. 없는 민주당을 다시 있게 만드는 것, 민주당을 다시 정치의 중심에 세우는 것, 이것이 지금 민주당 지도부가 해야 할 일이고, 소장의원들은 모임에서 바로 그 점을 지적했던 것이다.

모임이 '반란'으로 해석되고 파문이 커지자 소장파 의원 일부가 다음 날 당 대표를 찾아가 사과하고 '백기(白旗)'를 들었다고 한다. 백기를 든 것인지 예의를 갖춘 것인지는 알 수 없지만, 그렇다고 해서 '금요일의 반란'에서 주장된 내용이 의미를 잃는 것은 아니다. 그들의 주장에서 진정 중요한 것은 특검제 요구나 지도부 사퇴가 아니라고 생각한다. 당내 의사소통 구조의 개선과 민주당의 정치력 회복이 그들 주장의 핵심이며, 이 점은 어느 누구도 부인할 수 없다.

　현시점에서 여권 수뇌부에 필요한 것은 비판을 수용하는 겸허, 진실을 고백하는 용기 그리고 네 탓이 아니라 내 탓임을 아는 책임감이다. 그럴 때 금요일의 '반란'은 모든 요일의 '상식'이 될 것이다.

(동아일보, 2000. 9. 18.)

낙선운동과 부메랑

인터넷시대의 편리한 점 하나가 과거 신문을 용이하게 볼 수 있다는 점이다. '낙선운동'이란 주제로 2000년 16대 총선 즈음의 신문을 검색하자 수백 건의 기사가 쏟아져 나왔는데, 그중 네 가지가 눈에 들어왔다. 김대중 전 대통령은 '국민의 뜻', '시대적 흐름' 등의 표현을 쓰면서 이 운동을 법으로 규제해서는 안 된다는 뜻을 표명했다. "4·19나 6월 항쟁도 불법이었지만 국민의 의사에 따라 정당성이 인정됐다. 시민단체의 이런 운동은 오래전부터 해 온 것……. 거시적으로 보아야 한다." 김 전 대통령의 발언이다.

김옥두 당시 민주당 사무총장은 총선연대가 내놓은 명단을 공천에 적극 반영하겠다는 의지를 표명했다. 한나라당과 자민련이 반발하면서 "운동을 주도하는 시민단체 소속 인사 상당수가 민주당에 깊숙이 관계했다."고 비판하자 총선연대와 민주당은 '터무니없는 억지'라고 반박했다. 김수환 추기경은 "대통령은 민주당의 다수당 여하에 구애받지 말고 공명선거를 치러야 한다."면서 대통령에게 '마음을 비울 것'을 주문했다.

위의 네 장면에서 이름만 몇 군데 바꾸어 보라. 그러면 4년 전과 지금이 별반 다르지 않음을 쉽게 알 수 있다. 대통령과 여당은 낙선운동을 즐기고 있고, 야당들은 반발하고 있으며, 추기경은 여전히 우려하고 있다. 그러나 중요한 차이 두 가지를 놓치지 말아야 한다. 여당에서 야당으로 추락하는 바람에 낙선운동의 대상이 되고만 민주당이 이 운동에 대해 입장을 바꾸었다는 점과, 이번에는 시민단체를 참칭하는 노무현 대통령 지지자그룹까지 운동에 가담하고 있어 지난번보다 상황이 훨씬 혼탁하다는 점이다.

민주당의 운명을 지켜보면서 부메랑을 생각하게 된다. 이것은 호주 원주민이 사용하던 사냥도구로 던지면 목표물을 맞히고 제자리로 돌아오는 무기다. 익숙지 못한 상태에서 쓰면 자신이 다칠 수도 있는 기구인 것이다. 4년 전 민주당은 낙천·낙선운동이 이런 무기가 될 줄 몰랐을 것이다. 이 점은 4년 후 열린우리당에도 해당되는 말이다. 한 치 앞을 내다보기 어려운 한국 정치에서 4년 후를 걱정하는 것이 책상물림의 기우(杞憂)일지 모르지만.

(동아일보, 2004. 2. 9.)

대통령 당적 확실한 선택을

경제가 걱정이다. 그렇지 않아도 국내 산업기반이 무너지고 있다는 우려가 나오는 상황에 환율, 유가 등 국제적 요인까지 겹쳐 주름살이 깊어 가고 있다. 이럴 때 정치라도 중심을 잡아 주어야 하는데 상황은 그 반대다. 예측 불가능한 정치가 오히려 경제안정을 방해하고 있는 것이다. 그리고 이렇게 정치를 예측하기 어렵게 만드는 중심에 노무현 대통령이 있다는 점에 문제의 심각성이 있다.

무엇보다 노 대통령의 당적 문제가 그렇다. 노 대통령은 민주당적을 버리면서 적어도 정기국회가 끝날 때까지는 어떤 당적도 갖지 않을 것이라고 밝혔다. 이에 대해 일각에서는 '위장 탈당', '철새 대통령'이라고 비판하면서 책임정치 구현 차원에서 조속히 당적을 선택하라고 압박하고 있다. 노 대통령이 지지입장을 밝힌 통합신당에 들어가야 마땅하다는 것이다. 그러나 내년 총선까지는 신당에 입당하지 말아야 한다는 소리도 있고, 심지어 계속 무당적(無黨籍) 대통령으로 남아야 한다는 주장도 있다.

각각의 주장이 모두 장단점이 있기 때문에 정답을 찾기는 쉽지 않다. 사람들을 더욱 혼란케 하는 것은 이들의 주장에 정파적 이해관계가 깔려 있다는 점이다. 노 대통령의 당적 문제를 둘러싸고 정치권에서 벌어지는 논란의 맹점이 바로 여기에 있다. 각 정치세력은 정략적 계산만 앞세울 뿐, 국가와 국민을 위해 무엇을 해야 할지에 대해서는 잊고 있는 것이다.

노 대통령에게 조속히 통합신당에 입당하라고 주장하는 측은 통합신당을 하루빨리 '노무현당'으로 낙인찍고 싶어 한다. 반대 측은 대통령의 인기가 높지 않은 상태에서 이러한 낙인이 가져올 부정적 효과를 생각해 입당을 늦추려고 하는 것 같다.

정치의 본분을 잊고 정략적인 주판알 튀기기에 빠져 있다는 점은 노 대통령도 크게 다르지 않다. 탈당은 했지만 입당 여부는 정기국회가 끝난 후에 보자는 식의 유보적 태도는 현시점에서 이해득실을 계산하는 것이 쉽지 않음을 반영한 고육책(苦肉策)이라고 볼 수밖에 없다.

국정을 책임지는 대통령이라면 그 판단기준이 정당과는 달라야 하지 않을까. 경제가 어렵다는 점을 조금이라도 생각한다면 그리고 그 어려움이 한국 사회의 예측 불가능성 때문에 가중되고 있다는 점을 인정한다면, 노 대통령의 선택은 달라야 한다.

조기 입당을 하건, 무당적으로 남건 어차피 정답을 찾기 어려운 문제이기 때문에 그 선택은 대통령의 몫이다. 그러나 어정쩡한 태도는 보이지 말아야 한다. 정기국회 후에 상황이 좋아지면 입당할 수도 있고 아니면 무당적으로 남겠다는 식의 '기회주의적' 태도는 한국 정치의 예측 가능성을 떨어뜨려 경제에 부담만 준다.

따라서 노 대통령은 당적을 가질 것인지, 아니면 임기 끝까지 당적을 갖지 않고 초당적으로 국정을 운영해 나갈지에 대해 명확한 선택을 해야 한다. 그 선택은 조건부가 아닌 절대적 결단이어야 한다.

어떤 선택을 하건 노 대통령은 하루빨리 비서실의 정무라인을 재정비해야 한다. 이번 감사원장 임명동의안 처리 때에도 드러났지만 청와대 정무라인은 막연한 낙관론에 빠져 뒷짐만 지고 있었다. 민주당의 분당으로 여야가 불분명해진 상태인데도 어느 누구 하나 동의안의 국회통과를 위해 책임지고 달려들지 않았다.

한나라당의 호의는 애초 기대하기 어려웠고, 민주당은 노 대통령에 대해 잔뜩 골이 나 있었다. 사실상의 여당인 통합신당 역시 다수 의원이 표결에 불참하는 등 책임 있는 자세를 보이지 않았다. 이런 판국에 청와대마저 손을 놓고 있었다는 것은 중대한 문제다. 이러한 '정치 실종' 사태는 정무라인의 존재이유를 의심케 하기에 충분했다.

현시점에서 노 대통령이 어떤 선택을 하건 다수파가 되기는 쉽지 않다. 통합신당에 입당하면 제3당의 대통령이 될 것이고, 무당적으로 남으면 더욱 소수파가 될 것이다. 이럴수록 필요한 것은 청와대의 정무기능 활성화를 통한 대화정치의 복원이다. 이는 노 대통령의 소신인 대화 정치를 되살리기 위해서도 시급한 일이다.

(동아일보, 2003. 10. 1.)

대통령 탈당논의 늦었다

　　정치는 시간의 예술이다. 아무리 좋은 정치적 결단 내지 선택도 적절한 때를 놓치면 효과가 떨어지기 마련이다. 김대중 정부는 집권 4년여 동안 여러 문제에서 적절한 처방의 시기를 놓쳤다. 그 결과 호미로 막아도 될 문제를 가래로도 못 막는 것으로 키우고 말았다. 옷로비, 가신척결, 아들 비리의혹 문제 등이 대표적 예다. 그런데 최근 또 하나의 문제가 때늦게 거론되고 있다. 김 대통령의 민주당 탈당문제다. 이것 역시 집권 초에 이루어졌으면 모를까 이제 와서 탈당을 논하는 것은 무책임 정치의 표본으로 여겨지거나 정략적 발상으로 오해될 뿐이다.

　　대통령제 국가에서 대통령이 집권당을 떠나는 일은 드물고 부자연스럽다. 대통령제에서 대통령과 그의 당은 국민들로부터 헌법에 보장된 시기 동안 국정을 책임지라는 위임을 받은 것이다. 이 기간 동안의 국정운영 결과에 대한 채점은 다음 번 대통령 선거에서 이루어진다. 국민들은 대통령과 집권당에 대한 채점결과를 토대로 그 당의 후보에게 국정운영의 책임을 계속 맡길지 다른 당의 다른 후보에게 넘길지를 결정하는 것이다. 이 점에서 대통령은 다음 선거가 있을 때까지 집권당과 운명을 같이하는 것이 책임정치를 실현하는 올바른 방법이다.

돌이켜 보면 지난 4년 동안 김 대통령이 집권당을 떠날 명분이 전혀 없지는 않았다. 우선 집권 초 경제위기를 효율적으로 극복하기 위해서 당적을 버리겠다고 선언할 수 있었다. 당시 집권당인 국민회의는 공조관계에 있던 자민련과 의석을 합쳐도 원내 소수를 벗어나지 못했다. 이런 상황에서 대통령이 초당적 입장에서 경제위기를 극복하겠다고 선언했다면 아마 야당도 거부하기 어려웠을 것이고 국민들도 지지했을 것이다. 그러나 대통령은 이 기회를 놓쳤다. 그는 DJP 공조에 집착했고, 의원영입에 골몰했다.

또 한 번의 기회가 있었다. DJP 공조가 깨진 상태에서 치러진 2000년 4월 총선에서 국민회의가 탈바꿈한 민주당은 원내 다수 의석 확보에 실패했다. 다시 집권당이 소수파로 전락한 것이다. 김 대통령은 이때라도 민주당을 떠나 초당파적으로 정국을 운영하면서 남북관계 개선의 과업을 완수하겠다고 선언했어야 했다. 그랬더라면 야당도 반대하기 어려웠을 것이고 국민들도 호응했을 것이다. 그러나 그는 반대의 선택을 했다. DJP 공조를 부활시키는 방향으로 간 것이다. 그는 또 한 차례 실기(失機)했다.

임기를 10개월 남겨 놓은 지금 대통령 탈당문제가 다시 거론되고 있다. 그러나 이제 때는 너무 늦었다. 만약 지금 그것을 단행한다면 무책임하다는 비판을 면키 어려울 것이다. 애초 김 대통령이 당적 포기를 거부한 명분이 책임정치의 구현을 위해서였다. 그런데 임기 말에 와서, 그것도 아들 문제 때문에 정국이 엉클어질 대로 엉클어진 상황에서 탈당한다면 그것은 국민들에게 무책임하고 앞뒤가 맞지 않는 행위로 보일 뿐이다. 탈당할 경우 레임덕은 가속화될 것이고, 심한 경우 '식물대통령'이 될지도 모른다. 그로 인해 초래될 국정운영의 난맥상은 누가 책임진단 말인가?

아울러 대통령 탈당문제가 거론되는 것 자체가 정략적 발상 아니냐는 인상을 지울 길이 없다. 이 논의의 부상배경에는 아들 비리의혹과 그로 인한 민심이반 현상이 있다. 이것이 민주당의 노무현 후보에게 부담을 주고 있고 또 목전에 다가온 6월 13일 지방선거에서도 민주당과 노 후보에게 부담으로 작용할 것 같아서 민주당 일각에서 이 문제가 거론되고 있는 것 같다. 그러나 이런 배경에서 대통령이 탈당하는 것은 그 자체가 정치에 관여하는 행위다. 이것은 작년 말 민주당 총재직을 내놓으며 김 대통령이 한 정치불간섭 선언과도 배치되는 것이다.

결론적으로 김 대통령은 민주당을 탈당하지 않는 것이 옳다. 끝까지 책임지는 자세를 보여야 한다. 만약 그래도 해야겠다면 적어도 다음과 같은 조건이 충족되어야 할 것이다. 내각은 물론이고 국정원이나 검찰, 경찰과 같은 권력기관 그리고 청와대 비서실의 핵심 부서까지 모두가 공감할 만한 중립적인 인사로 개편하는 것이 전제되어야 한다. 이러한 전제조건의 충족 없이 대통령만 민주당을 나가는 것은 의미가 없다.

　이러한 전제조건을 채우는 문제와 관련해서도 대통령은 시간이란 문제를 유념해야 한다. 세월은 무한정 기다려 주지 않는다. 시간을 선용(善用)하지 못하면 기다리는 것은 시간의 보복뿐이다.

(동아일보, 2002. 4. 29.)

'여(與) 정치실험' 공정성이 열쇠

그동안 정치일정을 둘러싸고 내홍(內訌)에 휩싸였던 민주당이 드디어 4월 20일 전당대회를 열어 대선후보와 당 지도부를 동시에 선출키로 합의했다. 이 합의는 논란의 종식일 수도 있지만 새로운 갈등의 시작일 수도 있다. 이것이 그간의 내분을 치유하고 당이 새롭게 도약하는 발판이 되기 위해서는 경선과정에서 공정성이 확보되고 후보자들 간에 양보 및 타협의 미덕이 발휘되어야만 한다.

민주당이 확정한 안에는 한국 정치의 풍토를 변화시킬 수 있는 획기적인 내용도 다수 들어 있다. 특히 대의원과 당원 그리고 일반 국민을 2:3:5의 비율로 국민선거인단을 구성하고 그들로 하여금 대선후보를 선출케 한다든지, 대권과 당권을 분리시키고 대선은 대권주자가 그리고 지방선거를 비롯한 기타 선거는 당 지도부가 주도적으로 치르게 하자는 안, 예비선거과정에 결선투표제의 일종인 선호투표제가 도입되고 인터넷 투표도 부분적으로 도입하는 안 등은 주목을 끌기에 충분한 것들이다. 이런 방안들은 후보결정과정에서 국민의 참여를 제고시키고 후보 일인에게 모든 권한이 집중되는 것을 방지할 수 있다는 점에서 '제대로' 시행되기만 한다면 한국의 정치문화에 커다란 변화를 몰고 올 수도 있는 것이다.

그러나 이러한 실험이 성공하기에는 너무나 많은 어려움이 가로놓여 있다. 우리 국민들은 정치에 관심은 많지만 직접 참여하기는 꺼리고 있다. 각 당이 수많은 당원을 지니고 있다고 선전하고 있지만 자발적으로 당비를 내는 사람은 드물다. 당원의 대부분이 아는 사람의 강권 때문에 또는 어떤 보상을 바라고 정당활동에 참여한 사람들이다. 이런 상황에서 국민선거인단의 50%에 해당하는 일반 국민들을 어떻게 확보할 수 있을지 걱정이 앞선다. 자발적 참여자가 많지 않을 경우 각 후보자들은 자신에게 유리한 국민선거인단을 보다 많이 확보하기 위해 온갖 수단을 동원하게 될 텐데, 그 과정에서 유입되는 막대한 금품을 어떻게 막을 수 있을지도 의문이다.

예비선거가 금품으로 인한 불공정성 시비에 휘말리게 될 경우 이 게임에서의 패배자는 결과에 승복하지 않을 수도 있다. 이런 상태에서 과연 대권주자와 당권주자 간의 양보와 타협이 과연 잘 지켜지고 또 민주당의 단합이 제대로 유지되겠는가? 민주당이 획기적인 쇄신안을 마련한 주된 이유는 당이 처한 심각한 위기를 돌파하기 위해서였다. 작년 민주당은 각종 게이트와 재보선패배 등으로 많은 시련을 겪었다. 특히 김대중 대통령의 총재직 사퇴 이후 당이 처한 가장 큰 위기는 대권후보들 간의 갈등으로 인해 당이 분열될지도 모른다는 점이었다. 예비선거제 도입과 대권·당권

분리를 골자로 하는 민주당의 쇄신안은 결국 당이 쪼개지는 것을 막기 위해 나온 고육책(苦肉策)이다. 그런데 예비선거 자체가 공정성을 확보하지 못할 경우 그것은 당의 단합유지라는 도입의 본래 목적에 오히려 역행될 수도 있다.

이런 사태를 막기 위해 민주당은 하루빨리 당내외의 중립적인 인사들로 모든 당내 경선을 관리할 특별위원회를 발족해야 한다. 이 위원회는 우선 게임의 규칙을 구체적이고도 명확하게 정해야 하며, 모든 경선참여자들로부터 그것을 준수하겠다는 공개적인 선언도 받아야 한다. 아울러 민주당의 경선후보자들은 각자의 정치적 지향점과 성향에 따라 적극적으로 상호 연대를 모색해야 한다. 연합이 성사되기 위해서는 서로 간에 양보와 타협이 절대적으로 필요하다. 이러한 연대를 통해 민주당은 당의 단합이 훼손되지 않으면서 당의 힘을 최대한 끌어 모을 수 있는 드림팀을 구성해야 한다.

이번 선거에서 민주당이 내세울 수 있는 목표는 세대교체와 동서화합 그리고 개혁이라는 세 가지이다. 그리고 민주당의 경선주자들이 나누어 가져야 할 파이(pie)의 주요 몫은 대선후보, 당대표 그리고 수도권 광역단체장 후보이다. 민주당이 드림팀을 구성할 수 있느냐는 당의 목표와 분배 몫을 어떻게 조화롭게 조합하느냐에 달려 있다.

한국 정치의 앞날을 위해서도 민주당의 정치실험이 성과를 거두고, 드림팀이 구성되기를 희망해 본다.

(동아일보, 2002. 1. 8.)

"박정희에 기대어 이익을 취하려는 측에 그는
산 사마중달(司馬仲達)을 이기는 죽은 제갈공명(諸葛孔明)과
같은 존재일지도 모른다. 하지만 그에 대한 의존이 지나쳐
화석화된 역사가 현실을 지배하게 해서는 곤란하다."

chapter 07

'정치혐오증' 낳는 선거풍토

투표용지에 '기권란'이 있었더라면

투표용지에 기권란이 있었더라면 이번 총선 결과는 어떻게 되었을까? 투표율은 높아지지만 각 당이 얻은 유효득표율은 오히려 낮아지는 기현상이 벌어지지 않았을까? 18대 총선 투표율인 46%보다 더 많은 유권자들이 투표장에 나가 기권란에 기표함으로써 정치권 전체에 대한 불신이나 응징의 마음을 표현하지 않았을까?

이번 총선에서 투표율이 46%까지 떨어지자 대의민주주의의 위기를 걱정하는 소리가 높아지고 있다. 각종 인터넷 사이트에서 이 문제를 해소하려는 아이디어도 백출하고 있다. 투표를 법으로 의무화하고 어길 경우 벌금을 물리자는 안은 외국의 선례가 있으니 별반 새로울 것이 없다. 하지만 투표용지에 기권란을 만들어 정치권 전체에 실망한 사람들도 적극적으로 의사를 표현할 수 있는 길을 열어 줌으로써 투표율을 올리자는 안은 일견 참신해 보인다.

선거는 시장에서의 거래행위에 비유되기도 한다. 즉 정치시장(political market)에서 정당이 내놓은 후보자와 정책이라는 상품을 유권자가 표를 주고 구매하는 행위가 선거라는 것이다. 그런데 정치시장에서는 공급자들이 그다지 품질이 좋지 않거나 별로 알려지지 않은 제품만을 늘어놓고 소비자에게 구매를 강요하는 수가 적지 않다. 이런 공급자의 일방적 강매에 대해 소비자가 보일 수 있는 반응은 썩 내키지 않는 제품 중에서 어쩔 수 없이 고르거나 아예 구매를 포기하는 수밖에 없다.

기권란을 신설하는 것은 독과점적 구조를 지닌 정치시장에서 소비자의 선택지를 넓혀 준다는 점에서 긍정적인 점도 있다. 하지만 그렇지 않아도 높은 정치에 대한 불신과 냉소주의를 더 부채질할 수 있다는 부작용도 생각해야 한다. 아울러 기권이 정치적 불신이란 소극적 의사표현 외에 적극적으로 무엇을 대변하는 것은 아니라는 점에서 대의민주주의의 기본원리와 충돌할 수도 있다는 보다 근본적인 의문에 봉착하게 된다.

따라서 기권란을 두자는 주장 자체는 그다지 현실감이 있어 보이지 않는다. 다만 그런 주장까지 나오게 된 배경에 대해서는 우리가 보다 심각하게 고민할 필요가 있다. 사실 투표율 저하는 이번 총선만의 문제는 아니다. 지난 20여 년 동안 투표율은 지속적으로 하락되어 왔기 때문이다. 그런데도 이번 총선투표율이 특히 문제가 되는 것은 심리적 마지노선인 50% 아래로 떨어졌다는 점과 17대 총선에 비해 무려 14%가 넘게 떨어졌기 때문이다.

제도적 장치를 통해 투표율 저하를 막기에는 한계가 있다. 가장 좋은 방책은 정치에 대한 국민적 관심과 신뢰를 회복하는 것이다. 이를 위해 장기적으로는 각 정당이 정치시장에서 양질의 상품을 공급하려고 노력해야 하지만 우선은 이번 선거에서 투표를 포기한 54% 유권자의 마음을 읽으려는 자세를 갖는 게 중요하다.

그러나 총선 이후 각 당은 투표에 참여한 46%의 유권자들의 표심만을 기준으로 승패를 계산하기에 바쁜 것 같다. 54%가 정치를 외면함으로써 정치권 전체의 기반이 허물어지고 있는데, 46%만을 놓고 한나라당의 신승(辛勝), 박근혜의 부활, 보수의 대승(大勝), 진보의 구사일생 등을 따지는 것이 무슨 큰 의미가 있을까? 적어도 54%를 기준으로 본다면 이번 총선은 승자 없이 모두가 패한 싸움이 아닐까?

54%가 투표장에 나가지 않은 이유는 다양할 것이다. 말 그대로 정치에 무관심해서일 수도 있고 정치 자체에 절망하거나 환멸을 느꼈기 때문일 수도 있다. 어느 쪽이 되었건 이들을 팽개쳐 버린 승리는 반쪽만의 승리에 불과하다. 보수냐 진보냐, 이명박이냐 박근혜냐도 중요하지만 그 이전에 절반이 넘는 유권자를 어떻게 다시 정치로 끌어들일 것인가에 대해 정치권 전체가 머리를 맞대야 할 시점이다.

(조선일보, 2008. 4. 11.)

이번 대선도 왜곡된 결선투표로 가나

우리 헌법에는 결선투표 조항이 없다. 그런데도 지난 두 차례의 대선은 내용상으로는 결선투표처럼 치러졌다. 그 경우 1차 투표 역할을 한 것은 후보 간 연합이나 여론조사에 의거한 후보 단일화였다. 결국 우리는 헌법에도 없는 결선투표를 왜곡된 형태로 두 차례 치렀다고 할 수 있다. 문제는 이번 대선도 같은 방식으로 치르려는 움직임이 노골화되고 있다는 점이다.

범여권의 후보 단일화 움직임이 빨라지고 있다. 그 이유는 자명하다. "합하면 이기고 쪼개지면 진다."는 지난 두 차례 대선의 학습효과 때문이다. 사실 이번 대선만큼 범여권이 불리한 상황에 처한 적도 없다. 이명박 후보와 여타 후보의 차이가 너무 커서 범여권이 단일화를 이루어도 쫓아가기가 쉽지 않은 지경이었다. 하지만 야권 분열(이회창 출마)로 노력 여하에 따라 범여권이 유리해질 수도 있는 기반은 만들어졌다. 다만 범여권 후보들이 모두 3위권 이하로 처져 있는 상태여서 무언가 반전의 계기가 있어야 하는데, 현재로선 단일화 외에 길이 없는 것 같다.

그러나 이런 식의 '묻지마 단일화'는 많은 문제점을 지니고 있다. 가장 자주 지적되는 게 정당정치를 희화화(戱畵化)한다는 점이다. 선거에 임박해서 단일화할 거면 무엇 하러 돈·시간·노력을 들여 경선을 치르고 후보를 뽑았냐는 것이다. 가치와 노선이 다른 정당들이 집권만을 위해 연합할 거면 정당의 존재 의의가 없지 않으냐는 비판도 있다.

이 못지않게 중요한데도 간과되고 있는 점이 '묻지마 단일화'가 대선을 왜곡된 결선투표로 변질시키고 있다는 사실이다. 본래 결선투표제란 1차 투표에서 정해진 기준(대개 과반수 득표)을 넘는 후보가 나오지 않으면 일정한 시간이 지난 뒤 상위 득표자 2인을 놓고 2차 투표를 해서 최종 당선자를 가리는 방식이다. 이때 1차와 2차 투표 사이에 자연스럽게 정당이나 후보 간에 연합이 일어나며, 그 경우 연합은 1차 투표에서 드러난 민의를 바탕으로 이루어진다.

그런데 우리의 경우는 1차 투표(단일화)가 후보 간의 거래(DJP연합)나 여론조사방식(노무현과 정몽준의 단일화)으로 이루어졌다. 후보 간의 정치적 흥정에 대해 민의를 무시한 야합이란 비판이 일자 지난 대선부터 새로 도입된 방식이 여론조사다. 그러나 여론조사는 참고자료일 뿐 국민의 선택행위 자체를 대신할 수는 없다. 이런 식의 1차 투표가 지닌 문제는 국민의 의사가 왜곡되게 반영된다는 점과 정치시장에서 공급자(정당이나 정치인)가 수요자(유권자)의 선택지를 인위적으로 제약한다는 점이다. 그 결과 우리 국민들은 이미 결선투표로 변질된 대선에서 1차 투표에서 민의와 무관하게 걸러진 후보까지 대상으로 해서 선택권을 행사해야 하는 모순에 빠지게 된다.

따라서 범여권은 지금이라도 민의를 왜곡하고 국민의 선택지를 실질적으로 제약하는 후보 단일화 작업을 멈추어야 한다. 그리고 차제에 정치권은 다음 정권에서 있을 개헌에서 결선투표제의 도입을 적극 검토해야 한다.

현재 결선투표제는 프랑스, 러시아, 오스트리아, 브라질 등 많은 대통령제 국가에서 시행되고 있다. 이 제도는 선거를 두 번 치름으로써 비용이 더 들고 혼란을 증폭시키고, 다당제를 촉진시킬 수도 있다. 그러나 안정 다수를 획득한 대통령을 탄생시킴으로써 권력의 정당성에 대한 시비를 막아 준다는 장점이 있다.

한국이 미국처럼 양당제라면 굳이 결선투표제를 도입할 필요가 없다. 하지만 민주화 이후 지난 20년을 돌아볼 때 한국에서 다당제 경향을 피하기는 어려울 것 같다. 현실이 그렇다면 지금까지처럼 대선을 왜곡된 방식의 2단계 투표가 아니라 결선투표제를 도입해 민의가 제대로 반영되는 2단계 투표로 치르는 게 낫지 않겠는가. 그 경우 비용과 혼란을 줄이기 위한 별도의 제도적 장치는 당연히 마련되어야 하겠지만.

(조선일보, 2007. 11. 20.)

대선은 YS와 DJ의 최후의 승부처인가

2007년 대선은 김영삼, 김대중 두 전직 대통령의 최후의 승부처가 될 것 같다. 올해 대선을 바라보는 관전 포인트는 여러 가지가 있을 수 있다. 야권을 중심으로 보면 이명박, 박근혜 두 후보 중 누가 경선을 통과할지가 관심사다. 여권만 놓고 보면 단일 후보가 나올 수 있을지가 주목되는데, 그 열쇠를 김대중, 노무현 전·현직 대통령이 쥐고 있다는 점에서 둘 사이의 관계에 관심이 쏠리고 있다. 그러나 여야를 함께 놓고 보면 이번 대선은 이명박 후보를 지원하는 김영삼과 여권후보 단일화에 올인하고 있는 김대중 두 전직 대통령이 최후의 승부를 벌이는 것으로 볼 수 있다.

주지하듯이 김영삼, 김대중 두 정치인의 경쟁과 갈등은 지난 반백년 동안 이어졌다. 출발은 김영삼이 화려했다. 그는 1954년 자유당 후보로 출마해 약관 26세의 나이로 금배지를 달았다. 김대중도 이 선거에 출마하지만 낙선하고 말았다. 1955년 통합야당인 민주당이 출범했고 두 사람 모두 그 당에 몸담으면서 한솥밥을 먹는 사이가 되었다. 하지만 민주당은 신구파로 나뉘어 파벌싸움을 벌였고, 김영삼은 구파에, 김대중은 신파에 몸담으면서 두 사람의 '한 지붕 두 가족' 관계가 시작되었다.

김대중의 초년 불운은 그 후로도 이어졌다. 그 후로도 두 번 더 낙선한 그는 1961년 5월 강원도 인제의 보궐선거에서 마침내 당선 되지만 곧바로 터진 5·16 쿠데타 때문에 의정 단상을 밟아 보지 도 못한 채 금배지를 날리고 말았다. 같은 기간 김영삼은 약관의 나이에 원내부총무, 대변인 등을 거치며 의정활동을 하고 있었다.

뒤집기 기회는 1970년에 왔다. 1963년부터 늦깎이 의정생활을 시작한 김대중이 신민당 대통령 후보경선에서 예상을 뒤엎고 김영 삼을 꺾었기 때문이다. 이후 두 사람은 외부에 강한 적(박정희나 전두환)이 있을 때는 협력하지만 그것이 사라지면 곧바로 경쟁과 갈등관계에 접어드는 행동을 반복했다. 박정희 정권에 반대하기 위 해서는 협력했으나 그가 서거하자 분열해 전두환에게 권력을 헌납 했고, 전두환 정권에 저항하는 동안은 협력했으나 그가 물러나는 게 확실해지자 분열해 노태우에게 권력을 헌납했다.

'그들만의 리그'에서 볼 때 1987년 대선은 일단 2위를 차지한 김영삼의 승리였다. 하지만 이듬해 총선에서 김대중의 평민당이 2 위를 차지함으로써 승부를 원점으로 돌렸다. 이에 대해 김영삼은 3 당 합당으로 응수했고, 그 덕에 1992년 대선에서 승리할 수 있었 다. 김대중이 정계를 떠나면서 둘 사이의 승부는 끝난 듯 보였다. 그러나 김영삼 정부 말기 IMF 위기가 닥침으로써 그에 대한 평가는 곤두박질쳤고, 이 틈을 노려 김대중은 1997년 대선에서 4수 끝에 대권 고지에 오르는 데 성공했다. 그는 집권 중 노벨상까지 받으면서 승승장구했고, 노무현을 내세워 정권재창출까지 함으로써 그들만의 리그에서 승리를 이어 갔다.

지난 10년 절치부심하던 김영삼에게 올해 대선은 마지막 남은 설욕의 기회로 비칠 것이다. "정권이 바뀌면 죽는 줄 알고 발악하고 있다."고 상대편에게 독설을 퍼붓는 데에서 이번 대선을 바라보는 그의 심중이 잘 드러나고 있다. 김대중에게 이번 대선은 지난 10년간 이어져 온 승리에 쐐기를 박을 수 있느냐의 여부를 결정짓는 것이다. 그는 이런 절박한 심정을 "대통합이든 후보단일화든 간에 사생결단까지 해야 한다."고 토로했다.

이번 대선은 한국이 한 단계 도약하느냐 이대로 주저앉느냐를 결정짓는 중요한 선거이다. 그런데도 김영삼, 김대중 두 '구(舊)정치인'에게는 이것이 사감(私感)을 푸는 장으로밖에 여겨지지 않는 것 같다. 모든 직종에 정년이 있는데, 유독 정치인에게만은 그것이 없는 것 같아 안타깝다.

(조선일보, 2007. 6. 4.)

'한국 정치 10년 주기설'과 2007년

'한국 정치 10년 주기설'이 있다. 한국 정치가 대략 10년을 주기로 커다란 변화를 겪어 왔다는 것이다. 그 주기는 짧을 때는 7년, 길면 12년 정도로 약간의 진폭을 보였지만 그때마다 일어난 변화의 내용은 한국의 정치판 전체를 뒤흔들 정도로 심대한 것이었다.

기점은 정부가 수립된 1948년이어도 좋고 전쟁이 일어난 1950년이어도 좋다. 그로부터 10년 안팎으로 정치변동이 있었는데, 우선 1960년에 '4·19 혁명'이 일어나 이승만 정부가 무너졌고, 이듬해에는 5·16 군사쿠데타가 일어나 장면 정부를 단명에 그치게 했다. 1972년 박정희 대통령은 집권 연장을 위해 유신이라는 '친위쿠데타'를 일으켰다. 이러한 무리수는 1979년 궁정동의 총성으로 비극적 종말을 고했지만, 이듬해 등장한 신군부가 그 뒤를 이어 감으로써 민주주의는 다시 뒤로 밀렸다. 하지만 1987년에 일어난 6월 항쟁을 계기로 민주주의는 꽃피기 시작했다. 비록 민주화의 첫 번째 과실은 신군부의 계승자가 따먹고 말았지만 민주주의로의 도도한 물결만은 아무도 막을 수 없었다. 1997년 한국은 외환위기라는 초

유의 경제적 위기를 겪었고, 그 와중에 김대중 정부로의 '수평적 정권교체'가 일어났다. 그 후 9년은 진보정권의 시대였고, 이제 10년이 되는 2007년을 며칠 앞두고 있다.

'한국 정치 10년 주기설'의 지적소유권이 필자에게 있지는 않다. 그것은 필자의 은사이면서 성균관대 총장과 한국학중앙연구원 원장을 끝으로 은퇴한 장을병 교수께서 1987년 쓴 책에서 처음 주장한 내용이다. 그것은 과학적 데이터에 입각해 치밀하게 논증된 이론은 아니다. 오히려 평생 한국 정치를 연구하고 몸으로 부딪치면서 살아온 경륜에서 나온 통찰로 보는 게 옳다. 하지만 1987년 한 말씀이 그 이후 정확히 10년 단위로 들어맞는 것을 보면서 후학들은 노(老)학자의 혜안에 다시금 고개 숙이게 된다.

'한국 정치 10년 주기설'에 입각해 2007년을 바라보는 입장은 각자의 정치적 성향에 따라 서로 다를 수 있다. 지난 20년을 두고 1987년이 형식적 민주화의 시작이라면 1997년은 실질적 민주화가 진척되고 남북관계가 획기적으로 개선되는 계기였다고 보는 사람도 있다. 이런 이들은 '이대로'를 외치면서 내년에 10년 주기설이 맞지 않아 그것의 비과학성이 드러나기를 바랄 것이다.

하지만 1987년 이후 민주화가 이루어진 것은 좋지만, 그 와중에 나타난 심각한 부작용을 우려하는 사람도 있다. 특히 1997년 진보정권 출범 이후 국가의 성장 동력이 약화 내지는 실종되었고, 사회적 양극화는 심화되었으며, 국민적 합의와 투명성이 결여된 상태에서 정권의 이익을 위해 남북관계 개선을 무리하게 추진함으로써 남남갈등만 악화되었고, 분노에서 나오는 막말 정치로 국민 정서가 황폐화되었다고 걱정하는 사람이 적지 않다. 이들은 '더 이상은……'이라고 하면서 지난 60년간 10년 주기설이 보여 준 경험적 예측력이 내년에도 실현되기를 기대하고 있을 것이다.

10년 주기설의 당부(當否)를 떠나 2007년이 한국 정치에서 의미 있는 해인 것만은 분명하다. 민주화 20년과 진보정권 10년을 총결산하는 해이기 때문이다. 이런저런 예상이 나오고 있지만, 적어도 지금까지의 여론조사 결과로만 본다면 '이대로'보다는 '더 이상은……'이라고 생각하는 사람이 더 많은 것 같다. 하지만 돌발변수가 많은 한국 정치에서 1년은 너무 긴 시간이기에 현 단계에서의 예측은 별 의미가 없다. 다만 '한국 정치 10년 주기설'이 이번에도 맞을지가 내년 대선을 지켜보는 또 하나의 관전 포인트로 추가될 수 있을 것 같다.

(조선일보, 2006. 12. 29.)

현직, 전직 그리고 기억의 정치

전직(前職)들이 분주하다. 3김이 정치적 행보를 보이자 이회창 전 총재도 '특강'을 통해 정치적 존재감을 과시하고 있다.

망자(亡者)도 쉴 틈이 없다. 대권주자로 거론되는 사람들이 툭하면 박정희 전(前) 대통령을 들먹이는 바람에 지하의 그가 영면(永眠)을 취할 틈이 없다.

'현직의 정치'가 제구실을 못하니 '전직의 정치'와 '기억(記憶)의 정치'가 횡행하고 있다. 현실 정치에 대한 극도의 불만이 전직에게 정치 개입의 소지를 주고 망자까지 정치로 불러들이고 있는 것이다. 지금이라도 현직이 신뢰를 회복해 전직이 쉬고 망자가 편히 잠들게 하는 게 최선이지만, 기대하기 어렵기에 전직의 정치와 기억의 정치에 대해서나 언급해 보겠다.

은퇴한 전직이 정치에 개입하는 일은 흔치 않고 비정상적이다. 국민들의 반응도 냉담하다. 조사에 따르면, 김대중 전 대통령의 정치 행보에 대해 부정이 **69.9%**로 긍정(**17.7%**)보다 월등히 높게 나왔다. 이회창 씨의 정계 복귀에 대해서도 부정(**39.6%**), 긍정(**24.4%**), 보통(**26%**)으로 부정적 의견이 우세했다.

그런데도 전직이 정치적 행보를 보이는 것은 전·현직 정치인들의 이해관계가 작용하고 있기 때문이다. 뭔가를 지키거나 감추어야 할 절박한 필요성이 전직 '거물'들로 하여금 비난을 무릅쓰고 다시 정치에 나서도록 만들고 있다. 거물 주변에는 이를 부추기는 전·현직 정치 '소물'(小物)들이 있다. 이들 중에는 거물의 힘을 빌려 현재의 정치적 딜레마를 벗어나려는 현직도 있고, 거물 주변을 맴돌면서 원내 복귀의 기회만을 엿보는 금배지 떨어진 전직들도 있다.

정치의 중요한 수단의 하나가 상징조작이고, 역사나 기억은 상징의 중요한 소재다. 이 점에서 기억의 정치는 정치의 세계에서 그리 낯설지 않다. 기억의 정치는 인위적 조작을 통해 동원되기도 하지만 자발적으로 형성된 기억에 의존하는 경우도 있다. 근자의 박정희 신드롬은 후자의 경우이다. 박정희는 죽은 지 25년이 넘었지만 전·현직 대통령을 대상으로 한 선호도 조사에서 매번 **50%**를 훨씬 넘는 수치로 압도적인 우위를 유지하고 있다. 이러한 인기의 비결은 진보정권이 보여 준 '잃어버린 **10**년' 때문이지 대중 조작이 아니다.

기억의 정치에는 대상이 되는 망자(박정희)의 이해관계가 전혀 개재될 수 없다. 그것은 후세 정치인들이 자신들의 정치적 이해관계 때문에 벌이는 '기억을 둘러싼 전쟁'이다. 그들은 박정희의 위광에 힘입기 위해서건, 그를 '때려서' 반사 이익을 얻기 위해서건 틈만 나면 그에 관한 기억을 동원한다. 하지만 찬반을 떠나 기억이나 역사에 대한 지나친 정치화는 경계해야 한다. 자칫하면 기억이 뛰쳐나와 현실을 지배할 수 있기 때문이다. 그 좋은 예가 북한이다. 김일성은 죽은 지 10년이 넘었지만 '유훈(遺訓) 통치'라는 이름으로 여전히 북한에 건재하고 있다. 기억이 현실을 실질적으로 지배하고 있다는 점에서 북한은 망령(亡靈)이 다스리는 나라라 할 수 있다.

이 정도는 아니지만 박정희를 둘러싼 한국의 기억의 정치에도 걱정되는 바가 적지 않다. 그를 '때려서' 이익을 얻으려는 측은 '역사적 색깔론'에 빠지곤 한다. 이들은 '나는 당신(의 부모)이 일제 때나 권위주의 시대에 한 일을 알고 있다.'는 식의 논리로 역사를 상대편을 공격하는 수단으로 삼고 있다. 이들은 상대편이 툭하면 국가보안법의 잣대를 들이대는 것을 '이념적 색깔론'이라고 비판하면서도 자신들은 과거사 원죄(原罪)론에 입각해 상대에게 역사적 색깔을 덧씌우는 모순을 범하고 있는 것이다.

박정희에 기대어 이익을 취하려는 측에 그는 산 사마중달(司馬仲達)을 이기는 죽은 제갈공명(諸葛孔明)과 같은 존재일지도 모른다. 하지만 그에 대한 의존이 지나쳐 화석화된 역사가 현실을 지배하게 해서는 곤란하다. 역사가 정치의 수단일 수는 있으나 정치 자체를 대체할 수는 없고, 대체해서도 안 되기 때문이다.

(조선일보, 2006. 12. 9.)

망령(亡靈)을 불러내는 한국 정치

'3김 없는 3김 정치'가 나타나는 것 아닌가 하는 우려가 높아지고 있다. 정계를 떠난 3김이 언론에 등장하는 빈도가 잦아지면서 국민에게 드는 생각이다.

김종필 자민련 전 총재가 충청권 신당 관계자들과 회동해 자민련과 신당 통합에 힘을 실어 줬다고 한다. 김영삼 전 대통령이 김대중 전 대통령에게 안부전화를 하면서 민주대연합론이 고개를 들고 있다.

화제의 중심은 단연 DJ다. 국정원 도청 파문이 터지고 그 여파가 DJ 정권까지 미칠 무렵 그는 건강 악화로 병원에 입원했다. 그의 영향력이 엄연히 살아 있는 상황에서 정치권의 병문안이 줄을 이었고, 언론은 이를 '병실 정치'라고 표현했다.

최근 그 2막으로 '응접실 정치'가 나타나고 있다. 도청사건에 대한 수사가 마무리돼 가는 시점에 DJ의 응접실이 갑자기 붐비고 있다. 재·보선에서 참패해 의기소침해 있는 열린우리당 지도부를 면

담하는 자리에서 DJ는 '여러분이 나의 정치적 계승자'라는 발언을
해 열린우리당을 고무시켰다. 이 무렵 임동원·신건 두 전직 국정
원장은 검찰 소환을 앞두고 있었다. 이들에 대한 사전구속영장이
청구된 날 DJ는 박근혜 한나라당 대표를 만나 '화합과 포용의 적
임자'라고 치켜세웠다. 같은 날 DJ의 공보비서는 '무도한 일'이라
는 표현까지 써 가며 두 사람에 대한 구속영장 청구를 비판했다. 이
들이 구속된 다음 날인 16일에는 DJ와 한화갑 민주당 대표의 만남
이 예정돼 있고, 여기서 어떤 말이 나올지 모두 주시하고 있다. 이
대화가 열린우리당과 민주당의 장래, 더 나아가 한국의 정치 판도에
상당한 영향을 줄 수도 있기 때문이다. 이 정도면 한국 정치의 중심
무대가 DJ의 응접실로 옮겨 갔다고 해도 지나치지 않을 것 같다.

전직 대통령이나 정치인이라고 해서 정치적 행위를 하지 말라는
법은 없다. 그러나 은퇴한 이상 가급적 자제하는 게 옳고, 설사 하
더라도 그 내용은 초당파적이거나 국익에 도움이 되는 것이어야
한다. 봉사현장에서 땀 흘리는 모습, 소외된 곳을 찾아 어루만져
주는 모습, 지역 간 골을 좁히기 위해 애쓰는 모습, 국민이 보고
싶은 전임 대통령의 모습은 이런 것들이다.

그러나 최근 나타난 3김의 모습은 이와는 거리가 멀었다. 그들의
행위는 여전히 정치적이며, 그것도 당파성과 지역성을 탈각하지 못
한 구태의연한 것이었다. 이 시점에서 국민은 묻고 싶다. 오랜 기
간 지역주의에 기대 정치한 3김이 은퇴 이후 그것을 해소하기 위
해 어떤 노력을 했는가?

더 한심한 것은 전임자들에게 정치적 활동 공간을 제공하는 현 정치권의 무능함이다. DJ의 '정치적 계승자' 발언이 나오자 열린우리당과 민주당은 서로 적자라고 우기는 추태를 보였다. 정치의 주된 전장(戰場)은 미래를 바라보는 정책이어야 하는데, 두 당은 미래보다는 과거를 전장 삼아 누가 DJ를 계승하느냐를 가지고 싸우고 있는 것이다. JP의 계승자가 되려고 애쓴다는 점에서 자민련과 충청권 신당의 경우도 별반 다르지 않다. 한나라당은 계승자를 자처하지는 않지만 DJ와 JP의 심기를 거스르지 않으려 조심하는 형색이 뚜렷하다.

이들이 계승하려는 것이 무엇일까? 전임자의 이념이나 정책일까? 그런 점이 전혀 없지는 않을 것이다. 그러나 보다 중요한 것은 DJ와 JP가 대변하고 있는 지역정서가 아닐까? 이것을 물려받아야만 다가올 지방선거와 대선에서 유리한 고지를 점할 수 있기 때문에 각 당은 두 전임자의 눈치를 보고 있는 것이다. 이렇게 본다면 흘러간 정치인을 정치판으로 다시 불러들인 것은 무능하면서 표 계산에만 밝은 현재의 정치권이다.

3김은 정계를 떠났다는 점에서 적어도 정치적으로는 망령(亡靈)이다. 이런 망령이 지배해서는 한국 정치는 한 발짝도 앞으로 나갈 수 없다. 아울러 정치권도 망령에 기대려는 유혹에서 벗어나야 한다. 그것은 정녕 망령(亡靈)을 불러내는 망령(妄靈)이 될 것이다.

(중앙일보, 2005. 11. 17.)

여소야대 뒤집기

17대 총선은 한국 정치사에서 처음으로 합법적이고도 정당한 방법으로 여소야대를 여대야소로 바꾸었다는 점에서 의미가 크다. 그동안 우리는 세 차례 여소야대를 겪었지만 모두 비정상적인 방법을 동원해 인위적으로 여대야소로 뒤집고 말았다. 이승만 정부는 여소야대 문제를 비합법적인 방법으로, 노태우, 김대중 정부는 합법적이지만 정당하지는 않은 방법으로 해결했다.

최초의 여소야대는 1948년부터 52년 사이에 나타났다. 이승만 대통령은 친위 쿠데타라는 비합법적 방법을 동원해 이 난관을 돌파했다. 이 대통령은 계엄령을 선포하고 군대를 동원해 국회를 위협하는 가운데 개헌을 하고, 재선에 성공하며, 국회도 장악했다. 이것이 '부산정치파동'과 '발췌개헌'이다. 1988년 13대 총선 결과도 여소야대로 나왔다. 노태우 대통령은 국회 우위를 견디지 못한 나머지 1990년 평민당을 뺀 3당 합당을 통해 인위적으로 이 문제를 해결했다. 3당 합당 자체가 불법은 아니었다. 하지만 밀실에서 내각제 개헌 합의각서를 주고받으며 이루어졌다는 점에서 정당하다고 보기는 어려웠다.

　1998년에 김대중 정권이 출범하면서 다시 여소야대 현상이 나타
났다. 김대중 대통령은 의원 빼 오기나 의원 꿔 주기 같은 합법적
이지만 정당하지 못한 방법을 동원해 이 문제를 극복하려 했으나
결과는 신통치 못했다. 2000년 16대 총선에서는 시민단체를 외곽
지원 세력으로 동원하는 포퓰리스트적 전술까지 동원했으나 여소
야대를 뒤집지는 못했다. 그리고 그 유산은 고스란히 노무현 정권
에 넘겨졌다.

　노 정권은 국회를 장악하기 위해 17대 총선에 모든 것을 걸어 절
반을 조금 넘는 의석을 차지함으로써 결과적으로 성공했다. 이를 정
치사적 관점에서 보면 처음으로 합법적이고도 정당한 방법으로 여소
야대를 여대야소로 뒤집은 예에 해당된다. 노 정권이 처음으로 합법
적이면서 정당한 방법으로 여소야대의 분점정부(分占政府, divided
government)를 여대야소의 단점정부(單占政府, unified government)
로 만드는 데 성공한 것이다. 적어도 '절차적' 측면에서 17대 총선
은 한국의 정치발전에 적지 않게 기여했다고 볼 수 있다.

(동아일보, 2004. 4. 26.)

득표의 내용이 중요하다

이래저래 이번 4·15 총선은 '중대 선거(critical election)'가 될 것 같다. 어떤 선거가 기존의 정치지형을 허무는 의미를 지닐 때 정치학에서는 중대 선거라는 말을 쓴다. 이번 총선을 통해 기존의 한국 정치가 지녔던 지역적, 이념적, 성적(性的) 담합구조가 깨질 확률이 상당히 높다. 이 점에서 이번 선거는 한국 정치사에서 획기적 의미를 지닐 것이다.

이번 총선은 한국 정치가 명실상부하게 '포스트 3김' 시대의 문을 열 수 있는가를 가늠하는 선거이다. 3김(정확히는 2김) 정치는 한국의 민주화를 이끈 공헌도 있었지만 지역주의와 부패라는 무거운 짐을 한국 정치에 안겨 주었다. 이번 선거를 통해 이 짐을 털어 버린다면 한국 정치는 '포스트 민주화'의 단계로 뛰어오를 수 있을 것이다.

포스트 3김 시대의 대권은 이미 노무현 대통령이 차지했다. 그는 3김 시대의 한 축인 민주당을 모태로 탄생했지만 스스로의 존재기반을 부인하고 열린우리당으로 떨어져 나갔다. 명분은 3김 시대의 유산인 지역주의 및 부패 정치와의 결별이었다. 이러한 노 대통령의 실험이 대통령제하에서 또 하나의 권력 축인 의회 차원에서도 성공할지는 이번 총선 결과에 달려 있다. 야당, 특히 한나라당 역시 구(舊)정치와 결별하기 위해 상당한 노력을 기울였다. 대폭적인 공천물갈이와 지도부 교체 등을 통해 기존의 낡고 부패한 이미지를 벗기 위해 애쓰고 있다. 그러나 현재로서는 탄핵이라는 돌발변수 때문에 한나라당의 개선 노력보다는 노 대통령의 실험이 성공을 거둘 확률이 높아 보인다.

하지만 열린우리당이 단순히 원내 다수 의석을 차지했다고 해서 3김 정치 종식의 프로젝트가 완료되었다고 할 수는 없다. 보다 중요한 것은 의석수보다 득표의 내용이기 때문이다. 비록 의석수는 만족스럽지 못하더라도 강화된 선거법을 준수하는 가운데 특정지역에 치우치지 않게 득표하는 정당이 다수 나와야 이 프로젝트는 어느 정도 성과를 거두었다고 할 것이다.

이번 총선이 '중대 선거'가 될 것 같은 또 다른 이유는 진보정당의 원내진입 가능성이 그 어느 때보다 높다는 점이다. 이것이 실현될 경우 한국 정치판은 보수 일색에서 다양한 색깔로 변할 것이다. 그동안 한국 정치는 지역주의에 파묻혀 정책대결을 펼치지 못했는데, 진보정당의 등장은 정책을 정치의 중심으로 되돌리는 역할을 할 것으로 기대된다. 아울러 원내진입을 통해 한국의 진보정당도 원외에서 무책임하게 목소리만 높이던 구태를 벗어나 원내에서 보다 책임 있는 공당(公黨)의 모습을 찾게 될 것이다.

이번 총선의 가장 획기적인 변화는 여성의 정치권 진입이 두드러진다는 점이다. 자민련을 뺀 나머지 당은 비례대표의 절반을 여성에게 할애하고 있으며, 일부 지역구에는 여성공천자가 도전장을 내놓고 있다. 한나라당과 민주당은 여성정치인이 선거를 지휘하고 있거나 할 가능성이 높아 보인다. 선거 결과가 어떻게 나오느냐에 따라 다소 달라질 수도 있지만, 적어도 현시점에서 볼 때 3김 정치 이후의 빈자리의 상당 부분을 여성 정치인이 메울 가능성이 높아 보인다. 다음 대선에서 의미 있는 복수(複數)의 여성후보자를 볼 확률도 적지 않다.

이러한 여성의 대규모적인 정치권 진입은 기존의 한국 정치판이 보여 준 남성 담합구조를 깨는 데 기여할 것이다. 그동안 정치는 민주화되었지만 그 수혜 범위는 남성에게 국한되어 있었다. 여성들은 유권자의 절반 이상을 차지했으면서도 스스로를 대변하지 못했다. 여성에게 정치시장의 문턱이 높았던 탓도 있고, 여성유권자가 여성정치인을 기피하는 한국의 기이한 정치풍토 탓도 있었다. 그러나 이번 선거를 계기로 변화가 있기를 기대해 본다. 이 점에서 변화가 있어야 기존의 성적 담합구조를 무너뜨린 진정한 의미의 포스트 3김 정치가 열릴 것이기 때문이다.

(동아일보, 2004. 4. 2.)

참된 지도자 감별법

선택의 순간이 다가오고 있다. 이번 선택은 21세기 한국의 운명을 결정짓는 지도자를 뽑는다는 점에서 그 어느 때보다도 중요하다. 지금이야말로 국민들에게 지도자를 감별하는 눈이 필요한 때다.

참된 지도자는 균형된 사고를 지녀야 한다. 역사와 사회를 편향되지 않고 넓고 균형 잡히게 보는 눈을 가진 사람이 지도자가 되어야 한다. 역사에서 '민초'가 중요한 것은 사실이고, '민심이 천심'인 것도 맞다. 그러나 역사가 민초의 힘만으로 이끌려 왔다고 보는 것은 '외눈박이 역사관'이다. 지도자를 잘못 만났을 때 그 희생을 온전히 민초가 뒤집어써야 함을 우리는 북한의 예에서 잘 보고 있다. 민초를 떠난 지도자는 공허하지만 바른 지도자를 만나지 못한 민초는 맹목적이 될 수밖에 없음도 알아야 한다. 따라서 우리는 외눈이 아니라 두 눈으로 역사와 사회를 바라보는 지도자를 골라야 한다.

참된 지도자는 반드시 민주주의의 신봉자여야 하지만, 그것이 지나쳐 대중의 인기에만 영합하는 포퓰리스트여서는 곤란하다. 민주주의의 신봉자가 반드시 포퓰리스트여야 할 이유는 없다. 진정으로 민주주의에 대한 신념이 투철한 사람이라면, 대중민주주의의 약점도 꿰뚫어 볼 줄 아는 사람이어야 한다. 시저가 여론에만 의존했다면 아마도 루비콘 강을 건너지 못했을 것이다. 지도자에게는 '고독'하게 내려야 할 결단이 있다. 비록 그것이 시류에 부합하지 않더라도 거시적인 안목으로 사태를 판단할 줄 아는 능력이 지도자에게는 요구된다. 그 결단은 당시에는 고독할지라도 시간이 보상해 주리라고 믿는 신념이 지도자에게는 필요하다. 우리는 이런 안목과 결단력을 지닌 지도자를 선택해야 한다.

참된 지도자는 책임질 줄 아는 자세를 지녀야 한다. 민주주의는 책임정치이고, 책임에 대한 평가는 선거를 통해 이루어진다. 집권당은 자신이 책임졌던 기간에 대해 국민의 채점을 받고, 여타 당은 새로운 비전과 정책을 제시하면서 차기의 책임을 맡겨 달라고 호소하는 것이 선거이다. 이런 선거에서 당이 후보자의 뒤로 숨는 것은 무책임한 자세다. 그럴 경우 지난 5년은 누가 책임지며, 국민들은 어디서 그 책임을 물을 것인가? 지금 책임질 줄 모르는 사람은 나중에도 책임을 회피하려 들 것이다. 적어도 대통령이 되려는 사람이라면 '여기가 책임의 종점'(트루먼 대통령)이라고 선언할 정도의 사명감이 있어야 한다.

참된 지도자는 절제의 미덕을 갖춘 사람이어야 한다. 개인의 정직과 도덕성, 솔직하고 소탈한 성품도 중요하다. 그러나 더 중요한 것은 지도자가 자기 권력의 힘을 인식하고 그 힘을 자제할 줄 아는 능력을 갖추는 것이다. 지도자는 '마음속에 내재된 권력제어장치' (제임스 레이니)를 몸소 지녀야 하고, 그것을 주변사람들에게 강요할 의지와 능력이 있어야 한다. 그래야 지난 10년과 같은 주변집단에 의한 권력발호가 방지될 것이다.

참된 지도자는 어른이 될 만한 사람이어야 한다. 이 사회의 가장 큰 문제는 어른이 없다는 점이다. 어른의 지위는 자연연령만으로 얻어지는 것이 아니다. 사회가 어느 한 방향으로 편향되게 갈 때 과감하게 떨치고 나서 균형을 잡아 주는 역할을 하는 것이 어른이다. 지금 우리 사회에 필요한 것은 바로 이런 어른 역할을 할 지도자이다. 나이를 문제 삼아 '노인은 가라'는 식의 주장은 위험하다. 사회가 급속하게 고령화로 치닫고 있는데도 이런 주장을 하는 것은 사회의 발전방향을 전혀 파악하지 못한 것이며, 역경 속에서 국가를 건설하고 발전시킨 세대에 대한 모독이다. 가장 이상적인 사회는 노장청이 조화를 이루는 것이다. 노인의 경륜과 장년의 원숙함과 청년의 패기가 어우러질 때 사회는 안정 속에서 발전을 도모할 수 있다.

'파파 스머프'를 기억할 것이다. 그는 어린이 애니메이션 '개구장이 스머프'에 나오는 스머프 마을의 '어른'으로서 지혜와 경륜의 상징이다. 아마도 우리가 찾는 참된 지도자의 상이 가장 잘 구현된 모습이 파파 스머프가 아닐까 싶다. 그렇다면 이번 선거는 파파 스머프를 찾는 게임이 될 것 같다.

(동아일보, 2002. 12. 13.)

‘뺄셈의 정치’ 포기할 건가

대선은 짧고 정치는 길다. 한데 요즘 벌어지는 단일화 논의를 보면 정치가 짧고 대선이 영원하다고 착각하는 것 같아 안타깝다. 대선 이후에도 한국 정치는 계속되어야 하며, 그 방향은 발전적이어야 한다. 그러나 노무현, 정몽준 두 후보 간의 단일화 논의는 이 점을 전혀 고려하지 못하는 것 같다. 아울러 이번 단일화는 과거 DJP연합보다 성격 면에서 더 퇴행적이 될 수도 있다는 점에서 심히 우려된다.

누구나 느끼는 한국 정치의 문제점 중 하나는 기존정당들이 성격 면에서 거의 차이가 없다는 사실이다. 진보정당이 전혀 없지는 않았지만 주목을 끌 만한 의미 있는 정당은 없었다. 그동안 유권자들이 이념이나 정책보다 지역에 끌려 투표를 했던 것은 그들만의 잘못이 아니라고 할 수 있다. 애초부터 그들의 선택지는 제약되어 있었기 때문이다. 그러므로 한국 정치가 발전하기 위해서는 정당구도가 서로 다른 이념과 정책을 지닌 정당들이 공존하는 방식으로 재편되어야 한다.

이 점에서 노무현 후보의 등장과 민주당의 '뺄셈의 정치'는 상당히 고무적인 일이었다. 해방 이후의 한국 정치사에서 대중성과 진보성을 겸한 정치인은 그리 많지 않았다는 점에서 노 후보는 흔치 않은 정치인 중 하나이다. 더구나 민주당 내의 온갖 철새들이 그를 흔들어 대고 있을 때 그가 보여 준 뺄셈의 정치에 대한 결단은 우리 정치에도 잡탕정당이 청산되고 이념과 정책 면에서 순도가 높은 정당이 탄생되는 것 아닌가 하는 기대감을 갖게 했다. 그러나 그가 '유권자 통합'을 내세우며 단일화에 나섬으로써 이런 기대감은 물거품이 되고 말았다.

소위 단일화론자들은 이번 선거를 '냉전수구세력 대 평화개혁세력의 대결'로 보면서, 노무현, 정몽준 두 후보는 뒤의 범주에 속하니 사소한 차이를 덮어 두고 서로 합치자는 논리를 펴고 있다. 그런데 정 후보가 어째서 평화개혁세력이며, 둘 간의 차이가 어떻게 사소한 것으로 치부될 수 있는지 이해가 되지 않는가? 더구나 노 후보는 공당(公黨)의 국민경선을 통과한 후보가 아닌가?

결국 단일화론자의 속내는 정권은 내놓기 싫고 노 후보로는 무망(無望)하니 정 후보로 단일화하자는 것이다. 그러나 이런 논리는 세 가지 점에서 문제가 많다.

첫째, 그것은 승리지상주의에 빠진 지극히 위험한 논리이다. 정당한 절차나 이념적 차이는 접어 두고 일단 이기고 보자는 승리물신(物神)주의는 민주주의 발전에 결코 도움이 되지 않는다.

둘째, 노 후보에게 양보하라는 것은 이제 막 자라기 시작한 대중성을 갖춘 상대적으로 진보적인 정당의 출현을 싹부터 자르는 결과를 가져올 것이다. 이 정당의 이념과 정책에 대한 동의 여부와 무관하게 이러한 맹아는 한국 정치의 발전을 위해 우리 모두가 소중하게 생각해야 할 자산이다. 이번 대선으로 정치가 모두 끝나는 게 아니기 때문에 더욱 그러하다.

마지막으로 정 후보 중심의 단일화가 지닌 퇴영(退嬰)성을 지적하지 않을 수 없다. 5년 전 DJP연합은 상대적으로 진보적인 DJ 중심의 연합이었다는 점에서 그래도 나았다. 그러나 이번 단일화는 상대적으로 진보적인 후보를 걸러 내는 연합이라는 점에서 그 성격이 역진(逆進)적이다. 아울러 진보적 인물이 주축이 될지라도 그것이 이념과 정책 차이가 큰 세력 간의 연합이라면 국정수행에 얼마나 차질을 가져오는지를 우리는 이미 지난 5년 동안 지켜보았다. 그런데 반대로 보수적 인물을 중심으로 노선 차이가 큰 세력이 연합한다고 결과가 달라지겠는가? 혹시 더 나빠지지 않을까 우려된다.

마르크스는 말했다. "헤겔은 어디선가 세계사에서 지극히 중요한 사건이나 인물은 모두 두 번 일어나거나 등장한다고 말했다. 그러나 그는 그것이 첫 번째는 비극으로, 두 번째는 소극(笑劇, farce)으로 나타난다는 말을 덧붙이는 것을 잊었다."라고.

DJP연합을 본뜬 이번 단일화가 부디 역사의 소극으로 끝나지 않기를 바란다. 그러기 위해 노 후보는 유권자 통합론을 거두고 본래의 입장인 뺄셈의 정치로 돌아갔으면 좋겠다. 그것이야말로 실리는 약간 잃을지라도 명분을 얻는 행동이기 때문이다. 지금 얻은 명분은 대선 이후에도 계속될 정치에서 큰 보상을 예약해 줄 것이다. 그렇다면 한번 해 볼 만한 도박이 아니겠는가?

(동아일보, 2002. 11. 20.)

대권후보, 국정부터 힘써라

민주당의 김중권 대표가 대권후보를 조기에 가시화하자는 주장을 했다. 그러나 이것은 집권당 대표로서 대권후보 선정문제의 핵심을 제대로 파악하지 못한 발언으로 여겨진다. 이 문제의 본질이 후보선정의 '시기'가 아니라 김대중 정부의 '성공 여부'라는 점을 김 대표는 깨닫지 못하고 있는 것 같다.

대권후보 선정은 빨리 하건 늦게 하건 모두 나름대로 득실이 있을 수 있다. 조기에 선정할 경우 내년 지방선거를 차기주자의 통솔 아래 보다 책임 있게 치를 수 있다. 이 과정에서 차기주자는 대선에 앞서 자신을 알릴 수 있으며, 능력을 검증받을 수도 있다. 그러나 반대의견도 만만치 않다. 우선 대선 분위기가 조기에 과열될 수 있고, 지방선거에서 질 경우 그 부담을 차기주자가 모두 덮어써야 하는 위험부담도 만만치 않다. 그리고 권력핵심부에서 가장 우려하듯이 너무 일찍 레임덕 현상이 시작될 수도 있다.

어느 쪽을 택하든 득실이 모두 있다 보니 타협책으로 당권과 대권 분리론이 나오기도 한다. 내년 초 전당대회에서 당대표를 뽑아 그의 책임하에 지방선거를 치르고, 중반께 대권후보를 선정하자는 안이다. 일견 절묘한 타협책으로 보이기도 하지만, 여기에도 이것을 주장하는 세력의 정치적 계산이 숨어 있다. 자신들 속에 마땅한 대권주자가 없으니 우선 당권이라도 확실하게 장악하고, 그것을 토대로 차기주자 선정문제에서도 영향력을 행사하겠다는 의도가 숨어 있는 것이다.

그런데 문제의 심각성은 대권후보를 언제 그리고 어떻게 선정하느냐가 대국적이고 근본적인 문제를 생각하는 전략 차원이 아니라 근시안적이고 정파적 이익만을 앞세우는 전술 차원의 문제에 불과하다는 데에 있다.

지금 국민들의 관심은 누가 대권주자가 되느냐에 있지 않다. 그리고 국가적으로도 그 문제보다 시급한 문제들이 산적해 있다. 경제위기, 공교육 붕괴, 의료보험 재정파탄, 실업문제 등 직접적으로 국민들을 괴롭히거나 불편하고 우울하게 만드는 문제들이 쌓여 있다. 국제적으로도 한국은 탈냉전 이후 새로운 세계질서가 구축되는 와중에서 미국과 중국 사이에서 선택을 강요받고 있다.

그런데 지금 대권후보라고 자칭하는 인사들 중 과연 이러한 난제에 대해 자신의 견해를 솔직하게 밝히거나 그것들을 해결하기 위해 불철주야 애쓰는 모습을 보여 준 사람이 누가 있는가? 정치인이 대권에 관심을 갖는 것을 탓할 수는 없다. 그러나 책략만으로 대권에 다가서려고 해서는 곤란하다. 그들에게도 걸어야 할 정도(正道)가 있는 것이다. 명색이 대권주자라면 대권을 향한 전술에만 골몰할 것이 아니라 보다 전략적 차원에서 국책(statecraft)의 문제를 고민하는 모습을 보여 주었으면 좋겠다. 이것이 그들이 걸어야 할 정도이다.

민주당 내에서 대권에 다가가고 싶어 하는 모든 이들이 상기해야 할 평범한 진리가 하나 있다. 현 정부가 성공하지 못하면 집권도 어렵다는 사실이다. 따라서 그들이 해야 할 일은 외곽으로 돌면서 세를 과시하거나 강연정치를 하고 다니는 것이 아니다. 그리고 후보선정 날짜 잡는 일에 골몰하는 것도 아니다. 보다 근본적인 일, 즉 현재 우리 사회가 직면하고 있는 국내외적인 난제를 푸는 데 어떤 도움을 줄 수 있을까를 고민하는 모습을 국민들에게 보여 주는 것이 보다 중요하다.

1997년 대선과정에서 집권당의 대권주자가 당시 대통령과 어떻게 하든지 거리를 두려고 애쓰는 모습을 우리는 지켜보았다. 많은 국민들에게 그것은 볼썽사나운 모습으로 비쳤고, 선거결과도 좋지 않았다. 당시 그 대권주자가 왜 그러한 태도를 취할 수밖에 없었을까? 여러 가지 이유가 있었겠지만 역시 가장 중요한 원인은 당시 대통령 시기에 심각한 경제위기가 초래되었기 때문이다. 만약 지난 정부하에서 경제가 크게 발전하고 안정되었다면 그러한 일은 벌어지지 않았을 것이다.

역사에서 교훈을 얻지 못하는 자는 망한다고 했다. 민주당의 대권주자들은 이러한 지난날의 경험을 반면교사로 삼아 지금부터라도 좀 더 국정에 힘쓰고, 야당과 대화에 나설 생각부터 해야 할 것이다.

(대한매일, 2001. 5. 5.)

"배설의 정치가 지속될 경우 배제, 분열, 소모 그리고
불임(不姙)의 정치를 낳는다. 지금 우리에게 필요한 것은 포섭과
통합을 낳는 미래지향적 생산의 정치다."

chapter 08

노무현·김대중 시대의 명암

법에 따라 처리하고 사면으로 풀자

'노무현 전 대통령 비리의혹 건'에는 세 가지 차원이 얽혀 있다. 첫째는 이 의혹의 실체적 진실을 사법적으로 가릴 것인가의 여부이다. 둘째는 그 과정에서 발생하는 기술적 문제들, 예컨대 구속수사 여부 등에 대한 판단이다. 마지막은 유죄로 확정될 경우 정치적 사면을 할 것인가의 여부이다. 필자가 보건대, 이 사건에 대한 판단에서 가장 중요한 점은 사법적 판단과 정치적 판단을 명확히 구분하는 것이다.

최근 이쯤에서 사건을 덮고 노 대통령을 처벌하지 말자는 주장이 나오고 있다. 법치를 세우려다가 국가 이미지나 신인도만 손상된다고 걱정하는 소리도 있고, 국론분열이 야기되어 경제위기 극복에 도움이 안 된다는 사람도 있다. 이미 그와 가족 및 측근이 폐족(廢族)이 된 마당에 더 처벌해 무엇 하겠냐는 동정론도 있다. 그런가 하면 당사자들이 반성하는 기미는 보이지 않으면서 빠져나갈 궁리만 하고 있는 마당에 부끄러움을 알려 주기 위해서라도 법의 추상같음을 보여 주어야 한다는 목소리도 높다.

처벌 찬성론과 반대론이 드는 논거는 서로 다르다. 하지만 양쪽 모두 법적 판단보다는 정치사회적 고려를 앞세운다는 점에서 별반 다르지 않다. 노 대통령에 대한 기소와 처벌 여부를 결정하는 판단의 기준은 오로지 법이어야 한다. 만약 검찰이 법 이외의 기준을 고려하는 순간 그동안의 검찰 수사와 기소가 정치적이었음을 자인하는 꼴이 되기 때문이다.

구속수사 여부에 대한 결정도 마찬가지다. 구속 여부를 결정하는 가장 중요한 기준은 '증거인멸과 도주의 우려가 있는가'인 만큼 그 점에 입각해 검찰은 구속영장을 청구하면 되고 법원 역시 그 기준에 따라 영장발부 여부를 판단하면 될 일이다. 전직 대통령에 대한 예우는 여기서 고려할 사항이 아니라고 본다. 그것은 퇴임 후 안전하고 품격 있는 생활을 할 수 있는 여건을 만들어 준다는 취지에서 만들어진 것이지 불법한 행위에 대해 특별대우를 해 준다는 것은 아니기 때문이다.

노 대통령은 재임 중에는 가족이나 측근이 저지른 비리 자체를 몰랐다고 주장하고 있다. 따라서 검찰과 노 대통령의 주장 중 어느 쪽이 사실인지는 법원에서 가려질 수밖에 없게 되었다. 만약 심리 결과 유죄로 판명될 경우 법원은 형량을 정함에 있어 가급적 비(非)사법적 요소는 판단에서 배제해야 한다. 물론 판사가 양형(量刑)을 정할 때 여러 가지 요소를 다양하게 고려하는 것은 사실이다. 하지만 적어도 이 사건만은 그렇지 말았으면 좋겠다. 사법부는 이 사건을 한국에서 법치가 확립될 수 있는 좋은 계기로 삼고 정치적 판단은 정치권의 몫으로 남겨 두는 게 좋을 것 같다.

사법적 판단이 나온 후 노 대통령 문제가 국론을 심각하게 분열시키고 국가품격을 손상한다고 여겨질 경우 정치권이 이 문제를 정치적으로 재고할 수 있는 합법적인 제도적 장치가 있다. 대통령의 사면권이 대표적 예다. 사면권이란 군주가 지녔던 은사(恩赦)권에서 유래한 것으로서 오늘날의 국민주권 및 법치주의와는 원칙상 배치되는 것이다. 역대 대통령들이 사면권을 남용하는 바람에 이에 대한 국민들의 인식도 그다지 좋지 못하다. 하지만 유래가 나쁘다고 제도 자체가 반드시 그런 식으로만 운영되는 것은 아니다. 이것이 봉건적 유제(遺制)임에도 대부분의 나라에서 그냥 두는 것은 나름대로 활용가치가 있기 때문이다. 워터게이트 사건으로 물러난 닉슨을 포드가 사면한 것은 미국을 불필요한 분열로부터 구하기 위해서였다. 한국에서도 사면권이 이렇게 선용될 수 있다. 다만 그것은 사법적 판단이 종료된 후 정치적 판단에 따라 이루어져야 한다. 중간단계에서 양자가 섞이는 것은 피해야 한다. 그래야 법치도 살고 정치도 살기 때문이다.

(중앙일보, 2009. 5. 5.)

대통령은 정무수석이 아니다

대통령이 다시 논쟁의 중심에 섰다. TV에도 나온다고 한다. 탄핵 기각으로 직무에 복귀하면서 노무현 대통령은 앞으로는 가급적 국정 전면에 나서는 것을 자제하겠다고 밝혔다. 하지만 아파트 분양원가 공개, 이라크 파병, 행정수도 이전 등의 현안에 대해 대통령이 일일이 발언에 나서고 열린우리당의 일부 의원과 한나라당의 반박이 이어지면서 이 약속은 한 달이 못 가 깨지고 말았다.

대통령이 정쟁의 중심에 복귀하게 된 것은 발언을 자제하지 못하는 스타일 탓도 있겠지만 집권 2기 청와대 조직의 제도적 맹점을 보여 주는 것이기도 하다. 집권 2기를 시작하면서 바뀐 청와대 조직의 특징은 정무수석과 국민참여수석을 폐지하고 사회정책수석과 시민사회수석을 새로 만든 것이다. 국민참여수석의 역할은 시민사회수석으로 흡수되었고, 사회정책수석은 정책실장 밑의 정책기획수석이 하던 일을 분담토록 한 것이니 별문제가 없다. 문제는 정무수석의 역할을 할 자리가 없어졌다는 점이다.

이에 대해 청와대는 노 대통령의 평소 지론인 당정분리 원칙을 구현하기 위해 정무수석실을 없앴다고 밝혔다. 정치는 국회에 일임하고 청와대와 내각은 정책에 집중하되, 청와대는 외교·국방과 장기적인 대통령 프로젝트를 그리고 내각은 국내의 주요 현안을 맡도록 업무를 분담한다. 각종 정책에 관한 여야와의 협의는 청와대 정책실장이나 총리실의 국무조정실장이 담당하고, 청와대의 정무적인 의견 전달이 필요한 경우 정치특보가 하면 되기 때문에 정무수석은 없어도 된다는 것이 청와대의 설명이었다.

그러나 한 달이 지난 지금 현실은 어떤가? 청와대와 열린우리당 사이 의견충돌의 와중에서 노 대통령은 정치특보직을 폐지하고 말았다. 청와대가 정무적 의견을 전달할 통로를 스스로 없앤 것이다. 그렇다고 청와대 정책실이 나서서 당정 간의 조정 역할을 적극적으로 하지도 않았다. 총리가 있었으면 내정에 관한 조정 역할이라도 기대할 수 있었을 텐데 그나마도 여의치 않았고, 이런 상태에서 국무조정실의 역할은 더욱 한계가 있을 수밖에 없었다.

안타깝게도 이런 공백을 메우고 나선 사람은 노 대통령 자신이었다. 대통령이 몸소 나서서 분양원가 공개 불가, 이라크 추가 파병 불변, 행정수도 이전 신속 추진 등을 밝히면서 대통령은 다시 국정의 전면에 나섰고 정쟁의 중심으로 복귀했다. 과연 이럴 필요가 있었을까?

엄밀하게 말해 노 대통령의 집권 2기는 아직 완전히 시작되었다고 보기 어렵다. 총리가 임명되지 않았고 내각 일부가 교체를 기다리고 있는 상태이기 때문이다.

이런 상황에서 대통령이 미리 나서서 민감한 현안에 대해 발언함으로써 스스로를 정쟁의 중심으로 밀어 넣을 이유는 없다. 내각이 완전히 구성되기를 기다렸다가 그들에게 맡겨도 될 일을 대통령이 몸소 나서서 총알받이가 될 필요는 없는 것이다. 아직 공사 중인 집에 들어가 주인 노릇 하려 하기보다는 완공되기를 기다리는 인내가 필요한 때이다.

공사가 끝난 후에도 대통령이 정쟁의 중심에 서지 않으려면 청와대에 별도의 정무실이 필요하다. 물론 총리·정책실·국무조정실이 제 역할을 하면 상황은 호전될 수 있을 것이다. 그러나 그 어느 때보다 '튀는' 초선의원이 많고, 의원들의 이념적 성향도 다양하기 때문에 정책적 조정 외에 정치적 조정이 필수적이다. 지금까지의 경험으로 보아 이것을 정책실이나 국무조정실에서 맡기는 어렵다. 그렇다고 대통령이 맡아서는 더욱 안 된다. 이를 위해 필요한 것이 정무실이고, 대통령은 정무 및 정책적 조정이 있은 후에 발언하는 인내의 덕목을 지녀야 한다.

(조선일보, 2004. 6. 22.)

재신임, 혁명가의 행동

정확한 진단에서 올바른 처방이 나온다. 안타깝게도 노무현 대통령의 재신임 제안은 잘못된 원인 진단에 기초하고 있기 때문에 바른 처방이라고 보기 어렵다.

원인 진단과 관련, 크게 두 가지가 문제시된다. 일관성의 부족과 정확성의 결여이다. 노 대통령은 재신임을 제안하면서 그 배경으로 처음에는 정권의 도덕성을 거론하다가, 어느 틈에 전체 정국 구도의 문제로 옮아가 버렸다.

시작은 최도술 씨 사건에 대한 책임감이었으나 끝은 대통령의 발목이나 잡는 국회와 정당, 요컨대 현 정국구도를 그냥 둘 수 없다는 것이 되고 말았다. 이러한 일관성 부족 때문에 재신임안은 국면전환 내지는 위기탈출을 위한 방편이 아니냐는 의혹의 눈길을 받고 있다. 심지어 일관성이 부족한 것이 아니라, 처음부터 일관된 목적이 있었던 것 아니냐고 순수성 자체를 의심하는 목소리도 있다.

보다 심각한 것은 대통령이 재신임안의 배경으로 제시한 요인이 과연 현 사태를 초래한 '근본적' 원인인가에 대해 회의적인 사람이 많다는 점이다. 지난 8개월 동안 국회, 야당, 언론이 대통령과 지나치게 높은 긴장관계를 유지한 것은 사실이다. 따라서 이들의 행위를 옹호하고 싶은 생각은 추호도 없다.

그러나 대통령의 지지율이 임기 말 수준으로 추락하고 국정이 방향을 못 잡는 것이 모두 이들 탓이라는 데에는 동의하기 어렵다. 만약 대통령이 중심을 잡고 내각을 통솔해 결단력 있게 국정을 끌고 갔다면 국회, 야당, 언론의 발목잡기 행위는 존립기반을 잃고 말았을 것이다.

허나 현 정부는 지난 8개월을 되는 것도 없고 안 되는 것도 없는 상태, 일은 않고 말만 많은 상태로 보내고 말았고, 그에 기대어 반대세력은 목소리를 높일 수 있었다. 따라서 국회, 야당, 언론은 작금의 혼란을 일으킨 원인제공자라기보다는 '주어진' 혼란을 가중시킨 요인으로 보는 게 더 타당하다.

노 대통령은 지금이라도 자신의 지지율 하락과 국정혼란의 원인을 바깥이 아닌 안에서 찾아야 한다. 그렇게 분권화를 부르짖고 권한을 이양했건만 어째서 논란이 되고 있는 주요 국정과제를 책임지고 추진하는 각료가 한 사람도 없는지, 대통령이 몸소 야당을 방문해 협조를 구하던 초심은 어디 가고 정부와 국회가 사사건건 부딪히기만 하는지, 행자부 장관 해임 결의안이나 감사원장 임명 동의안 처리 시 과연 청와대가 얼마나 국회와 야당의 동의를 구하기 위해 노력했는지 등에 대해 대통령은 스스로 자문해 보아야 한다.

원인이 이렇게 내부에서 찾아진다면, 처방 또한 달라져야 한다. 노 대통령이 내놓은 재신임안은 현재의 정국혼란 원인이 외부, 즉 국회와 야당에 있기 때문에 그것을 개편하자는 것이다. 그러나 진짜 원인이 안에 있다면 재신임안으로 문제가 해결되지는 않을 것이다. 따라서 노 대통령은 재신임을 묻는 대신 인사를 혁신하고 대화와 타협 및 포용의 정치를 펴는 자기혁신에서 난국타개책을 찾아야 한다.

이를 위해서는 대통령은 국회와 야당을 더 이상 적대시해서는 안 된다. 대통령제하에서 국민은 대선과 총선을 통해 대통령과 국회에 서로 다른 정당성을 부여한다. 만약 두 선거의 결과가 일치해 여대야소가 되면 두 정당성이 합치되지만, 그렇지 않아 여소야대가 되면 이중의 정당성이 발생할 수 있다.

흔히 분점(分點)정부(divided government)라고 부르는 이런 현상을 우리는 이미 민주화 이후 몇 차례 경험한 바 있으며, 현재도 이 상태라고 할 수 있다. 분점정부하에서 국정을 원활하게 이끌기 위해서는 대통령이 리더십을 발휘해 야당이 장악한 국회를 설득하는 노력을 기울이는 것이 필수적이다. 이런 노력도 별로 하지 않은 채 대통령이 대뜸 재신임안을 내놓는 것은 온당치 않다. 더구나 이 방안은 헌법에도 근거하지 않은 것이다.

　　안정된 민주국가라면 대통령은 주어진 조건에서 최선을 다해야
지 주어진 조건이 마음에 들지 않는다고 그것을 깨 버리려 해서는
안 된다. 그것은 혁명가의 행동이지 대통령의 선택은 아니다.

(조선일보, 2003. 10. 13.)

말보다 일하는 정부가 되라

지난 6개월 동안의 노무현 정부는 한마디로 NATO(No Action Talk Only), 즉 '일은 않고 말만 많은' 정부였다. 본시 출범 초기는 장밋빛 비전과 정책을 제시하는 때이니 말이 앞설 수도 있다. 하지만 6개월이 지나도록 여전히 말만 있고 행동이 따르지 않는다면 문제가 있다. 더구나 그 말조차 때와 장소에 따라 달라진다면 문제는 더욱 심각하다.

현재 노무현 정부는 다양한 도전과 선택에 직면해 있다. 구조조정이 필요하지만 경제 살리기도 그 못지않게 절박하다. 사회적 균형발전을 도모해야 하지만 그 와중에 갈등의 표출은 최소화해야 한다. 북핵 문제를 풀고 남북화해를 추진해야 하지만 미국과의 동맹도 유지해야 하고 남남갈등을 완화해야 한다. 정치개혁을 해야 하지만 내년 총선 승리도 놓칠 수 없다.

이런 도전에 대응하는 노무현 정부의 성적표는 그다지 좋은 것 같지 않다. 경제는 바닥을 모르게 추락하고 있고, 온갖 이해갈등이 충돌하고 있다. 신당은 오리무중이고, 북핵은 여전히 우리의 생존을 위협하고 있다. 현 정부에 대한 지지도가 30~40% 선에 그치는 최근의 여론조사 결과가 이 모든 것을 잘 드러내고 있다.

노(盧) 대통령이나 주변 인물들은 이러한 채점 결과를 가혹하게 여길 수 있다. 특히 위에 나열된 문제들 중 일부가 하루아침에, 우리 힘만으로 해결될 수 있는 것이 아니라는 점에서 억울하다고 느낄 수 있다. 이 점에서 국민이나 언론도 무조건 비판만 할 것이 아니라 과거로부터 내려온 구조적 문제와 현안을, 국제공조가 필요한 문제와 내부문제를 구분해 평가하는 자세를 지닐 필요가 있다.

그렇더라도 노무현 정부의 전체 평점이 좋지 못한 것은 분명하다. 그 주된 이유는 노 대통령이 자신의 역할에 대해 아직 분명한 인식을 갖지 못했기 때문이 아닌가 싶다. 대통령은 결단을 내리고 선택을 하는 고독한 자리인데도, 노 대통령은 여전히 좌고우면(左顧右眄)만 하고 있다. 이해가 충돌하는 세상에서 모두를 만족시킬 수 있는 정치나 정책은 없다. 지도자에게는 상충된 이해 속에서 선택을 하는 결단이 요구된다. 비록 그 결단이 시류에 부합하지 않아 당시에는 고독할지라도 시간이 보상해 주리라고 믿는 신념이 지도자에게는 필요하다.

지도자의 선택은 많은 경우 하나를 택하고 다른 것을 포기하는 것이라기보다 정책의 우선순위를 정하고 그에 따라 국력을 배분하는 것이다. 그런데 노 대통령은 아직 이러한 선택과 집중에 익숙지 않은 것 같다. 초기에는 동북아 경제중심지 건설과 지역균형발전 같은 서로 조화되기 어려운 과제들이 제시되더니 어느덧 '2만 달러 시대'가 추가됐다. 이 중 어느 것이 국정의 최우선 과제인지도 모호하고, 그것을 달성하기 위한 구체적인 방안은 아직 제시되지 않고 있다.

대통령은 책임을 지는 자리이지 전가하는 자리가 아니다. 대통령은 자기 책임하에 선택과 집중을 하고, 그에 따른 비용 치르기를 두려워해서는 안 된다. 그런데 노 대통령은 여전히 비용지불을 피하려는 것 같고, 책임지기보다 돌리기에 익숙한 것 같다. 국정의 우선순위를 정하지 못하는 것도 그리고 언론과의 '전쟁'을 불사하는 것도 이 탓이 아닌가 싶다.

물론 노 대통령의 지지자들은 그에게서 기존의 관습과 제도의 벽을 뛰어넘는 무엇인가를 기대하고 있을 것이다. 그러나 다수 국민은 노 대통령이 우선 북핵 문제 해결과 경제 살리기에 나설 것을 바라고 있다. 어떤 문제도 생존과 빵에 앞설 수 없다는 게 그들이 삶에서 얻은 경험적 결론이다. 이 점에서 노 대통령은 슘페터가 말하는 '창조적 파괴자'가 되기를 기대해 본다. 남은 임기 동안 지지자들의 타파 욕구와 일반 국민의 생산 요구를 조화시키는 지도자가 되려고 노력해 주기 바란다.

그러나 지금 이 순간 무엇보다 시급한 것은 행동이다. NATO 정부보다 묵묵히 일하는 정부를 국민은 보고 싶기 때문이다.

(중앙일보, 2003. 8. 26.)

‘배설의 정치’ 이제 그만

‘그것이 알고 싶다.’가 아니라 ‘그들이 알고 싶다.’가 논란이 되고 있다. 검증대상은 금배지들이고, 주체는 ‘국민의 힘’이다. 이 단체에는 ‘그것이 알고 싶다.’의 전(前) 진행자가 주도멤버의 한 명으로 참여하고 있다. 바야흐로 TV프로가 브라운관 밖으로 걸어 나오고 있는 것이다.

한국도 민주화된 지 벌써 15년을 넘기고 있다. 그 사이 우리는 두 번의 의미 있는 정권교체를 경험했다. 1998년에는 헌정사상 처음으로 정당 간에 정권이 바뀌는 일이 벌어졌고, 2003년에는 집권층의 구성이 세대와 경력 면에서 혁명적으로 바뀌는 파워 시프트(power shift)가 발생했다. 따라서 대부분의 학자들은 한국 민주주의가 이미 이행기를 넘어 공고화 단계에 들어갔다는 데 의견이 일치하고 있다.

그런데 우리의 정치행태는 여전히 이행기의 관성을 벗어나지 못하고 있다. 그 대표적 예가 ‘배설(排泄)의 정치’다. 우리는 과거 권위주의하에서 수없이 억압됐고, 불쾌한 경험들도 갖고 있다. 그러나 민주화가 이뤄지자 이에 대한 반작용이 엄청난 힘으로 튀어나왔다. 그 와중에 두 명의 전직 대통령이 내란과 부패혐의로 법정에서 처벌되었고, 그것은 많은 국민들에게 배설의 카타르시스를 맛보게 했다.

그러나 민주주의가 공고화 단계에 들어선 지금까지도 이런 배설의 감정이 정치를 지배해서는 안 된다. 배설의 정치가 지속될 경우 배제, 분열, 소모 그리고 불임(不姙)의 정치를 낳는다. 지금 우리에게 필요한 것은 포섭과 통합을 낳는 미래지향적 생산의 정치다.

'국민의 힘'은 의원정보 공개를 통한 '좋은 정치인' 밀어주기라는 취지를 표방하면서 '그들이 알고 싶다.' 운동을 전개하고 있다. 그러나 1차 검증대상자 선정방식이나 질문서의 내용을 보면 이 운동이 생산의 정치를 지향하기보다는 배설의 정치 연장선상에 있는 것이 아닌가 하는 우려가 든다.

우연인지는 몰라도 1차 검증대상자는 대부분 반(反)노무현 성향과 보수적 이념을 지닌 의원들이다. 그러다 보니 이 운동이 노 대통령에게 비우호적인 정치인을 제거하고 현재 논의 중인 신당의 정지작업을 하려는 것이 아닌가 하는 의혹을 사고 있다. 이들이 앞으로 모든 의원들을 대상으로 유사한 운동을 벌이겠다고 공언했으니 두고 볼 일이지만, 기왕에 '좋은 정치인' 밀어주기 운동이라면 '국민의 힘'이 칭찬하고 싶은 의원부터 선정해 검증에 들어간다면 편파시비도 일지 않고 보다 생산적이지 않을까 생각된다.

한편 '국민의 힘'은 자신들이 보낸 질문의 내용에 대해 객관성과 균형성 면에서 시비가 일자 "유권자들이 궁금해하는 내용이기 때문에 문제가 없다."고 답변했다. 그러나 유권자가 궁금해하는 내용이 어찌 그것뿐이랴. 현재 한반도 전체를 위협하고 있는 북한 핵문제라든지 김정일에게 볼모로 잡혀 있는 북한 주민들의 인권문제, 한국 경제의 경쟁력을 악화시키는 기업지배구조 개선문제 등 국민이 진정으로 알고 싶어 하는 문제는 많다. 어쩌면 대다수 국민들은 '국민의 힘'이 제기한 과거 지향적 문제보다도 자신들의 현재와 미래의 삶과 직결된 이런 문제들에 대해 의원들이 그동안 어떤 활동을 해 왔는지가 더 궁금할 것이다.

따라서 '국민의 힘'은 질문의 내용을 바꾸어야 한다. 앞으로도 현재와 같은 질문을 던진다면 그것은 특정 의원 '창피주기' 운동으로는 성공할지 모르지만, 좋은 정치인 '밀어주기' 운동으로는 성공하기 어렵다.

정치개혁은 반드시 필요하다. 정치에 대한 국민들의 참여가 느는 것도 권장할 만한 일이다. 문제는 방법이다. 시민단체를 포함한 원외세력의 개혁과 참여 노력은 원내에서 바람직한 방향으로 제도개혁이 일어나도록 압력을 가하는 방향으로 이뤄져야 한다. 원외세력이 나서서 원내세력의 인적 청산을 시도하는 것은 바람직하지 못하다. 평소 자발적 개혁을 게을리한 정치권은 비난받아 마땅하다.
하지만 그들을 청산하는 것은 유권자의 몫임을 명심해야 한다.

(동아일보, 2003. 7. 4.)

'통합의 리더십'은 어디에

노무현 정부가 출범하면서 한국 사회에서는 대대적인 파워 시프트(power shift)가 발생했다. 파워엘리트층이 세대 면에서 대폭 하향 조정되었고, 경력 면에서도 주변층의 중심부 진입이 두드러졌다. 현대사에서 이에 비견될 만한 예는 아마도 5·16 쿠데타로 군부가 집권한 이후밖에는 없지 않을까 싶다.

그런데 우리 사회는 아직도 이러한 파워 시프트에 제대로 적응하지 못하고 있는 것 같다. 권력에서 소외된 집단은 말할 것도 없고 권력을 차지한 세력도 이 점에서는 별반 차이가 없어 보인다. 특히 후자는 중심부를 차지했으면서도 여전히 주변부적 의식을 떨쳐 버리지 못하는 것 같아 안타까울 때가 많다.

노 대통령은 가장 이상적인 대통령상으로 미국의 링컨 대통령을 꼽고 있다고 한다. 노 대통령과 링컨은 닮은 점이 많다. 특히 불굴의 의지로 주변집단에서 권력 중심부로의 진입에 성공했다는 점에서 유사하다. 학벌의 벽을 극복하고 변호사로 입신(立身)한 것이

일 단계라면, 다음 단계에서는 변호사에서 정치인으로 변신했고, 마지막으로 모두의 예상을 깨고 경력이 일천(日淺)한 정치인에서 대통령으로 양명(揚名)하는 데 성공했다. 적어도 이 단계까지는 노 대통령은 링컨과 유사한 과정을 밟고 있다.

그러나 문제는 이제부터다. 대통령이 되는 것 자체가 노 대통령의 목표는 아니었을 것이다. 링컨과 같이 '성공한' 대통령이 되는 것이 그의 궁극 목표였을 것이다. 그렇다면 링컨에 대한 벤치마킹을 이제부터라도 시작해야 한다. 링컨이 위대한 대통령으로 추앙받는 것은 노예해방 때문만은 아니다. 오히려 미국을 해체위기에서 구해 오늘날과 같은 연방의 형태로 존속시켰다는 점이 링컨이 존경받는 진짜 이유다. 통합의 리더십이 오늘의 링컨을 있게 만든 주된 원동력인 것이다.

그런데 적어도 현재까지 노 대통령이 보여 주고 있는 모습은 링컨과는 거리가 있어 보인다. '약자 내지는 희생자의 논리'에 입각해 정제되지 않은 언어들을 쏟아 내는 노 대통령의 모습은 통합보다는 분열의 리더십에 가깝기 때문이다. 개혁과 진보를 표방하는 노무현 정부가 사회적 약자를 배려하는 정책을 펴는 것은 당연하며, 이는 사회통합을 위해 바람직한 측면도 있다. 물론 완급조절은 필요하겠지만. 그러나 약자를 위한 정책을 시행한다는 것과 대통령이 소위 '강자'를 겨냥해 심중의 생각을 가공되지 않은 언어로 쏟아 내는 것은 별개의 문제다. 정책 면에서 진보적인 대통령이 언어적으로 사회분열적인 대통령이 되어야 할 필연성은 없다. 오히려 그런 대통령이

야말로 의도적으로라도 통합의 언어를 사용할 필요가 있다.

노 대통령의 이런 모습은 자칫하면 '배설(排泄)의 정치'로 오인받기 쉽다. 과거의 정치역정에서 그가 특정 언론으로부터 호의적인 대접을 못 받았을 수도 있다. 하지만 그 점을 자꾸 강조하면 언론개혁이라는 그의 의도가 사감(私感)이 개재된 정책으로 오해될 수 있으며, 특정 언론에 대해 감정적 배설을 하려는 것으로 비칠 수도 있다.

더 나아가 대통령의 이런 언행은 자신의 생각을 정부 전체에 강요하는 부작용을 낳을 수도 있다. 대통령이 공개된 자리에서, 그것도 공직자들과의 연찬회에서 거듭 '권언(權言) 간의 강자 카르텔'의 해체를 개진한 것은 언론개혁에 대한 자신의 의지를 피력하는 수준을 넘어서는 것으로 비친다. 대통령과 정부는 손발이 잘 맞아야 하지만 그 방향이 대통령 개인의 감정이어서는 곤란하다.

주변에서 중심으로 진입했으면 그에 걸맞은 책임 있는 언행이 필요하다. 그것은 통합의 정치를 추구하는 것이어야지, '배제의 정치', '분열의 정치'를 지향하는 것이어서는 곤란하다. 현재 우리 앞에는 시급한 과제가 산적해 있다. 민족의 생존을 위협하는 북핵문제를 비롯해 경제난으로 가중되고 있는 청년실업 문제 해결 등 할 일이 많다. 에너지를 엉뚱한 곳에 소진하지 말자. 이 점에서 대통령은 하루빨리 피해의식을 극복하고 적과도 동침하는 법을 배워야 할 것이다.

(동아일보, 2003. 5. 6.)

'3대 의혹' 털고 출발하라

국회의 정치력 회복이 시급하다. 대선이 끝난 지 한 달이 되었지만 정치권은 여전히 선거 후유증에서 벗어나지 못하고 있다. 한나라, 민주 양당 모두 개혁을 둘러싼 갈등으로 내홍(內訌)을 겪고 있다. 그 와중에 북핵 문제, 인수위법 등 시급한 정치 현안들이 국회에서 논의되지 못하고 표류하고 있다. 특히 새 정부 출범에 반드시 필요한 인수위법은 현 정권의 비리의혹 조사와 연계돼 기한 내 통과가 불투명한 실정이다.

이렇게 정국이 꼬인 상황에서 노무현 대통령 당선자의 최근 행보가 주목을 끌고 있다. 야당 대표에게 회동을 먼저 제의했고 그것이 여의치 않자 여야 총무들과 3자 회동을 갖기도 했다. 의전과 격을 중시하는 한국의 정치풍토에서 이러한 노 당선자의 파격적인 정치행보는 그 저의를 떠나 국민에게 신선하게 비치고 있다. 노 당선자로서는 정부 출범 이전에 거대 야당의 협조를 구하고 싶었을 것이다. 특히 국무총리 등 새 정부의 요직 인사가 야당의 협력 없이는 어렵다는 절박감도 작용했을 것이다. 그럼에도 우리는 노 당선자의 파격행보를 평가하는 데 인색할 필요가 없다.

현 정부와 새 정부는 소수파 정권이라는 점에서 정치적 처지가 같다. 소수파 정권은 원내 다수당의 협조 없이는 성공하기 어렵다. 김대중 정부는 바로 이 사실을 무시했기 때문에 많은 무리를 범할 수밖에 없었다. 이 점에서 노 당선자가 스스로를 낮춰 여야 총무와 회동한 것은 국회를 중시하겠다는 증표로서 환영할 만하다. 특히 이 자리에서 당선자가 앞으로 모든 정국 현안을 원내로 수렴해 여야 간 대화와 타협을 통해 풀겠다는 의지를 천명했다니 정말 다행스러운 일이다.

문제는 이러한 대화 의지가 현재의 교착된 정국을 푸는 데서부터 가시화되어야 한다는 점이다. 대화와 타협은 한쪽만의 노력으로 성사되지 않는다. 이 점에서 노 당선자의 제의에 대한 한나라당의 대응도 중요하다. 현재 한나라당은 인수위법 통과와 현 정부의 의혹사건 규명을 연계시키려 하고 있다. 그러나 이것은 온당치 못하다. 전혀 별개인 두 건을 연결시켜 차기 정부의 순조로운 출범을 가로막는 것은 명분 없는 짓이며 공연한 발목잡기라는 비난에 직면할 수 있다. 따라서 인수위법은 시한 내에 여야합의로 통과되어야 한다.

대신 노 당선자와 민주당은 의혹사건 규명에 관한 한나라당의 요구에 귀를 기울여야 한다. 한나라당은 현 정권의 7대 의혹을 제기하며 그중 특히 4,000억 원 대북지원설과 국정원 도청설, 공적자금 비리 등 세 가지에 대해 국정조사와 특검제를 통한 규명을 요구하고 있다. 이에 대해 민주당은 병풍, 세풍 등을 추가시켜 9대 의혹을 모두 조사하자고 주장하고 있다.

의혹이 있는 모든 사건을 조사하는 것은 좋다. 그러나 현실적으로 그 모든 것을 한꺼번에 할 수 없다면 중요성이 큰 것부터 규명하는 게 상식이다. 현시점에서 4,000억 원 대북지원설, 국정원 도청설, 공적자금 비리만큼 국가적으로 중요하고 국민 생활과 직결된 것은 없다. 4,000억 원 지원설은 향후 대북 관계 및 정부기업 관계의 올바른 방향을 설정하기 위해 반드시 규명되어야 한다. 국정원 도청설은 국민의 사생활 보호를 위해 밝혀져야 한다. 공적자금 비리는 건전한 국민경제를 확립하기 위해 꼭 짚고 넘어가야 한다. 요컨대 이 세 가지는 한 개인이나 기업 차원의 비리가 아니라 국가 전체와 관련된, 문자 그대로 '국민적' 의혹인 것이다.

이를 덮어 두고 새 정부가 출범하는 것은 어쩐지 찜찜하다. 다행히 노 당선자는 엄정한 수사의지를 천명했다. 그러나 의지가 있었다면 감사원이나 검찰이 벌써 이 사건들을 밝혔을 것이다. 이 점에서 검찰의 수사의지만 강조하는 것은 미덥지 못하다. 이 기회에 야당이 주장하는 국정조사와 특검제를 받아들여 기왕에 조성된 대화와 타협 분위기를 한층 발전시켜 나가는 것이 어떨까 싶다. 털 것은 털고 가는 게 노 당선자가 후보 시절 말한 '선택적 계승'에도 부합하지 않겠는가.

(동아일보, 2003. 1. 20.)

선생님, 우리들의 선생님

　김대중 전(前) 대통령을 '선생님'이라고 부르는 사람들이 적지 않다. 이때 선생님은 대통령보다도 더 존경의 뜻이 듬뿍 담긴 호칭이다. 그런데 이 선생님이란 호칭이 근자 들어 존경의 뜻보다는 '어려운 숙제를 계속 내주는 사람'이라는 의미로 격하되고 있는 것 같아 안타깝다.

　김 전 대통령은 한국 정치의 난제(難題)다. 수학이나 과학에도 수백 년 동안 풀지 못한 어려운 문제가 있다. 하지만 한국 정치가 수십 년 동안 해결하지 못한 김대중 문제가 그보다 훨씬 어려운 것 같다. 그 이유는 수학·과학 문제는 고정되어 있는 반면 김대중 문제는 살아 움직이고 있기 때문이다. 수학·과학의 난제는 한번 출제되면 문제 자체가 변하는 법은 없다. 그러나 김대중 문제는 당사자가 살아 있다 보니 문제의 내용이 그때그때 달라져서 해법을 찾는 이들을 당혹시키고 있다.

　전·현직 정치인 중 김대중 전 대통령만큼 권위주의하에서 고생을 많이 한 사람도 없다. 그는 죽음의 문턱에도 몇 번 오갈 정도로 많은 고초를 겪었다. 따라서 국민 대부분은 한국의 민주화와 관련하여 그에게 마음의 빚을 크게 지고 있었다. 이런 빚은 1980년 '광주사태'를 겪으면서 더 커졌고, 민주화 이후 그가 대통령 선거에서 연거푸 낙선함으로써 해소되지 못했었다.

1997년 12월 마침내 국민들은 김대중을 대통령에 당선시켰다. 이로써 국민들은 그에게 졌던 마음의 부채를 대부분 청산했고, 한국 정치의 오랜 숙제도 상당 부분 해결되었다. 하지만 그 후로도 그는 우리에게 새로운 숙제를 계속 안겨 주고 있다.

김대중 전 대통령은 재임 중 햇볕정책을 추진해 남북관계를 크게 개선시키는 성과를 거두었다. 그러나 그 과정에서 그는 조급한 성과주의에 집착해 투명성을 확보하지 못했고 남한 내부의 의견을 조율하는 일도 소홀히 했다. 그 결과 그는 '남남갈등'이란 새로운 숙제를 우리에게 남겼다.

퇴임 후에도 김 전 대통령은 국민들에게 추가적인 숙제를 내주기 위해 분주했다. 남남갈등 문제를 해결하기 위해 애쓰기보다는 그 위에 '지역주의'라는 낡은 숙제까지 다시 꺼내서 부과하는 모습을 보여 주었다. 퇴임 직후 대북 불법송금이나 국정원 불법도청 문제가 터지자 그는 병실이나 응접실에서의 '접견정치'를 통해 자신은 무관함을 강조했다. 그러다가 햇볕정책이 북한 핵실험으로 위기에 빠지고 자신의 정책을 이어받을 세력에 의한 정권 재창출이 어려워 보이자 작년 11월경부터 '강연정치'를 통해 지역주의를 동원하기 시작했다.

사실 한국 정치의 고질병인 지역주의는 김대중이 대통령에 당선됨으로써 해소될 조건이 어느 정도 마련되었었다. 국민들은 마음의 빚을 갚았고 그는 한을 풀었기 때문이다. 그런데 그가 퇴임 후 햇볕정책을 살린다는 명분으로 다시 지역주의에 기대는 발언을 서슴지 않음으로써 이 문제는 다시 불거져 국민들에게 숙제로 던져지고 말았다.

게다가 최근에는 아들인 김홍업 씨가 재·보선에 출마하여 이 숙제의 어려움을 가중시키고 있다. 뜻대로 안 되는 게 자식문제임을 키워 본 사람은 다 안다. 하지만 적어도 아니다 싶으면 막지는 못해도 노골적으로 거들지는 말아야 할 것 아닌가. 그런데도 김 전 대통령은 부인과 측근까지 동원해 선거운동에 나서고 있다.

이제 김대중 전 대통령은 일부 사람들만이 아니라 전체 국민들에게 선생님이 되었다. 온 국민은 선생님이 계속 내주는 어려운 숙제를 푸느라 끙끙대야 할 판이다. 국민들은 이제 선생님의 학생 노릇 하기에 지쳤다. 따라서 하루빨리 그가 선생님이 아니라 전직 대통령의 자리로 돌아가길 진심으로 바라고 있다. 그리고 자신이 낸 숙제를 국민이 아니라 스스로 해결하길 갈망하고 있다. 이 난제를 풀 수 있는 해법을 쥔 사람은 그 자신밖에 없기 때문이다.

(조선일보, 2007. 4. 14.)

국민이 DJ에게 듣고 싶은 말

김대중 전(前) 대통령(DJ)의 정치 행보가 이어지고 있다. 그가 정치적 행위를 한 것이 이번이 처음은 아니다. 전에도 그는 병실이나 응접실에서 정치적 영향력을 행사한 적이 있는데, 이번에는 무대를 보다 넓은 강연장으로 옮겼다. '병실 정치'나 '응접실 정치'가 대북송금이나 국정원 불법도청이 자신과 무관함을 강조하려는 것이었다면, '강연 정치'는 북한의 핵실험으로 위기에 빠진 '햇볕정책'을 살려내기 위한 국내정치적 기반을 마련하는 데 목적이 있어 보인다. 그는 퇴임 후에도 참으로 '감추거나 지켜야 할 것'이 많은 분주한 전직(前職)이다.

햇볕정책에 대해 논란이 많지만 그것이 DJ 개인의 소신이라면 어쩌겠는가. 다만 그것을 살리겠다고 국내정치에 개입하는 행위는 전직이 취할 바른 태도는 아닌 것 같다. 한국이 직면한 핵심 정치 과제는 남북문제와 남남갈등의 해결이며, 남남갈등의 주요 내용은 이념 및 지역갈등이다. 그런데 남북문제를 해결하자고, 보다 정확히는 햇볕정책을 살리자고 지역주의에 기대려는 행위는 용납되기

어렵다. 더구나 햇볕정책은 또 다른 국내 갈등인 이념갈등을 증폭
시키는 주 메뉴 아닌가.

한국에서 보수와 진보를 가르는 기준은 다양하다. 하지만 단적으
로 표현하면 박정희 전 대통령의 '한국적 민주주의'는 이해해도 김
정일의 '우리식 사회주의'는 용납할 수 없다는 것이 보수이고, 그
역(逆)이 진보이다. 이것을 국내정치 차원으로 가져오면 박정희의
한국적 민주주의는 이해해도 DJ의 햇볕정책은 용납할 수 없다는
것이 보수이고, 그 역이 진보라 할 수 있다. 결국 한국의 보수와
진보는 박정희, 김대중, 김정일이란 세 축을 중심으로 구성되어 있
다고도 할 수 있다.

그런데 보수·진보를 가르는 상징적 기준이 되는 한 사람(박정
희)은 이미 죽었고, 다른 사람(김정일)은 우리의 영향권 바깥에 있
다는 점에서 두 사람은 변수(變數)가 아닌 상수(常數)이다. 이 점
에서 여전히 '실존'하는 정치인이자 유일한 변수인 DJ가 갖는 의미
는 남다르다. 그가 박정희와 김정일을 어떻게 평가하느냐에 따라
세 축 사이의 거리가 좁아질 수도, 넓어질 수도 있기 때문이다.

이와 관련하여 DJ가 지금까지 보여 준 태도는 실망스러운 점이
더 많다. 그가 햇볕정책의 기조 위에서 김정일을 이해하고 포용하
자고 주장하는 것은 본인의 소신이니 그럴 수 있다고 치자. 하지만
동일한 이해심과 포용력을 어째서 박정희에 대해서는 보여 주지
못하는 것일까.

"박 대통령이 많은 비판을 받으면서도 '선건설 후통일'의 2단계 통일노선 위에서 경제발전을 이룩해 놓았기에 오늘날 남한이 북한보다 모든 면에서 우위에 설 수 있게 되었다. 나의 햇볕정책은 이런 박 대통령의 성과 위에서 추진되는 것이다. 햇볕정책은 '선공존 후통일'의 2단계 통일노선으로서, 내용은 다르지만 적어도 논리 면에서는 박 대통령의 2단계 통일론을 이어받고 있는 것이다."

왜 DJ는 이렇게 말하면서 자신의 햇볕정책에 대한 보수의 이해를 구하고 진보에도 보수와의 접점을 찾을 수 있는 길을 열어 주지 못하는 것일까. 국민들이 전직 대통령에게서 진정으로 듣고 싶은 말은 이런 갈등 치유적인 언사인데.

햇볕론자들은 북한에 대한 '내재적 접근법'을 주장한다. 북한을 자본주의나 남한의 기준이 아니라 북한의 잣대로 보자는 것이다. 학문적으로 동의하기 어려운 접근법이지만, 만약 그것을 인정한다면 어째서 햇볕론자들은 남한의 박정희 시대에 대해서는 동일한 접근법을 적용하려 들지 않는지 궁금해진다. 이 접근법에 따라 박정희 시대가 산업화 초기 단계이고 남한이 북한보다 열세였음을 인정한다면 박정희의 '선성장 후분배'나 '선건설 후통일'론이 이해될 수 있고, 그렇다면 DJ는 김정일 못지않게 박정희도 쉽게 이해하고 포용할 수 있을 텐데.

(조선일보, 2006. 11. 11.)

DJ 정권의 정체불명 정책

　김대중 정부의 정책을 둘러싸고 논란이 끊이지 않고 있다. 한나라당에서는 '낡은 사회주의 및 포퓰리즘 정책'이라고 비판하고 있고, 민주당에서는 '사회주의와 사회복지정책도 구분하지 못한다.'고 반박하고 있다. 이론적으로 보아 현 정부의 정책을 사회주의적이라고 비판하는 것은 지나치다. 한나라당은 주로 현 정부의 지나친 경제개입과 과도한 평등주의의 추구를 사회주의적인 것으로 보고 있다. 그러나 관치(官治)경제가 문제라면 과거 개발시대의 우리 경제정책은 모두 사회주의로 규정되어야 할 것이다. 지나친 평등주의의 추구도 사회주의보다는 포퓰리즘의 차원에서 문제 삼는 것이 더 정확할 것 같다. 필자가 보건대 정책의 '내용' 면에서 현 정부는 신자유주의와 관치경제 그리고 포퓰리즘이 혼재된 정체불명의 정권이다. 이 중 포퓰리즘적 성격은 현 정부가 정책을 추진하는 '스타일' 때문에 더욱 강화되고 있다.

　현 정부는 두 가지 어려움을 지니고 태어났다. 하나는 환란에서 비롯된 경제위기이고, 다른 하나는 소수파 정부라는 점이다. 이러한 난관을 극복하기 위해 현 정부는 집권 초부터 재벌, 금융, 공공, 노동의 4대 부문 개혁정책을 밀어붙였다. 그러나 3년 반이 지난 현재 개혁의 성과는 그다지 크지 못하다. 부채비율제한과 출자제한을 강조한 기업구조조정에도 불구하고 아직 다수의 상장기업이 영업이익으로 이자도 감당하지 못하는 형편에 있다. 엄청난 공적 자금을 두 차례나 퍼부은 금융구조조정은 신(新)관치라는 또 다른 문제점에 직면해 있다. 공공부문 개혁도 정부조직법을 세 번이나 고쳤지만 정부조직은 오히려 더 비대해졌고, 공기업 구조조정 역시 부진을 면치 못하고 있다. 노동 부문 구조조정의 경우 노동시장의 유연성은 약간 확보되었지만, 그로 인해 발생한 실업문제와 주요 부문에서의 강력한 노조의 저항은 여전히 정부의 과제로 남아 있다.

이런 상태에서 현 정부의 개혁정책은 좌우 양쪽으로부터 협공을 당하고 있다. 우측, 즉 시장지상주의를 선호하는 자본 측에서는 정부가 더 많이 그리고 빠르게 기업에 대한 규제를 풀지 않는 점을 불만스러워 한다. 그들이 볼 때 정부가 추진한 빅딜이나 기업에 대한 노동자 정리해고 자제 압력, 출자제한, 부채비율제한 등은 모두 시장의 원칙에 어긋나는 관치경제의 표본이다. 반면 좌측, 즉 사회운동세력은 정부가 재벌은 빨리 혁파하지 않으면서 구조조정의 모든 부담을 기층민중에게 전가시키고 있다고 불만을 토로하고 있다. 이들은 현 정부의 개혁정책을 사회안전망도 마련하지 않은 상태에서 노동 부문에 대한 구조조정만을 강행하는 신자유주의적 개혁이라고 비판하고 있다. 결국 현 정부의 개혁정책은 성과도 제대로 내지 못한 상태에서 우측에서는 과소시장으로 그리고 좌측에서는 과잉시장으로 비판을 당하고 있는 것이다.

이런 와중에 정권에 대한 지지는 점차 하락하고 전통적 지지기반인 서민층마저 등을 돌리자 정부는 그들을 겨냥한 선심성 정책을 잇달아 내놓기 시작했다. 국민기초생활보장법, 국민연금 확대, 의약분업, 주5일제 근무, 교원사기 진작방안, 각종 감세정책 등이 그 예다. 그러나 이러한 정책들은 하나같이 졸속 추진되는 바람에 국민불편을 가중시켜 오히려 국민적 반발을 부르고 말았으며, 경제여건을 고려하지 않은 포퓰리즘 정책이라는 비판에 직면했다.

더구나 현 정부는 각종 개혁정책을 추진하는 과정에서 국회 내에서의 토론과 협상에 기대기보다는 원외의 외곽세력을 동원하는 방식을 취했다. 이러한 정책추진스타일 역시 현 정부를 포퓰리즘으로 규정하는 데 크게 기여하고 있다. 현 정부는 소수파의 한계를 극복하는 방안을 원내에서의 리더십 확립과 협상능력 제고에서 찾았어야 했다. 이러한 정도(正道)를 포기하고 섣불리 원외세력에 기맴으로써 현 정부는 사회복지적 차원에서 반드시 시행해야 하는 정책에 대해서도 포퓰리즘이라는 비판을 면치 못하고 있는 것이다.

현 정부의 가장 큰 패착(敗着)은 신자유주의와 관치경제 그리고 포퓰리즘 사이에서 정체성을 찾지 못하고 우왕좌왕한 것이다. 지금이라도 정부가 국가의 장래를 위해 일관성을 회복하기를 기대해 본다.

(동아일보, 2001. 8. 2.)

'6공(功)5과(過)' 국민이 공감할까

김대중 대통령이 집권 3년 3개월을 자평(自評)하면서 '6공(功)5
과(過)론'을 내놓았다. 인권성장, 환란극복, 정보화, 남북정상회담,
4대 개혁의 틀 마련과 4대 보험 실현이 잘한 점이고, 정치불안과
경제불안, 소외계층문제, 지역감정, 남북관계정체가 문제점이라는
것이다. 이것은 '겸허한 반성 속에서 개혁과 전진'을 강조했다는
점에서 평가할 만하다. 그러나 두 가지 점은 짚어 볼 필요가 있을
것 같다. 하나는 이러한 평가가 민주당의 내부비판에 대한 대응으
로 나왔다는 점이고 또 하나는 평가의 내용에 국민들이 과연 얼마
나 공감하는가의 문제이다.

지난주 민주당 내부에서는 오랜만에 말의 봇물이 터진 듯 여러
가지 자기비판의 목소리가 터져 나왔다. 개혁피로감, 개혁정비 또
는 개혁마무리 등의 말들이 주류를 이루었고, 대통령의 통치스타일
과 국정운영 시스템의 변화를 요구하는 소리도 섞여 있었다. 그러
나 이 일이 있기 무섭게 청와대는 개혁지속론을 들고 나와 당의 비
판적 목소리를 제압했다. '6공5과론'은 현 정부의 잘잘못을 모두

인정하면서도 개혁의 지속에 무게의 중심을 두었다는 점에서 이러한 당내 비판목소리에 대한 대통령 자신의 대응으로 보인다.

여기서 문제의 핵심은 비판과 반(反)비판의 내용에 있지 않다. 그보다 청와대와 대통령이 비판에 대해 보이는 경직되고 과민한 태도가 문제이다. 개혁이 소리만 요란하고 쓸데없이 벌여 놓기만 했지 제대로 된 것이 없다는 여권지도부의 자기비판은 그 내용의 옳고 그름을 떠나 현장에서 부딪히는 국민의 소리를 전한 것이다. 그런데도 청와대가 야당이 아닌 여당의 내부 토론과정에서 나온 이런 목소리를 제대로 수용하지 않고 과민반응을 보인다면, 그것은 현 통치 시스템이 심각한 언로장애 내지는 동맥경화를 겪고 있음을 말하는 것이다.

한편 '6공5과'라는 대통령의 자평은 그 내용의 옳고 그름을 따지기 전에 국민들의 체감지수와는 조금 거리가 있는 것 같다. 현 정권의 개혁성과에 대한 국민들의 채점결과는 4·26 재보선에서의 민주당 참패나 최근 민주당의 자체 여론조사에서 나타난 민주당 지지율의 급속한 하락 등으로 나타났다. 이렇게 본다면 국민들이 작성한 성적표와 대통령이 스스로 만든 성적표 사이에는 상당한 괴리가 있는 것이다.

개혁에는 분명 불편함이 따르고 국민들은 이러한 불편함을 못 견디는 수가 많다. 그러나 국민들이 모두 반개혁론자는 아니다.

4대 개혁이 실질적으로 진행되어 현재와 같은 경제불안이 일어나지 않았다면, 4대 보험이 제대로 실행되어 국민연금이나 의료보험 재정파탄과 같은 문제가 일어나지 않았다면, 정치개혁이 제대로 이루어져 오늘날과 같은 정치불안이나 지역감정 이용사태가 일어나지 않았다면, 국민들은 어느 정도 개혁의 고통을 감내할 각오도 되어 있다. 그러나 개혁이 말만 요란하고 성과는 없다 보니 그에 대한 국민들의 채점표도 인색하게 나타나는 것이다.

대통령의 자평에는 중요한 것이 하나 빠져 있는데, 그것은 오늘의 위기를 초래한 근본 원인에 대한 자기성찰이다. 현 위기의 근저에는 정치불능이 자리 잡고 있고, 그것은 야당과 대화하기보다는 3당 정책연합을 통해 정국을 이끌어 가려는 현 정권의 독선에 뿌리를 두고 있다. 이 점을 도외시하고는 오늘의 위기를 돌파할 수 없다. 민주당 내부에서도 이 점을 알고 있는 사람들이 많다. 따라서 지난주 민주당의 내부비판에서도 이 점이 지적된 바 있다. 하지만 그에 대한 정권 핵심부의 반응은 면박에 가까웠다.

진단이 정확해야 올바른 처방이 나올 수 있고, 병도 고칠 수 있다. 현재의 위기에 대한 정권의 평가와 진단은 지나치게 안일하고 자의적이다. 그래서는 위기도 극복할 수 없고, 성공한 대통령도 나올 수 없다. 국민들은 더 이상 퇴임 후 불행해지는 대통령을 원치 않는다. 지금이라도 늦지 않았으니 현 정권은 언로를 열고 국민의 소리에 귀를 기울이기 바란다.

(동아일보, 2001. 5. 14.)

김일영 ──────────────────────────────

▌약 력

1960년생. 성균관대학교 정치외교학과 교수를 역임하면서 학문연구의 진정성과 교수의 길을 실천하시다 **2009**년 **11**월 **22**일 지병으로 별세했다. 성균관대학교 정치외교학과에서 학사, 석사, 박사학위를 받았고, 연구 분야는 현대한국정치외교사, 국제정치경제론, 법정치학이었다. 하버드대학교 옌칭연구소 초빙교수, 일본 규슈대학 법학부 객원교수, 성균관대학교 사회과학연구소 소장, 유네스코 한국위원회 위원, 민주평화통일자문회의 상임위원, 통일부·법제처·국방부·국가보훈처·제**17**대 대통력직인수위원회 자문위원, 교과서포럼 상임운영위원을 역임한 바 있다.

▌주요 저서

『건국과 부국』
『주한미군』(공저)
『해방전후사의 재인식』(편저)
『박정희 시대와 한국현대사』(공저)
『자주냐 동맹이냐』(공저)
『한미동맹 50년』(편저)
『헌법논쟁』(역서)
『북핵퍼즐』(역서)
『적대적 제휴』(역서) 등

▌유고집 목록

『건국과 부국: 현대한국정치사』(기파랑, 부분개정 복간)
『한국정치의 발전과 경제성장』(가제, 근간)
『통일·외교 문제와 헌법 논쟁』(가제 근간)
『헌법논쟁: 민주주의 대 입헌주의』(논형)
『정당과 정당체계』(오름, 근간)
『김일영 추모 논문집』(가제, 근간)

품격있는 보수를 꿈꾸다
고 김일영 교수 칼럼집

초판인쇄 | 2010년 5월 25일
초판발행 | 2010년 5월 25일

지은이 | 김일영
펴낸이 | 채종준
펴낸곳 | 한국학술정보㈜
주 소 | 경기도 파주시 교하읍 문발리 파주출판문화정보산업단지 513-5
전 화 | 031) 908-3181(대표)
팩 스 | 031) 908-3189
홈페이지 | http://www.kstudy.com
E-mail | 출판사업부 publish@kstudy.com
등 록 | 제일산-115호(2000. 6. 19)

ISBN 978-89-268-1064-4 03340 (Paper Book)
      978-89-268-1065-1 08340 (e-Book)

이담 Books 는 한국학술정보(주)의 지식실용서 브랜드입니다.